国内首部全程操盘实务丛书
通达商业地产的王道圣途

策划规划卷

王道

China's
commercial
real estate
solutions

中国商业地产完全解决方案

王玮　徐永梅◎主编

经济管理出版社
ECONOMY & MANAGEMENT PUBLISHING HOUSE

图书在版编目（CIP）数据

王道：中国商业地产完全解决方案（策划规划卷）/
王玮，徐永梅主编. —北京：经济管理出版社，2008.5
ISBN 978-7-5096-0192-1

Ⅰ．王… Ⅱ．①王… ②徐… Ⅲ．城市商业—房地
产—经济管理 Ⅳ．F293.3

中国版本图书馆 CIP 数据核字（2008）第 027219 号

出版发行：**经济管理出版社**
北京市海淀区北蜂窝 8 号中雅大厦 11 层
电话：(010)51915602　　　　邮编：100038
印刷：北京交通印务实业公司　　　　经销：新华书店

组稿编辑：张　艳	责任编辑：张　艳
技术编辑：蒋　方	责任校对：超　凡

720mm×1000mm/16　　　　24.25 印张　　444 千字
2008 年 7 月第 1 版　　　　2008 年 7 月第 1 次印刷
定价：五卷共 680.00 元
书号：ISBN 978-7-5096-0192-1/F·188

编辑委员会

序一：超越门户之见，共享成功经验

王　玮

　　星巴克创始人霍华德·舒尔茨是美籍犹太人，他在20多年前访问以色列，教堂神父给他讲了"二战"期间发生的一桩往事。一个冬天，德国纳粹将犹太人驱赶在一起，用火车运往欧洲某地的集中营，火车必须经过漫长一夜才能到达目的地，欧洲冬季的深夜是那样的寒冷，而每6个人中只有一人能得到一条毯子御寒。但没有人争吵，没有人抢夺，因为，幸运分到毯子的那个人总会平静地将毯子铺开，和周围其他五人分享，分享这难得的温暖。

　　这个故事给霍华德·舒尔茨很大的震撼和启发，后来，他将这种理念引进自己的企业，他不仅为公司的临时职工提供福利，还创立了美国企业历史上第一个"期股"形式，即让公司所有员工都获得公司的股权。此举开始时受到公司高层很多人反对，而且推行之初公司经营呈现亏损，但是，他坚持和员工分享公司利益的政策，他相信通过利益共享，与员工形成互相信任的密切的伙伴关系，并将这种信任和真诚传递给顾客，股东的长期利益才会增加，这么做的效果比单纯广告宣传对公司作用要大得多。事实证明他是正确的。公司很快扭亏为盈，更被誉为全球最受尊敬的公司，股票市值在十多年间上升了100倍，市值达到300亿美元。

　　看到这个故事后我也受到很大的震动。"学会与人分享"，我们都或多或少地受过这种教育，但践行起来却是少之又少。这不仅源于个人智慧问题，也许更关乎个人理想与道德，非不知也，是不为也。

　　中国地产业在饱受争议中前行，企业责任感的问题一度成为社会热议的话题。我想，如果把这个问题简单化，亦可以归结到"与人分享"的问题上来。开发企业成功了，应该学会与全社会共享成功，回报社会。中国许多优秀地产企业家就为我们作出了榜样。事实上，国外有专家对慈善现象进行过深入研究，研究的结论是：捐赠越多的企业反而会发展得越好。这使我们对慈善和捐赠又有了新的认识。正如中国传统价值观里面说的，"舍得舍得"，有"舍"才会"得"，"舍"和"得"其实是辩证统一的。

说到项目开发和企业管理方面，任何一个成熟的开发企业都会积累一套比较成熟的经验做法。但这些东西往往会被大家作为核心竞争力或者核心资源等给封存起来，视为公司竞争利器而不肯轻易示人。但我想，现在已经不是靠一本秘籍打拼天下的时代了，再说闭门造车的秘籍也总会有某些缺陷。因此，我们组织了一批专业商业地产人士把商业地产的一些实战操作进行总结完善，集结成册予以出版，希望借此与广大业内同仁分享，并在交流中也给我们以启迪。丛书如能对大家有所裨益，亦善莫大焉！

序二：成功 = 99%的标化 + 1%的创新

谢 黎

企业管理专家常说，世界上有两种智慧，一种是把简单的事情变复杂，一种是把复杂的事情变简单。

地产开发纷繁复杂，头绪众多，住宅开发是如此，商业地产开发更是如此。如何使复杂的地产开发简单化和标准化是所有开发企业的共同课题。如果细究起来，目前地产行业的标准化正在朝着几个方向发展：

一是产品类型标准化：现在许多优秀开发企业都在进行全国战略布局，开发项目众多，产品标准化后的异地复制成为大公司加快开发速度、降低风险和减少成本的必由之路。如知名的地产连锁品牌中体产业奥林匹克花园就在体育文化社区标准化方面进行了许多有益和有效的探索，所以能在全国快速开展奥林匹克花园的连锁开发。

二是产品构建的标准化：主要是学习日本欧美等国家先进技术，使住宅能像一般流水线产品一样进行批量生产，然后进行组装，真正实现"住宅产业化"。

三是实现管理标准化：即实现地产开发与经营的各个环节操作的手册化、作业指导化，这样就会有效提高工作效率，同时能对工作目标进行有效控制。

当然，我们必须承认，事物总是发展变化的，每一个地产项目受地缘环境的诸多影响，必定有许多独一无二的地方。因此，任何的标准化都无法穷尽各种变化。古人云"吾生也有涯，而知也无涯"，但人们仍然会"以有涯随无涯"，"发奋识遍天下字，立志读尽人间书"。地产完全标准化几乎是一个无法实现的任务，但仍然是所有开发商的终极目标。

既然无法实现完全标准化，地产创新就仍是一个永恒的主题。但事实上，地产发展日益成熟的今天，创新殊非易事。没有相当智慧和相当实力，奢谈创新无异于清谈天下、于事无补。因此，相形之下，标准化仍是我们现实的首要目标。

　　和住宅开发相比，商业开发更复杂，更像一场马拉松比赛。成功的招销只是项目成功的第一步，招销结束后的经营与管理才是项目永续发展的关键。因此，我们编辑这套丛书，希望对商业地产开发的全程操作流程标准化进行一些探索，并特别对商业经营管理和物业管理予以关注，希望为商业地产找到真正的成功之匙。非常之人方能成就非常之事，成功之道注定艰辛，愿与所有地产开发商共勉！

目　录

策 划 篇

第一章　房地产全程营销策划纲要 ……………………… 3

第一节　项目投资营销 ……………………………………… 3
一、项目投资营销的含义 ………………………………… 3
二、项目投资营销的具体内容（固有的、客观存在的）…… 3
第二节　项目规划设计营销 ………………………………… 7
一、项目规划设计营销的含义 …………………………… 7
二、项目规划设计营销的具体内容 ……………………… 8
第三节　项目质量工期营销 ………………………………… 10
一、质量工期营销的含义 ………………………………… 10
二、质量工期营销的具体内容 …………………………… 11
第四节　项目形象营销 ……………………………………… 12
一、项目形象营销的含义 ………………………………… 12
二、项目形象营销的具体内容（主要谈项目视觉形象策划）… 12
第五节　项目营销推广策划 ………………………………… 13
一、项目营销推广策划的含义 …………………………… 13
二、项目营销推广策划的具体内容 ……………………… 13
第六节　项目销售顾问、销售代理的营销策划 …………… 15
一、本节总论 ……………………………………………… 15
二、项目销售顾问、销售代理的具体内容 ……………… 15
第七节　项目服务营销 ……………………………………… 23
一、项目服务营销的含义 ………………………………… 23
二、项目服务营销的具体内容 …………………………… 23
第八节　项目二次营销 ……………………………………… 27

一、项目二次营销的含义 ·· 27

二、项目二次营销的具体内容 ·· 27

第二章　商业地产市场调研 ·· 29

第一节　市场调查的内容 ·· 29

一、房地产市场调查的重要性 ·· 29

二、房地产市场调查的主要内容 ···································· 30

第二节　调查方法与条件 ·· 32

一、调查方法 ·· 32

二、调查规模与技术条件 ·· 34

第三节　市场调查的程序 ·· 35

一、确定调查目的 ·· 35

二、收集信息资料 ·· 36

三、初步调查 ·· 36

四、调查设计 ·· 36

五、现场调查 ·· 37

六、资料整理分析 ·· 37

七、撰写和提交调查报告 ·· 37

第四节　调查队伍的组建 ·· 38

一、必须具备创新能力 ·· 38

二、要有良好的知识结构 ·· 38

三、要具备市场信息分析能力 ·· 39

四、要具备较强的社交能力 ·· 39

第五节　资料收集与运用 ·· 39

一、资料获取途径 ·· 39

二、基本资料收集 ·· 40

三、土地使用资料收集 ·· 42

四、项目基地现状资料收集 ·· 42

五、交通流量资料收集 ·· 42

六、道路现状资料收集 ·· 43

七、运输系统资料收集 ·· 44

八、人文社会经济资料收集 ·· 45

九、公共设施资料收集 ·· 45

十、房地产市场景气资料收集 ·· 46

十一、销售资料收集 ……………………………………… 46

十二、竞争项目资料收集 ………………………………… 47

十三、租金资料收集 ……………………………………… 48

十四、基地资料运用 ……………………………………… 48

十五、交通流量资料运用 ………………………………… 49

十六、运输系统资料运用 ………………………………… 50

十七、公共设施资料运用 ………………………………… 51

十八、商业圈资料运用 …………………………………… 52

十九、市场景气资料运用 ………………………………… 52

二十、销售资料运用 ……………………………………… 53

第六节 商业地产市调典型操作 ……………………… 55

一、市场调研工作总纲 …………………………………… 55

二、市场调研行动策略 …………………………………… 56

三、市场调研执行技术 …………………………………… 58

四、调查技术工具表（部分）…………………………… 61

五、典型市调案例 ………………………………………… 68

第三章 商业地产定位分析 …………………………… 85

第一节 地产定位模式分析 …………………………… 85

一、A1 模式 ……………………………………………… 85

二、A2 模式 ……………………………………………… 87

三、模式差异性分析 ……………………………………… 88

第二节 定位分析的基本内容 ………………………… 90

一、项目的市场定位 ……………………………………… 90

二、目标客户群定位 ……………………………………… 90

三、商业的目标消费群定位及分析 ……………………… 91

四、商铺的经营业种及功能定位 ………………………… 93

五、竞争定位 ……………………………………………… 93

第三节 商业地产定位分析案例 ……………………… 93

第四章 商业地产策划书的撰写 ……………………… 120

一、研展部分 ……………………………………………… 120

二、企划部分 ……………………………………………… 121

三、业务部分 ……………………………………………… 121

四、地产策划之道："以正合，以奇胜" ………………………… 121

五、策划方案的基本内容结构 …………………………………… 123

六、策划方案中常用的分析方法 ………………………………… 123

七、商业地产策划书案例 ………………………………………… 123

第五章 商业地产整合推广 ……………………………………… 161

第一节 整合推广基本纲要 …………………………………… 161

一、工作目标 ……………………………………………………… 161

二、传播途径 ……………………………………………………… 161

三、推广策略 ……………………………………………………… 161

第二节 商业地产广告策略 …………………………………… 163

一、广告策划的四种境界 ………………………………………… 163

二、广告主题及卖点 ……………………………………………… 164

三、广告策划的目标及误区 ……………………………………… 165

四、广告资金投入策略 …………………………………………… 166

五、媒体分析 ……………………………………………………… 167

六、阶段性广告推广策略 ………………………………………… 168

七、广告效果的评估 ……………………………………………… 169

八、商铺报纸广告的具体作业 …………………………………… 169

第三节 广告推广案例 ………………………………………… 171

第四节 商业地产新闻策划 …………………………………… 180

一、谁在策动中国地产 …………………………………………… 180

二、新闻是如何提炼出来的 ……………………………………… 181

三、新闻策划的三重境界 ………………………………………… 187

四、新闻推广原则 ………………………………………………… 195

第五节 整合推广案例 ………………………………………… 196

第六章 部分城市商业调查报告 ………………………………… 201

第一节 西安商业市场业种调研报告 ………………………… 201

第二节 沈阳商业市场调研报告 ……………………………… 221

第三节 北京商业市场调研报告 ……………………………… 232

第四节 兰州商业市场调研报告 ……………………………… 243

第五节 杭州商圈调查报告 …………………………………… 253

规 划 篇

第一章　开发企业设计管理 ································· 273

　第一节　设计管理总流程 ····························· 273

　　一、设计管理的目的 ································· 273

　　二、设计管理的适用范围 ··························· 273

　　三、术语和定义 ··································· 273

　　四、部门职责 ····································· 275

　　五、设计单位职责 ································· 276

　　六、工作程序 ····································· 276

　第二节　规划设计管理规范 ························· 279

　　一、设计招标 ····································· 279

　　二、合同管理 ····································· 279

　　三、设计费的支付 ································· 279

　　四、设计程序的管理 ······························· 279

　　五、设计进度控制 ································· 280

　　六、规划阶段的管理 ······························· 280

　　七、施工图阶段的管理规范 ························· 281

第二章　规划设计任务书 ························· 282

　　一、规划设计任务书编制 ··························· 282

　　二、设计任务书范例 ······························· 283

第三章　大型商业地产规划实用手册 ··········· 290

　第一节　一站式购物中心的整体规划 ··········· 290

　　一、购物中心建筑的特征 ··························· 290

　　二、购物中心主要公共区间 ························· 291

　　三、购物中心建筑的设计要点 ····················· 292

　　四、购物中心中庭 ································· 294

　　五、购物中心剖面设计 ····························· 294

　　六、购物中心户外设计 ····························· 295

　第二节　大型商业的常规建筑要求 ············· 295

一、承重要求 ……………………………………………………… 295

二、供电负荷的一般要求 ………………………………………… 296

三、各行业经营面积及配套设施的基本要求 …………………… 296

第三节　产权式商铺（鸽子笼式）平面规划 ……………………… 298

一、物理因素：符合商场建筑本身结构 ………………………… 298

二、租金因素：提升有效人流平方到达率、拉动商铺租金 …… 299

三、顾客生理、心理因素：缓解顾客购物疲乏感和不适感 …… 299

第四节　大型商业地产的选址要求 ………………………………… 300

一、地区性选择在宏观意义上决定了投资的成败 ……………… 300

二、商业圈选择在微观意义上决定了该地点商业物业的赢利效果 …… 300

三、核心圈层的影响 ……………………………………………… 301

四、商业地产的选址原则 ………………………………………… 302

第五节　商家选址要求 ……………………………………………… 304

一、代表性商业主力店的建筑要求 ……………………………… 304

二、主流业态选址要求 …………………………………………… 307

第四章　酒店建筑规划设计实用手册 …………………………… 331

一、设计应迎合客人心理需求 …………………………………… 331

二、设计应体现地域文化 ………………………………………… 331

三、设计应考虑酒店各分部利润的获得及匹配而使得酒店总体

　　利润达到最大化 ……………………………………………… 332

四、酒店风格的作用 ……………………………………………… 332

五、从酒店整体的角度对酒店建筑设计提出的要求 …………… 333

六、酒店建筑设计上的一些问题 ………………………………… 334

七、交通是酒店的命脉 …………………………………………… 335

八、新建和改造的各类酒店 ……………………………………… 336

九、酒店的室内设计 ……………………………………………… 338

十、中国酒店室内设计的现状 …………………………………… 339

十一、酒店设计的发展趋势 ……………………………………… 341

十二、酒店设计师的责任 ………………………………………… 341

第五章　规划设计管理实用表格及合同 ………………………… 356

第一节　实用表格 …………………………………………………… 356

第二节　设计合同 …………………………………………………… 365

策划篇

第一章　房地产全程营销策划纲要

第一节　项目投资营销

发现项目和市场的价值（发现）
明确市场空间（分析）
确定价值实现（决策）

一、项目投资营销的含义

反映房地产企业选择开发项目的过程，这个过程是考验、衡量开发商房地产运作能力。

通过对项目环境的综合考察和市场调研，以项目为核心，针对当前的竞争环境，当地的房地产市场的供求状况，项目所在区域同类楼盘的现状及客户的购买行为进行调研分析。（竞争因素）

再结合项目进行 SWOT 分析，在以上基础上，对项目进行准确的市场定位和项目价值发现分析。（随机因素）

然后根据发展商提供的相关资料，对项目进行模拟定价和投入产出分析，并对规避开发风险进行策略提示，对项目开发节奏提出专业意见。

二、项目投资营销的具体内容（固有的、客观存在的）

(一) 项目用地周边环境分析

1. 项目土地性质调查。

地理位置；地质地貌状况；土地面积及红线图；七通一平现状（通电、通水、通路等）。

2. 项目用地周边环境调查。

地块周边建筑物；绿化景观；自然景观；历史人文景观；环境污染状况。

3. 地块交通环境调查。

地块周边的市政路网及其公共交通现状、远景规划；项目对外水、陆、空交通状况；地块周边市政道路进入项目地块的直入交通网现状。

4. 周边市政配套设施调查。

购物场所；文化教育；医疗卫生；金融服务；邮政服务；娱乐、餐饮、运动；生活服务；游乐休憩设施；周边可能存在的对项目不利的因素；历史人文区位影响。

（二）区域市场现状及其趋势判断

1. 宏观经济运行状况。

国内生产总值：第一产业数量；第二产业数量；第三产业数量；房地产所占比例及数量。

中国房地产开发业景气指数。

国家宏观金融政策：货币政策；利率；房地产按揭政策。

固定资产投资总额：全国及项目所在地；其中房地产开发比重。

社会消费品零售总额。

商品零售价格指数：居民消费价格指数；商品房价格指数。

中国城市房地产协作网络信息资源利用。

2. 项目所在地房地产市场概况及政府相关的政策法规。

项目所在地的居民住宅形态及比重。

政府对各类住宅的开发和流通方面的政策法规。

政府关于商品房在金融、市政规划等方面的政策和法规。

短中期政府在项目所在地及项目周边的市政规划。

3. 项目所在地房地产市场总体供求现状。

4. 项目所在地商品房市场板块的划分及其差异。

5. 项目所在地商品房平均价格走势及市场价值发现。

6. 商品房客户构成及购买实态分析。

各种档次商品房客户分析；商品房客户购买行为分析。

（三）土地 SWOT 分析

1. 项目地块的优势。

2. 项目地块的劣势。

3. 项目地块的机会点。

4. 项目地块的威胁及困难点。

（四）项目市场定位（做什么）

1. 类比竞争楼盘调研。

类比竞争楼盘的基本资料；项目户型结构详析；项目规划设计及销售资料；综合评判。

2. 项目定位。

市场定位：区域定位；主力客户群定位。

功能定位。

建筑风格定位。

（五）项目价值分析（怎么做）

1. 商品房项目价值分析的基本方法和概念。

商品房价值分析法：类比可实现价值分析法。

选择可类比项目；确定该类楼盘价值实现的各要素及其在价值实现中的权重；分析可类比项目价值实现的各要素之特征；对比并量化本项目同各类比项目诸价值实现要素的对比值；根据价值要素对比值判断本项目可实现的均价。

类比可实现价值决定因素。

A. 类比土地价值：地段资源差异。

市政交通及直入交通的便利性的差异；项目周边环境的差异（周边自然和绿化景观的差异、教育人文景观的差异、各种污染程度的差异、周边社区素质的差异）；周边市政配套便利性的差异。

B. 项目可提升价值判断。

建筑风格的立面的设计、材质；单体户型设计；建筑空间布局和环艺设计；小区配套和物业管理；形象包装和营销策划；发展商品品牌的实力。

C. 价值实现的经济因素。

经济因素；政策因素。

2. 项目可实现价值分析。

类比楼盘分析与评价。

项目价值类比分析：价值提升和实现要素对比分析；项目类比价值计算。

（六）项目定价模拟（实施的可行性）

1. 均价的确定。

商品房项目均价确定的主要方法。

A. 类比价值算术平均法。

B. 有效需求成本加价法：分析有效市场价格范围；确保合理利用率，追加有效需求成本价格。

C. 运用以上两种方法综合分析确定均价。

2. 项目中具体单位的定价模拟。

商品房定价法：差异性价格系数定价。

A. 根据日照采光系数（B 系数）确定不同自然朝向单位的均价 Pb，即 Pb=Pa×（1±B），其中 Pa 为基础均价。

B. 然后根据景观朝向系数（D 系数）确定不同景观朝向单位的均价 Pd，即 Pd = Pb ×（1±D）。

C. 当存在复式单位或者遗憾型单位时，应在 Pd 的基础上根据户型系数（S 系数）确定不同户型单位的均价 Ps，即 Ps = Pd×（1±S）。

D. 在 Ps 的基础上，根据楼层系数（F 系数）确定不同楼层的价格 Pn，即 Pn = Ps×（1±F）= Pa ×（1±B）×（1±D）×（1±S）×（1±F）。

E. 考虑到其他随机因素的存在（如单位附近有机房干扰等），在具体单位价格的制定时，还应根据具体单位的随机系数（U 系数）确定最终的定价 Pu，即 Pu = Pn×U，其中 U 为不确定值，根据具体单位的具体情况随机确定。

各种差异性价格系数的确定：

A. 确定基础均价 Pa，通常取中间楼层价格作为均价。

B. 确定 B 系数，其中东、南朝向单位采用 1+B；西、北朝向单位采用 1－B。

C. D 系数根据不同单位景观视野实现程度确定。

D. S 系数通常为 5%~15%，只适用于复式单位和遗憾单位的定价，其中复式单位取正值，遗憾单位取负值。

E. 确定 F 系数，其中均价层以上单位采用 1+F，均价层以下单位采用 1－F。

F. U 系数根据不同单位的具体情况而定，常见的随机因素包括设备房的干扰，楼道、电梯及行人的干扰等。

具体单位定价模拟：

以其中一个最具有代表性的单位进行定价模拟，作为其他单位定价过程的参考。

（七）项目投入产出分析（进一步论证可操作性）

1. 项目经济技术指标模拟。

项目总体经济技术指标；首期经济技术指标。

2. 项目首期成本模拟。

成本模拟表及其说明。

3. 项目收益部分模拟。

销售收入模拟：销售均价假设（根据项目价格模拟中确定的均价进行销售收入的模拟）；销售收入模拟表。

利润模拟及说明：模拟说明；利润模拟表。

敏感性分析：可变成本变动时对利润的影响；销售价格变动时对利润的影响。

（八）投资风险分析及其规避方式提示（保障性）

1. 项目风险性评价。

价值提升及其实现的风险性。

项目的规划设计是否足以提升项目同周边项目的类比价值；项目形象包装及营销推广是否成功。

2. 资金运用的风险性。

减少资金占用比例，加速资金周转速度，降低财务成本。

对销售节奏和项目开发的节奏进行良好的把握，以尽量少的资金占用启动项目，并在最短的时间内实现资金回笼。

3. 经济政策风险。

国际国内宏观经济形势的变化；国家、地方相关地产政策的出台及相关市政配套设施的建设。

（九）开发节奏建议（计划性）

1. 影响项目开发节奏的基本因素。

政策法规因素；地块状况因素；发展商操作水平因素；资金投放量及资金回收要求；销售策略、销售政策及价格控制因素；市场供求因素；上市时间要求。

2. 项目开发节奏及结果预测。

项目开发步骤；项目投入产出评估；结论。

第二节　项目规划设计营销

一、项目规划设计营销的含义

以项目的市场定位为基础，以满足目标市场的需求为出发点，对项目地块进行总体规划布局，确定建筑风格和色彩计划，紧紧围绕目标客户选定主力户型，引导室内装修风格，并对项目的环艺设计进行充分提示。

二、项目规划设计营销的具体内容

（一）总体规划

1. 项目地块概述。

项目所属区域现状；项目临界四周状况；项目地貌状况。

2. 项目地块情况分析。

发展商的初步规划及设想；影响项目总体规划的不可变的经济技术因素；土地 SWOT 分析在总体规划上的利用或规避；项目市场定位下的主要经济指标参数。

3. 建筑空间布局。

项目总体平面规划及其说明；项目功能分区示意及说明。

4. 道路系统布局。

地块周边交通环境示意。

地块周边基本路网；项目所属区域道路建设及未来发展状况。

项目道路设置及其说明。

项目主要出入口设置；项目主要干道设置；项目车辆分流情况说明；项目停车场布置。

5. 绿化系统布局。

地块周边景观环境示意。

地块周边历史、人文景观综合描述；项目所属地域市政规划布局及未来发展方向。

项目环艺规划及说明。

项目绿化景观系统分析；项目主要公共场所的环艺设计。

6. 公建与配套系统。

项目所在地周边市政配套设施调查。

项目配套功能配置及安排。

公共建筑外立面设计提示：会所外立面设计提示；营销中心外立面设计提示；物业管理公司、办公室等建筑外立面设计提示；其他公建（如车站、围墙）外立面设计提示。

公共建筑平面设计提示。

公共建筑风格设计的特别提示。

项目公共建筑外部环境概念设计。

7. 分期开发。

分期开发思路；首期开发思路。

8. 分组团开发强度。

（二）建筑风格定位、色彩定位

1. 项目总体建筑风格及色彩计划。

项目总体建筑风格的构思；建筑色彩计划。

2. 建筑单体外立面设计提示。

商品住宅房外立面设计提示。

多层、小高层、高层外立面设计提示；不同户型的别墅外立面设计提示；针对屋顶、屋檐、窗户等外立面局部设计提示；其他特殊设计提示。

商业物业建筑风格设计提示。

（三）主力户型选择

1. 项目所在区域同类楼盘户型比较。

2. 项目业态分析及项目户型配置比例。

3. 主力户型设计提示。

一般户型设计提示；跃式、复式、跃复式户型设计提示；别墅户型设计提示。

4. 商业物业户型设计提示。

商业裙楼平面设计提示；商场楼层平面设计提示；写字楼平面设计提示。

（四）室内空间布局装修概念提示

1. 室内空间布局提示。

2. 公共空间主题选择。

3. 庭院景观提示。

（五）环境风格及艺术风格提示

1. 项目周边环境调查和分析。

2. 项目总体环境规划及艺术风格构想环境。

地块已有的自然环境利用；项目人文的营造。

3. 项目各组团环境概念设计。

组团内绿化及园艺设计；组团内共享空间设计；组团内雕塑小品设计提示；组团内椅凳造型设计提示；组团内宣传专栏、导视系统位置设定提示。

4. 项目公共建筑外部环境概念设计。

项目主入口环境概念设计；项目营销中心外部环境概念设计；项目会所外部环境概念设计；项目营销中心、示范中心沿途可营造环境概念设计；针对本项目的其他公共环境概念设计。

（六）公共家具概念设计提示

1. 项目周边同类楼盘公共家具摆设。

营销中心大堂；管理办公室。

2. 本项目公共家具概念设计提示。

（七）公共装饰材料选择指导

1. 项目周边同类楼盘公共装饰材料比较。

2. 本项目公共装饰材料选择指导及装修风格构思。

3. 项目营销示范单位装修概念设计。

客厅装修概念设计；厨房装修概念设计；主人房装修概念设计；儿童房装修概念设计；客房装修概念设计；室内其他（如阳台、玄关、门窗）装修提示。

4. 项目营销中心装修风格提示。

5. 住宅装修标准提示。

多层、高层洋房装修标准提示；跃式、复式、跃复式装修标准提示；别墅装修标准提示。

（八）灯光设计及背景音乐指导

1. 项目灯光设计。

项目公共建筑外立面灯光设计；项目公共绿化绿地灯光设计；项目道路系统灯光设计；项目室内灯光灯饰设计。

2. 背景音乐指导。

广场音乐布置；项目室内背景音乐布置。

（九）小区未来生活方式的指导

1. 项目建筑规划组团评价。

2. 营造和引导未来生活方式。

住户特征描述；社区文化规划与设计。

第三节　项目质量工期营销

一、质量工期营销的含义

作为专业的房地产市场营销，房地产全程营销现在已突破商品流通领域，而贯穿于商品的开发建设、销售、服务的全过程。质量工期作为房地产全程营销的重要流程之一，它贯穿于房地产开发建设的始终。近几年来，房地产市场买卖双方纠纷不断，已成投诉热点。房屋滴漏、墙皮裂缝现象经常出现；所购期房交付时与合同承诺的条件不符，拖延楼宇交付使用日期的现象也时有发生；甚至由于质量控制不严，建筑物产生不均匀沉降，引起结构开裂，新房成了危房；等等。这些现象都严重损害了消费者的利益，对社会造成了很大的危害，严重影响了发展商及开发项目的信誉度、美誉度，最终使项目销售业绩受到影响，出现销售停滞和购楼者要求换楼或退楼的现象。因此，质量工期营销是房地产发展商、承建商及策划商必须树立的营销观念。

二、质量工期营销的具体内容

（一）建筑材料选用提示
1. 区域市场竞争性楼盘建筑材料选用类比。
2. 新型建筑装饰材料提示。
3. 建筑材料选用提示。

（二）施工工艺流程指引
1. 工程施工规范手册。
2. 施工工艺特殊流程提示。

（三）质量控制
1. 项目工程招标投标内容提示。
2. 文明施工质量管理内容提示。

（四）工期控制
1. 项目开发进度提示。
2. 施工组织与管理。

（五）造价控制
1. 建筑成本预算提示。
2. 建筑流动资金安排提示。

（六）安全管理
1. 项目现场管理方案。
2. 安全施工条例。

第四节　项目形象营销

一、项目形象营销的含义

房地产项目形象营销包括房地产项目的总体战略形象策划、社区文化形象策划、房地产企业行为形象策划、员工形象策划以及项目视觉形象策划等主要营销内容。

房地产项目视觉形象是指房地产项目有别于其他项目具有良好识别功能的统一视觉表现。包括项目视觉识别系统工程核心部分及延展运用部分。其中核心部分包括项目的名称、标志、标准色及标准字体。

由于房地产项目自身独有的文化理念、经营理念，有其特定的地理位置、市场环境、社区文化内涵，因此项目的名称要富有意境，有个性，应该讲究策略性和艺术性，房地产项目标志特别强调造型设计，力求个性突出、形象鲜明、便于记忆、便于宣传，以统一运用于项目形象包装。

CIS = VI（视觉）+ BI（行为）+ MI（理念）

二、项目形象营销的具体内容（主要谈项目视觉形象策划）

（一）项目视觉识别系统核心部分

1. 名称。

项目名；道路名；建筑名；组团名。

2. 标志。

项目标志。

3. 标准色。

4. 标准字体。

（二）延展及运用部分

1. 工地环境包装视觉。

建筑物主体；工地围墙；主路网及参观路线；环境绿化。

2. 营销中心包装设计。

营销中心室内外展示设计；功能分区提示；大门横眉设计；形象墙设计；

台面标牌；展板设计；营销中心导视牌；销售人员服装设计提示；销售用品系列设计；示范单位导视牌；样板房说明书。

3. 公司及物业管理系统包装设计。

办公功能导视系统设计；物业管理导视系统设计。

第五节　项目营销推广策划

一、项目营销推广策划的含义

对未来将要进行的营销推广活动进行整体、系统筹划的超前决策。

其内容是在项目投资分析的基础上进一步对区域市场及竞争楼盘进行调查分析，从而进一步对项目强、弱进行分析，并得出正确的处理方法，同时对该项目市场定位、价格定位分析，确定项目的正式入市时间，以及采用相应的宣传推广策略，并提出对整个营销推广的效果进行有效监控的评估的方法，以达到预期的营销效果，是营销策划水平与销售技巧的高度结合。

二、项目营销推广策划的具体内容

（一）区域市场实态分析

1. 项目所在地房地产市场总体供求现状。

2. 项目周边竞争性楼盘调查。

项目概况；市场定位；售楼价格；销售政策措施；广告推广手法；主要媒体应用及投入频率；公关促销活动；其他特殊卖点和销售手段。

3. 结论。

（二）项目主卖点荟萃及物业强势、弱势分析与对策

1. 项目主要卖点荟萃。

2. 强势、弱势分析与对策。

（三）目标客户群定位分析

1. 项目所在地人口总量及地块分布情况。

2. 项目所在地经济发展状况和人口就业情况。

3. 项目所在地家庭情况分析。

家庭成员结构；家庭收入情况；住房要求、生活习惯。

4.项目客户群定位。

目标市场：目标市场区域范围界定；市场调查资料汇总、研究；目标市场特征描述。

目标客户：目标客户细分；目标客户特征描述；目标客户资料。

（四）价格定位及策略

1.项目单方成本。

2.项目利润目标。

3.可类比项目市场价格。

4.价格策略。

定价方法；均价；付款方式和进度；优惠条款；楼层及方位差价；综合计价公式。

5.价格分期策略。

内部认购价格；入市价格；价格升幅周期；价格升幅比例；价格技术调整；价格变化市场反映及控制；项目价格、销售额配比表。

（五）入市时机规划

1.宏观经济运行状况分析。

2.项目所在地房地产相关法规和市场情况简明分析。

3.入市时机的确定及安排。

（六）广告策略

1.广告总体策略及广告的阶段性划分。

广告总体策略；广告的阶段性划分。

2.广告主题。

3.广告创意表现。

4.广告效果监控、评估及修正。

5.入市前印刷品的设计、制作。

购房须知；详细价格表；销售控制表；楼书；宣传海报、折页；认购书；正式合同；交房标准；物业管理内容；物业管理公约。

（七）媒介策略

1.媒体总策略及媒体选择。

媒体总策略；媒体选择；媒体创新使用。

2.软性新闻主题。

3.媒介组合。

4.投放频率及规模。

5. 费用估算。

（八） 推广费用计划

1. 现场包装。

2. 印刷品。

3. 媒介投放。

4. 公关活动。

（九）公关活动策划及现场包装

（十）营销推广效果的监控、评估及修正

1. 效果测评形式。

进行性测评；结论性测评。

2. 实施效果测评的主要指标。

销售收入；企业利润；市场占有率；品牌形象和企业形象。

第六节　项目销售顾问、销售代理的营销策划

一、本节总论

销售阶段是检验前几个方面的策划营销工作的重要标尺；同时，它又是自成一体的严密科学系统。

二、项目销售顾问、销售代理的具体内容

（一）销售周期划分以及控制

1. 销售策略。

营销思想：全面营销；全过程营销；全员营销。

销售网络：专职销售人员（销售经理、销售代表）；销售代理商（销售顾问）；兼职售楼员。

销售区域：紧扣目标市场和目标客户。

销售时段：内部认购期；蓄势调整期；开盘试销期；销售扩张期；强势销售期；扫尾清盘期。

政策促销。

销售活动。

销售承诺。

2. 销售过程模拟。

销售实施：

顾客购买心理分析；楼房情况介绍；签订认购书；客户档案记录；成交情况总汇；正式合同公证；签订正式合同；办理银行按揭；销售合同执行监控；成交情况汇总。

销售合同执行监控：

收款催款过程控制；按期交款的收款控制；延期交工的收款控制；入住环节的控制；客房档案；客户回访与亲情培养；与物业管理的交接。

销售结束：

销售资料的整理和保管；销售人员的业绩评定；销售工作中的处理个案记录；销售工作的总结。

（二）各销售阶段营销推广执行方案实施

（三）各销售阶段广告创意设计及发布实施

（四）售前资料准备

1. 批文及销售资料。

批文：公司营业执照；商品房销售许可证。

楼宇说明书：项目统一说辞；户型图与会所平面图；会所范围；交楼标准；选用建筑材料；物管范围。

价格体系：价目表；付款方式；按揭办理办法；利率表；办理产权证有关程序及费用；入住流程；入住收费明细表；物业管理收费标准（学校收费规定）。

合同文本：预定书（内部认购书）；销售合同标准文本；个人住房抵押合同；个人住房公积金借款合同；个人住房商业性借款合同；保险合同；公证书。

2. 人员组建。

销售辅导：

A. 发展商成立完整的销售队伍。

主管销售之副总；销售部经理；销售主管或销售控制；销售代表；销售、事务型人员；销售、市场人员；综合处（回款小组、资料员、法律事务主管）；入住办成员（非常设机构可由销售代表兼任）。

B. 专业公司专业销售人员辅导发展商销售工作。

专职销售经理；根据需要增派销售人员实地参与销售；项目经理跟踪项目总体策划及销售进度，提供支持，理顺关系。

C. 专业公司就项目总体销售管理提供支持。

D. 专业公司销售网络资源调动使用。

销售代理：

A. 发展商指定公司相关人员配合专业公司工作。

负责营销之副总；处理法律事务人员；财务人员。

B. 专业公司成立项目销售专职销售队伍。

销售经理（专业公司总部派出）；销售代表（主力由专业公司派出，其他当地择优招聘）；项目经理（跟踪项目销售进度，提供支持，理顺关系）。

C. 专业公司总部销售管理及支持。

D. 专业公司全国销售网络资源调动使用。

3. 制定销售工作进度总表。

4. 销售控制与销售进度模拟。

销售控制表。

销售收入预算表。

5. 销售费用预算表。

总费用预算。

分项开支：销售人员招聘费用；销售人员工资；销售提成、销售辅导顾问费用；销售人员服装费用；营销中心运营办公费用；销售人员差旅费用；销售人员业务费用；临时雇用销售人员工作费用。

边际费用：销售优惠打折；销售公关费用。

6. 财务策略。

信贷：选择适当银行；控制贷款规模、周期；合理选择质押资产；银企关系塑造；信贷与按揭互动操作。

付款方式：多种付款选择；优惠幅度及折头比例科学化；付款方式优缺点分析；付款方式引导；付款方式变通。

按揭：明晰项目按揭资料；尽可能扩大年限至30年；按揭比例；首期款比例科学化及相关策略；按揭银行选择艺术；保险公司及条约；公证处及条约；按揭各项费用控制。

合伙股东：实收资本注入；关联公司炒作；股东分配；换股操作；资本运营。

7. 商业合作关系。

双方关系：发展商与策划商；发展商与设计院；发展商与承建商；发展商与承销商；发展商与广告商；发展商与物业管理商；发展商与银行（银团）。

三方关系：发展商、策划商、设计院、承销商；广告商；物业管理商；银行（银团）。

多方关系：策划商、发展商、其他合作方。

8. 工作协调配合。

甲方主要负责人：

A. 与策划代理商确定合作事宜，签署合同。

B. 完善能有效工作的组织架构和人员配备。

C. 分权销售部门，并明确其责任。

D. 全员营销的发动和组织。

直接合作人：

A. 合同洽谈。

B. 销售策划工作对接。

C. 销售策划工作成果分块落实、跟踪。

D. 售息反馈。

E. 催办销售策划代理费划拨。

F. 工作效果总结。

财务部：

A. 了解项目销售工作进展。

B. 参与重大营销活动，销售管理工作。

C. 配合催收房款。

D. 配合销售部核算价格，参与制定价格策略。

E. 及时办理划拨销售策划代理费。

工程部：

A. 工程进度与销售进度的配合。

B. 严把工程质量。

C. 文明施工、控制现场形象。

D. 销售活动的现场配合。

物业管理公司：

A. 工程验收与工地形象维护。

B. 人员形象。

C. 销售文件配合。

D. 销售卖场的管理。

E. 军体操练。

F. 保安员与售楼员的工作衔接、默契配合。

（五）销售培训

1. 销售部人员培训（公司背景及项目知识）。

详细介绍公司情况：

A. 公司背景、公众形象、公司目标（项目推广目标和公司发展目标）。

B. 销售人员的行为准则、内部分工、工作流程、个人收入目标。

物业详情：

A. 项目规模、定位、设施、买卖条件。

B. 物业周边环境、公共设施、交通条件。

C. 该区域的城市发展计划，宏观及微观经济因素对物业的影响情况。

D. 项目特点。

项目规划设计内容及特点，包括景观、立面、建筑组团、容积率等。

平面设计内容及特点，包括总户数、总建筑面积、总单元数、单套面积、户内面积组合、户型优缺点、进深、面宽、层高等。

项目的优劣分析。

项目营销策略，包括价格、付款方式、策略定位、销售目标、推广手段。

E. 竞争对手优劣分析及对策。

业务基础培训课程：

A. 国家及地区相关房地产业的政策法规、税费规定。

B. 房地产基础术语、建筑常识。

房地产、建筑业基础术语的理解；建筑识图；计算户型面积。

C. 心理学基础。

D. 银行的按揭知识，涉及房地产交易的费用。

E. 国家、地区的宏观经济政策、当地的房地产走势。

F. 公司制度、框架和财务制度。

销售技巧：

A. 售楼过程中的洽谈技巧。

如何以问题套答案，询问客户的需求、经济状况、期望等，掌握买家心理。

恰当使用电话的方法。

B. 展销会场气氛把握技巧。

客户心理分析；销售员接待客户技巧。

C. 推销技巧、语言技巧、身体语言技巧。

签订买卖合同的程序：

A. 售楼部签约程序。

办理按揭及计算；入住程序及费用；合同说明；其他法律文件；所需填写

的各类表格。

B. 展销会签订售楼合同的技巧与方法。

定金的灵活处理；客户的跟踪。

物业管理课程：

A. 物业管理服务内容、收费标准。

B. 管理规则。

C. 公共契约。

销售模拟：

A. 以一个实际楼盘为例进行实习，运用全部所学的方法技巧完成一个交易。

B. 利用项目营销接待中心、样板房模拟销售过程。

C. 及时讲评、总结，必要时再次实习模拟。

实地参观他人展销现场。

如何进行市场调查，以了解市场和竞争对手情况，并撰写调查提纲。

2. 销售手册。

批文：

A. 公司营业执照。

B. 商品房销售许可证。

楼宇说明书：

项目统一说辞；户型图与会所平面图；会所内容；交楼标准；选用建筑材料；物管内容。

价格体系：

价目表；付款方式；按揭办理办法；利率表；办理房产证有关程序、税费；入住流程；入住收费明细表；物业管理收费标准。

合同文本：

认购书；预售合同标准文本；销售合同；个人住房抵押；个人住房商业性借款合同。

客户资料表。

3. 客户管理系统。

电话接听记录表；新客户表；老客户表；客户谈访记录表；销售日统计表；销售周报表；销售月报表；已成交客户档案表；应收账款控制表；保留楼盘控制表。

4. 销售作业指导书。

职业素养准则：

职业精神；职业信条；职业特征。

销售基本知识与技巧：

业务的阶段性；业务的特殊性；业务的技巧。

项目概况：

项目基本情况；优势点诉求；阻力点剖析；升值潜力空间。

销售部管理框架：

职能；人员设置与分工；待遇。

（六）销售组织与日常管理

1. 组织与激励。

销售部组织框架：

销售副总；销售部经理；销售主管；销售控制；广告、促销主管；售楼处、销售代表、事务人员、市场人员；综合处成员；入住办成员；财务人员（配合）。

销售人员基本要求：

A. 基本要求：职业道德要求；基本素质要求；礼仪仪表要求。

B. 专业知识要求。

C. 知识面要求。

D. 心理素质要求。

E. 服务规范要求：语言规范；来电接待要求；顾客来函要求；来访接待要求；顾客回访要求；促销环节基本要求；销售现场接待方式及必备要素。

职责说明：

A. 销售部各岗位职务说明书。

B. 销售部各岗位工作职责。

考核、激励措施：

A. 销售人员业绩考核办法。

B. 提成制度。

C. 销售业绩管理系统：销售记录表；客户到访记录表；连续接待记录；客户档案。

2. 工作流程。

销售工作五个方面的内容：

A. 制定并实施阶段性销售目标及资金回收目标。

B. 建立一个鲜明的发展商形象。

C. 制定并实施合理的价格政策。

D. 实施规范的销售操作与管理。

E. 保证不动产权转移的法律效力。

销售工作的三个阶段：

A. 预备阶段。

B. 操作阶段。

C. 完成阶段（总结）。

销售部工作职责（工作流程）：

A. 市场调查：目标市场、价格依据。

B. 批件审办：面积计算、预售许可。

C. 资料制作：楼盘价格、合约文件。

D. 宣传推广：广告策划、促销实施。

E. 销售操作：签约履行、楼款回收。

F. 成交汇总：回款复审、纠纷处理。

G. 客户入住：入住通知、管理移交。

H. 产权转移：分户汇总、转移完成。

I. 项目总结：业务总结、客户亲情。

销售业务流程（个案）：

A. 公司宣传推广挖掘潜在客户。

B. 销售代表多次接待，销售主管主持。

C. 客户签订认购书付定金。

D. 客户正式签约。

E. 客户付款（一次性、分期或按揭）。

F. 办理入住手续。

G. 资料汇总并追踪服务，以客户带客户。

3. 规章制度概念提示。

合同管理：

A. 公司销售合同管理规划。

B. 签订预定收据的必要程序。

示范单位管理办法。

销售人员管理制度：

A. 考勤办法。

B. 值班纪律管理制度。

C. 客户接待制度。

D. 业务水平需求及考核。

销售部职业规范。

第七节　项目服务营销

一、项目服务营销的含义

在房地产全程营销的同时，应积极倡导推介房地产全程物业管理，让物业管理从一开始就介入，让其与全程营销的各个流程在不同的时段和层面上进行互动和整合，进一步深化体现和贯彻房地产全程营销的全面性、全员性和全程性。物业管理不仅是项目品质和销售的有力保证，更是品牌工程的重要支撑。

二、项目服务营销的具体内容

（一）项目销售过程所需物业管理资料

1. 楼宇质量保证书。

2. 楼宇使用说明书。

3. 业主公约。

4. 用户手册。

5. 楼宇交收流程。

6. 入伙通知书。

7. 入伙手续书。

8. 收楼书。

9. 承诺书。

10. 业主、用户联系表。

11. 遗漏工程使用钥匙授权书。

12. 遗漏工程和水电表底数记录表。

13. 装修手册和装修申请表。

（二）物业管理内容策划

1. 工程、设计、管理的提前介入。

2. 保洁服务。

3. 绿化养护。

4. 安全及交通管理。

5. 三车及场地管理。

6. 设备养护。

7. 房屋及公用设备、设施养护。

8. 房屋事务管理。

9. 档案及数据的管理。

10. 智能化的服务。

11. 家政服务。

12. 多种经营服务的开展。

13. 与业主的日常沟通。

14. 社区文化服务。

（三）物业管理组织及人员架框

1. 物业公司人力资源的管理包括招聘、培训、考核、调配、述职、工资、福利、晋级等环节。

2. 物业管理公司应遵循以下原则，建立各级组织机构、明确各部门的职能、责任、权限、隶属关系及信息沟通渠道。

A. 遵守国家的有关规定。

B. 在经营范围允许下。

C. 结合不同的工作重点。

D. 把质量责任作为各个环节的重点。

E. 遵循"职责分明、线条清晰、信息流畅的高效"的原则。

F. 各岗位的人员设置应遵循"精简、高效"的原则。

（四）物业管理培训

1. 在物业交付使用前，培训内容包括：

A. 为新聘员工（特别是中层管理人员）提供对管理公司架构、人员制度及管理行业的了解。

B. 提供物业管理的理论基础。

C. 物业及物业管理的概念。

D. 建筑物种类及管理。

E. 物业管理在国内的发展。

F. 业主公约、公共面积及用户的权责。

G. 装修管理。

H. 绿化管理。

I. 管理人员的操守及工作态度。

J. 房屋设备的构成及维护。

K. 财务管理。

L. 物业管理法规。

M. 人事管理制度。

N. 探讨一些常见的个案。

2. 在物业交付使用后，培训内容包括：

A. 对前线员工及中层员工进行培训，使其对现场实际操作有更深入的认识及了解。

B. 对物业管理公司早期工作进行一次鉴定。

C. 物业管理公司各部门的管理、工作程序及规章制度。

（五）物业管理规章制度

1. 员工手册。

2. 岗位职责及工作流程。

3. 财务制度。

4. 采购及招标程序。

5. 员工考核标准。

6. 业主委员会章程。

7. 各配套功能管理规定。

8. 文件管理制度。

9. 办公设备使用制度。

10. 值班管理制度。

11. 消防责任制。

12. 消防管理规定。

13. 对外服务工作管理规定。

14. 装修工程队安全责任书。

15. 停车场管理规定。

16. 非机动车辆管理规定。

17. 出租屋及暂住人员管理规定。

18. 进驻（租）协议书。

19. 商业网点管理规定。

（六）物业管理操作及规程

1. 楼宇本体维护保养规程。

2. 绿化园林养护规程。

3. 消防设施养护及使用规程。

4. 供配电设备维护保养规程。

5. 机电设备维护保养规程。

6. 动力设备维护保养规程。

7. 停车场、车库操作规程。

8. 停车场、车库维护保养规程。

9. 游泳池及其设备维护保养的操作规程。

10. 给排水设备维护保养规程。

11. 公共部位保养保洁操作规程。

12. 保安设备操作及维护规程。

13. 照明系统操作及维护规程。

14. 通风系统操作及维护规程。

15. 管理处内部运作管理规程。

16. 租赁管理工作规程。

（七）物业管理的成本费用

1. 管理员工支出：薪金及福利；招聘和培训；膳食及住宿。

2. 维护及保养：照明及通风系统；机电设备；动力设备；保安及消防设备；给排水设备；公共设备设施；园艺绿化；工具及器材；冷暖系统；杂项维修。

3. 公共费用：公共电费；公共水费；排污费；垃圾费；灭虫。

4. 行政费用：办公室支出（包括文化器材及其他低值易耗品）；公关支出；电话费；差旅费。

5. 保险费：包括财产及公共责任险。

6. 其他：节日灯饰；审计费用；杂项支出。

7. 管理者酬金。

8. 营业税。

9. 预留项目维修基金：原则上物业的运营为自负盈亏，上述所有费用均由管理费支付，发展商理论上无须负责营运上的任何费用；还有其他开支如智能网络、金融信息系统均会影响管理费的支出。

（八）物业管理 ISO 9002 提示

1. 质量手册。

2. 程序文件。

3. 工作规程。

4. 质量记录表格。

5. 行政管理制度。

6. 人力资源管理制度。

第八节　项目二次营销

一、项目二次营销的含义

二次营销是指发展商已较成功地开发一两个项目，或是一个大型项目已完成部分组团，在社会上已形成一定的知名度和影响力，发展商致力于进一步提升形象的整体竞争力。在某种程度上讲是"二次创业"，发展商通过全面营销来提升项目的品牌，进而促进发展商的可持续经营。

二、项目二次营销的具体内容

（一）全面营销

1. 全过程营销。

项目投资营销；项目规划设计营销；项目质量工期营销；项目形象营销；项目营销推广策划；项目销售顾问、销售代理；项目服务营销；项目二次营销。

2. 全员营销。

A. 项目营销的实现绝不只是营销部门的事情，而是所有非营销部门全方位、全过程参与企业的营销管理的过程。

B. 营销手段的整体性。

企业对产品价格、渠道、分销等可控因素进行互相配合，实现最佳组合，以满足顾客的各项需求。

C. 营销主体的整体性。

公司应以营销部门为核心，各个部门统一市场为中心，以顾客为导向，参与整个营销活动的分析、规划、执行的控制，为买家创造最大的价值。

（二）品牌战略提示

1. 品牌塑造。

A. 了解产业环境，确认自身的弱点，决定核心竞争力。

B. 形成企业长远的发展目标。

C. 拥有一套完整的企业识别系统。

D. 全方位推广企业形象和品牌形象。

2. 品牌维护。

A. 品牌管理系统。

B. 建立品牌评估系数。

C. 持续一致的投资品牌。

3. 品牌提升。

A. 持续不断地深度开发品牌产品。

B. 深化品牌的内涵。

C. 不断强化品牌的正向扩张力。

（三）发展商可持续经营战略提示

1. 人力资源科学配置。

A. 要甄选出公司所需的合格的人才。

B. 为促进履行职责而不断培训员工。

C. 创造良好的工作环境。

D. 创造能力的激发。

E. 绩效评估的奖励机制。

2. 产业化道路策略。

A. 提高住宅产品的技术附加值，尽快转变成为技术密集型产业。

B. 将住宅产业多个外延型发展转为集约型的内涵式发展。

C. 深化住宅产业化链条的协调性。

3. 专业化道路策略。

A. 提高建筑与结构技术体系。

B. 节能及新能源开发利用。

C. 住宅管线技术体系。

D. 建立厨房、卫生间的基本功能空间配置的整合技术。

E. 提高住宅环境及其保障技术体系。

F. 住宅智能化技术体系。

第二章 商业地产市场调研

第一节 市场调查的内容

　　房地产市场调查，就是以房地产为特定的商品对象，对相关的市场信息进行系统的收集、整理、记录和分析，进而对房地产市场进行研究与预测。

　　市场调查有广义和狭义之分。狭义的市场调查是以科学方法收集消费者购买和使用商品的动机、事实、意见等有关资料，并予以研究。例如，进行住房市场购买力的调查，只有通过一定数量的对各种年龄结构的人员进行抽样调查，才能分析消费者房地产购买力的情况。广义的市场调查则是针对商品或劳务，即对商品或劳动力从生产者到达消费者这一过程中全部商业活动的资料、情报和数据作系统的收集、记录、整理和分析，以了解商品的现实市场和潜在市场。因此，广义的市场调查不仅是单纯研究购买者的心理或行为，而是对营销活动中所有阶段加以研究。

一、房地产市场调查的重要性

　　企业的生存环境是不断变化的，企业必须通过市场调查，了解消费者对住房的需求，以及对现有住房的意见，以引导住房开发的最佳市场切入点，从而不断开拓市场，提高企业在市场上的占有率。

　　现代营销理论认为，企业在制定任何产品的产品策略、价格策略、营销渠道策略、促销策略时，必须在认真搞好市场调查的基础上进行。只有通过市场调查，才能了解消费者需要什么样的住房，需要多少住房，进而组织生产经营。建造好的房屋若能符合消费者的需求，销路畅通，也就可以达到企业预先制定的效益目标。

二、房地产市场调查的主要内容

（一）政治法律环境调查

1. 国家、省、市有关房地产开发经营的方针政策。如房地产价格政策、房地产税收政策、土地制度和土地政策、人口政策等。

2. 有关房地产开发经营的法律规定。如《房地产开发经营管理条例》、《房地产管理法》、《土地管理法》。

3. 有关国民经济社会发展计划、发展规划、土地利用总体规划、城市建设规划和区域规划、城市发展战略等。

（二）经济环境调查

1. 国家、地区或城市的经济特性，包括经济发展规模、趋势、速度和效益。

2. 项目所在地区的经济结构、人口及其就业状况、就学条件、基础设施情况、地区内的重点开发区域、同类竞争物业的供给情况。

3. 一般利率水平，获取贷款的可能性以及预期的通货膨胀率。

4. 国民经济产业结构和主导产业。

5. 居民收入水平、消费结构和消费水平。

6. 项目所在地区的对外开放程度和国际经济合作的情况，对外贸易和外商投资的发展情况。

7. 与特定房地产开发类型和开发地点相关因素的调查。

8. 财政收支。对于不同的物业类型，所需调查的经济环境内容有很大的不同，须结合具体项目情况展开有针对性的调查。

（三）社区环境调查

社区环境直接影响着房地产产品的价格，这是房地产商品特有的属性。优良的社区环境，对发挥房地产商品的效能，提高其使用价值和经济效益具有重要作用。社区环境调查内容包括：社区繁荣程度、购物条件、文化氛围、居民素质、交通和教育的便利、安全保障程度、卫生、空气和水源质量及景观等方面。

（四）房地产市场需求和消费行为调查

1. 消费者对某类房地产的总需求量及其饱和点、房地产市场需求发展趋势。

2. 房地产市场需求影响因素调查。如国家关于国民经济结构和房地产产业结构的调整和变化；消费者的构成、分布及消费需求的层次状况；消费者现实需求和潜在需求的情况；消费者的收入变化及其购买能力与投向。

3. 需求动机调查。如消费者的购买意向，影响消费者购买动机的因素，消费者购买动机的类型等。

4. 购买行为调查。如不同消费者的不同购买行为，消费者的购买模式，影响消费者购买行为的社会因素及心理因素等。

（五）房地产产品调查

1. 房地产市场现有产品的数量、质量、结构、性能、市场生命周期。

2. 现有房地产租售客户和业主对房地产的环境、功能、格局、售后服务的意见及对某种房地产产品的接受程度。

3. 新技术、新产品、新工艺、新材料的出现及其在有关房地产产品上应用的情况。

4. 本企业产品的销售潜力及市场占有率。

5. 建筑设计及施工企业的有关情况。

（六）房地产价格调查

1. 影响房地产价格变化的因素，特别是政府价格政策对房地产企业定价的影响。

2. 房地产市场供求情况的变化趋势。

3. 房地产商品价格需求弹性和供给弹性的大小。

4. 开发商各种不同的价格策略和定价方法对房地产租售量的影响。

5. 国际、国内相关房地产市场的价格。

6. 开发个案所在城市及街区房地产市场价格。

7. 价格变动后消费者和开发商的反应。

（七）房地产促销调查

1. 房地产广告的时空分布及广告效果测定。

2. 房地产广告媒体使用情况的调查。

3. 房地产广告预算与代理公司调查。

4. 人员促销的配备状况。

5. 各种公关活动对租售绩效的影响。

6. 各种营业推广活动的租售绩效。

（八）房地产营销渠道调查

1. 房地产营销渠道的选择、控制与调整情况。

2. 房地产市场营销方式的采用情况、发展趋势及其原因。

3. 租售代理商的数量、素质及其租售代理的情况。

4. 房地产租售客户对租售代理商的评价。

（九）房地产市场竞争情况调查

市场竞争对于房地产企业制定市场营销策略有着重要的影响。因此，企业在制定各种重要的市场营销决策之前，必须认真调查和研究竞争对手可能作出的种种反应，并时刻注意竞争者的各种动向。房地产市场竞争情况的调查内容主要包括：

1. 竞争者及潜在竞争者（以下统称竞争者）的实力和经营管理优劣势调查。

2. 对竞争者的商品房设计、室内布置、建材及附属设备选择、服务优缺点的调查与分析。

3. 对竞争者商品房价格的调查和定价情况的研究。

4. 对竞争者广告的监视和广告费用、广告策略的研究。

5. 对竞争情况销售渠道使用情况的调查和分析。

6. 对未来竞争情况的分析与估计等。

7. 整个城市，尤其是同（类）街区同类型产品的供给量和在市场上的销售量，本企业和竞争者的市场占有率。

第二节　调查方法与条件

一、调查方法

市场调查有许多方法，可分为两大类：第一类是按选择调查对象来划分，有全面普查、重点调查、随机抽样、非随机抽样等；第二类是按调查对象所采用的具体方法来划分，有访问法、观察法、实验法。下面简要分析每一种调查方法特征。

（一）按调查对象划分

1. 全面普查。全面普查是指对调查对象总体所包含的全部个体都进行调查。如果把一个城市的人口、年龄、家庭结构、职业、收入分布情况系统调查了解后，对房地产开发将十分有利的。

2. 重点调查。重点调查是以总体中有代表性的单位或消费者作为调查对象，进而推断出一般结论。采用这种调查方式，由于被调查的对象数目不多，企业可以以较少的人力、物力、财力，在很短的时期内完成。当然由于所选对象并非全部，调查结果难免会有一定误差。

3. 随机抽样。随机抽样调查是在总体中随机任意抽取个体作为样本进行调查，根据样本推断出一定概率下总体的情况。随机抽样在市场调查中占有重要地位，在实际工作中应用很广泛。随机抽样最主要的特征是从母体中任意抽取样本，每一样本有相等的机会，即事件发生的概率是相等的，这样可以根据调查的样本空间的结果来推断母体的情况。

4.非随机抽样法。非随机抽样法是指市场调查人员在选取样本时并不是随机选取，而是先确定某个标准，然后再选取样本数。这样每个样本被选择的机会并不是相等的，非随机抽样分为就便抽样、判断抽样、配额抽样三种具体方法。

（二）按照调查方法划分

1.访问法。

这是最常用的市场调查方法。科学设计调查表，有效地运用个人访问技巧是此方法成功的关键。

（1）设计调查表。

调查表要反映企业决策的思想，是本企业营销部门最关心、最想得到的重要信息来源之一。因此要想搞好调查，就必须设计好调查表。

设计调查表应注意的事项：第一，问题要短。因为较长的问题容易被调查者混淆。第二，调查表上每一个问题只能包含一项内容。第三，问题中不要使用专门术语，如容积率、框架结构、剪力墙结构、筒中筒结构等。一般消费者是搞不清楚这些专门术语的。第四，问题答案不宜过多，问题的含义不要模棱两可，一个问题只代表一件事。第五，要注意问问题的方式。有时直接问问题并不见得是最好的，而采用间接方法反而会得到更好的答案。例如，最近房地产公司为了销售某一处商品房做了不少广告，调查员想知道、想了解这些广告效果时，与其直接询问被调查者的看法如何，还不如用迂回方式去了解他们有多少人知道该处的房产情况。

（2）访问法的形式。

调查表设计好之后，按照调查人员与被调查人员的接触方式不同，可将访问法划分为三种形式。

1）答卷法。调查人员将被调查人员集中在一起，要求每人答一份卷，在规定时间答完，这样被调查人员不能彼此交换意见，使个人意见充分表达出来。

2）谈话法。市场调查人员与被调查人员进行面对面谈话，如召开座谈会等。

3）电话调查。这种方法是市场调查人员借助电话来了解消费者的意见的一种方法。

2.观察法。

这种方法是指调查人员不与被调查者正面接触，而是在旁边观察。调查人员采用观察法，主要是为了获得那些被观察者不愿或不能提供的信息，通过观察法便可以较容易地了解到。观察法有三种形式。

（1）直接观察法。

派人到现场对调查对象进行观察。例如，可派人到房地产交易所或工地观察消费者选购房产的行为和要求，调查消费者对本公司的信赖程度。

（2）实际痕迹测量法。

调查人员不是亲自观察购买者的行为，而是观察行为发生后的痕迹。例如，要比较在不同报纸杂志上刊登广告的效果好坏。

（3）行为记录法。

在取得被调查者的同意之后。用一定装置记录调查对象的某一行为。例如，在某些家庭电视机里装上一个监听器，可以记录电视机什么时候开，什么时候关，收哪一个电视台，收看了多长时间等。这样可以帮助营销管理人员今后选择哪一家电视台，在什么时间播广告效果最好。

3. 实验法。

实验法是指将调查范围缩小到一个比较小的规模上，进行试验后取得一定结果，然后再推断出总体可能的结果。例如，调查广告效果时，可选定一定消费者作为调查对象，对他们进行广告宣传，然后根据接受的效果来改进广告词语、声像等。

二、调查规模与技术条件

作为一项了解消费者期望和购买行为的调查，其规模越大，结果也就越令人信服。但是由于人力、物力以及调查技术条件的限制，使得我们不得不从以下四个方面来考虑调查的规模。

（一）样本的数量

一般而言，一个调查样本越大越好，因为依据统计学上的大数定理，大样本可以降低误差。但是，大样本不可避免地要大量增加调查成本，而且在调查实务中，大样本也引进了额外的误差因素，诸如调查员的疲乏、统计上的错误、回收率难以控制等。

（二）样本涵盖面的广度

样本涵盖面与样本数是相依的，抽样涵盖面越广，所需样本数也越大，若样本数不是随着增大，则属于完全随机抽样法，虽然在整体上样本具有代表性。但对于各抽样样本来说，仍然不具有代表性。

（三）问题涵盖面的广度

如果调查内容太少，挂一漏万，就会失去调查的本意；反之，如果尽量加大调查的内容，问卷太长，会使调查者失去耐心，降低整个调查的可信度。此外，极可能由于一部分被调查者拒绝合作，造成严重的抽样偏差。这两个方面都使得调查结果量变引发了质变，使调查失去了意义。

（四）调查的深度

一般而言，"深"与"广"二者就犹如"鱼"和"熊掌"，是难以兼得的。越是深层的调查，所要求调查员的专业技术越多，所需时间越长，经费越高。

第三节　市场调查的程序

通过上面两节论述，我们已经知道了市场调查内容十分丰富，方法又多种多样。为了使市场调查工作顺利进行，保证其质量，在进行市场调查时，应按一定程序来进行。

通常有七个方面，具体包括：确定调查目的、收集信息资料、初步调查、调查设计、现场调查、资料整理分析、撰写和提交调查报告。

一、确定调查目的

这是进行市场调查时应首先明确的问题。目的确定以后，市场调查就有了方向，不至于出现太大的过失。也就是说，调查人员应明确为什么要进行市场调查，通过调查要解决哪些问题，有关调查结果对于企业来说有什么作用。一般来说，确定调查目的要有一个过程，一下子是确定不下来的。根据调查目的的不同，可以采用探测性调查、描述性调查、因果性调查来确定。

（一）探测性调查

当企业对需要研究的问题和范围不明确，无法确定应该调查哪些内容时，可以采用探测性调查来找出症结所在，然后再作进一步的研究。例如，某房地产公司近几个月来销售下降，公司一时弄不清楚什么原因，是宏观经济形势不好所致，还是广告支出减少或是销售代理效率低造成的，或是消费者偏好转变的原因，等等。在这种情况下，可以采用探测性调查，从中间商或者消费者那里收集资料，以便找出最有可能的原因。

（二）描述性调查

描述性调查只是从外部联系上找出各种相关因素，并不回答因果关系问题。例如，在销售过程中，发现销售量和广告有关，并不说明何者为因，何者为果。也就是说描述性调查旨在说明什么、何时、如何等问题，并不解释为何的问题。与探测性调查比较，描述性调查需要有事先拟订的计划，需要确定收集的资料和收集资料的步骤，需要对某一专门问题提出答案。

（三）因果性调查

这种调查是要找出事情的原因和结果。例如，价格和销售之间的因果关系如何？广告与销售间的因果关系如何？对于一个房地产公司经营业务范围来说，销售、成本、利润、市场占有量皆为因变量，而自变量较为复杂，通常有两种情况：一类是企业本身可以加以控制的变量，又称内生变量，如价格、广告支出等；另一类是企业市场环境中不能控制的变量，也称外生变量，如政府的法律、法规、政策的调整，竞争者的广告支出与价格让利等。因果关系研究的目的在于了解以上这些自变量对某一因变量（如对成本）的关系。

二、收集信息资料

市场营销调查需要收集大量的信息资料，其中有些资料需要经常不断地收集，有些需要定期收集，大多数是需要时才进行收集。这可以参见本章第五节"资料收集与运用"的叙述。

三、初步调查

初步调查的目的是了解产生问题的一些原因，通常有三个过程。其一，研究搜集的信息材料，了解一些市场情况和竞争概况；其二，与企业有关领导进行非正式谈话，寻找市场占有率下降的原因；其三，了解市场情况，即消费者对本公司所开发经营的房产态度。

四、调查设计

根据前面信息资料收集以及上面初步调查的结果，可以提出调查的命题及实施的计划。在收集原始资料时，一般需要被调查者填写或回答各种调查表格或问卷。调查表及问卷的设计既要具有科学性又要具有艺术性，以利于市场调查工作的条理化、规范化。一项房地产市场调查工作至少应设计以下四种调查表格。

1. 当地房地产资源统计表，包括房地产分布、面积、类型、单位价格、单位总价、开发程度、居住密度、交易状况和规模、使用期限、抵押保险、政策限制、竞争程度、发展远景、其他具体情况和调查日期等项目。

2. 房地产出租市场统计表，包括出租房地产名称、所在地区、出租面积、租金水平、出租房的类型和等级、室内设备状况（暖气、煤气、电话、家用电器、厨卫设备）、环境条件（影响房租市场的最大因素、具体房东记录、房地产出租公司的资料和调查日期等项目）。

3. 房地产出售统计表，包括已售和待售房地产的名称、地区、开发商、数量、结构类型、成交期、成交条件（预付款、贷款额和利率、偿还约束、其他附加条款等）、出售时的房龄和状况、客户资料和调查日期等项目。

4. 房地产个案市调分析表，包括案名、区位、投资公司、产品规划、推出日期、入伙日期、基地面积、建筑密度、土地使用年限、单位售价、付款方式、产品特色、销售策略、客源分析、媒体广告、调查日期等项目。

五、现场调查

现场调查即按调查计划通过各种方式到调查现场获取原始资料和收集由他人整理过的二手资料。现场调查工作的好坏，直接影响到调查结果的正确性。为此，必须重视现场调查人员的选拔和培训工作，确保调查人员能按规定进度和方法取得所需资料。

六、资料整理分析

这一步骤是将调查收集到的资料进行汇总整理、统计和分析。首先，要进行编辑整理。就是把零碎的、杂乱的、分散的资料加以筛选，去粗取精，去伪存真，以保证资料的系统性、完整性和可靠性。在资料编辑整理过程中，要检查调查资料的误差，剔除那些错误的资料；之后要对资料进行评定，以确保资料的真实与准确。其次，要进行分类编号，就是把调查资料编入适当的类别并编上号码，以便于查找、归档和使用。再次，要进行统计，将已经分类的资料进行统计计算，有系统地制成各种计算表、统计表、统计图。最后，对各项资料中的数据和事实进行比较分析，得出一些可以说明有关问题的统计数据，直至得出必要的结论。

七、撰写和提交调查报告

撰写和提交调查报告是房地产市场调查工作的最后一环。调查报告反映了调查工作的最终成果。要十分重视调查报告的撰写，并按时提交调查报告。撰写调查报告应做到：

1. 客观、真实、准确地反映调查成果。

2. 报告内容简明扼要，重点突出。

3. 文字精练，用语中肯。

4. 结论和建议应表达清晰，可归纳为要点。

5. 报告后应附必要的表格和附件与附图，以便阅读和使用。

6. 报告完整，印刷清楚美观。

在作出结论以后，市场营销调查部门必须提出若干建议方案，写出书面报告，提供给决策者。在撰写调查报告时，要指出所采用的调查方法，调查的目的，调查的对象，处理调查资料的方法，通过调查得出的结论，并以此提出一些合理化建议。

以上房地产市场调查程序对房地产市场调查工作只是一般性的描述。在实际工作中，可视具体情况，科学合理地灵活安排调查工作的内容。

第四节　调查队伍的组建

组织高效、灵敏的市场调查工作是一门重要的经营艺术，其首要条件是需要配备一支素质较高的市场调查人员队伍。房地产市场调查人员的基本素质要求如下：

一、必须具备创新能力

市场竞争常常是以新制胜，谁首先认识和顺应了新的消费动向，谁就有可能占据有利的市场地位。因此要求调查者对房地产开发、交易、消费和服务诸环节有深刻认识，具有较强的职业责任感、观察市场的敏锐性和勇担风险的胆略。只有这样，才能在市场调查工作中，不断开拓丰富的信息资源，使房地产市场调查工作走上健康发展的新路。

二、要有良好的知识结构

把握房地产信息是一种知识型劳动，要求调查者具备渊博的知识和经验，其中至少要精通房地产有关的法规政策、开发经营、行政管理、城市规划、市场竞争、建筑施工、综合开发战略等方面的知识，因此调查者需要良好的知识结构才能胜任市场调查工作。

三、要具备市场信息分析能力

市场调查人员的工作绝不简单是提供调查资料，因为把大量的市场信息推给决策者，并不会减少决策的难度。市场调查人员所作的适当评议，透过现象探讨本质的综合分析，就有关现象分析利弊和长远趋势，将会帮助决策者对市场需求和市场动态作出正确判断。这些工作的水平高低是与调查者的分析能力、语言表达能力分不开的。

四、要具备较强的社交能力

调查者在个人形象上要显得干练、稳重，给人以可信赖感；要善于同那些与房地产市场相关的人士交往，打通社会各方面的信息渠道，在社交中了解市场动态信息。这样做不仅有利于完成信息的搜集和反馈工作，而且有利于在实践中增长才干，更深刻地认识社会与市场。

第五节　资料收集与运用

资料是作任何决策的基础，如果缺乏有效资料的支持，则所有决策都是主观臆测。由此可见资料的重要性。房地产开发商在决定土地开发区位、土地利用方式，或规划设计方向时，往往牵涉上亿元投资决策的成败，所以更需要依据正确、有效的资料。

一、资料获取途径

房地产市场调查资料获取途径主要有下面八种：

1. 交易双方当事人。访问市场上曾经发生交易行为的买方或卖方，应着重查访成交标的物的位置、面积、交易价格、交易当时的状况和其他条件等。在访问中应尽量了解其交易进行时的状况，并从其提供的资料中尽可能导引出其他市场的交易线索。

2. 促成房地产交易行为的中间商。房地产市场上的中间商，具有促进交易行为的作用，在房地产市场上十分活跃。一般而言，他们不但参与许多交易行为，且对于地方市场具有相当程度的了解，经常提供资料给买卖双方参考，以促进交易成功。因此，市场调查人员可利用其提供的资料，增加市场调查的深度和广度。

3. 房地产公司公开推出的各种销售或出租广告。房地产公司公开推出销售或出租个案之前都预先做好市场调查工作，因此其在报刊、售楼书、邮寄广告等各类广告中公开推出的销售或出租的报价具有很大参考价值。一个成功的租售个案更能代表市场的接受力，其代表性和参考价值更为肯定，这种资料可靠程度更高。但应注意其中的销售或租赁标的物的状况等基本条件。

4. 熟悉房地产市场的人士。如房地产估价师，可向其探询交易资料作为进一步查证的依据。这种查证方式较费工夫，但不失为有效的交易资料探寻方法。调查时忌讳仅以肤浅的见闻不加查证即作为依据。

5. 同业间资料的交流，房地产同业间若能秉持合作的态度，以经整理分析的二手资料进行交流，则大有裨益。但这种方式很难为开发商接受。只有在互惠互利的情况下房地产同业间的资料交流才能进行。

6. 准交易资料的收集。交易资料一般必须是买卖双方达成协议和发生房地产交易行为的资料。而所谓准交易资料，是当事人拟出售（购买）房地产的单方面意愿的报价资料，凡处于未成为供、需双方一致意愿阶段的资料都称为"准交易资料"。地方市场上的准交易资料具有及时反映市场行情的功能，因为准交易行为者拟定价格必须预先到该地方市场了解交易情况，参考当时的成交价格后才能初步决定价格。这种价格与完成交易时的价格可能尚有差距存在，但是已能大致估出不动产市场的基本行情。

7. 向房地产租售经办人员讨教，参加房地产交易展示会、展览会、换房大会，了解各类信息、行情，索取有关资料。

8. 各类二手资料。主要有政府各类统计资料中有关房地产的数据和分析材料；与房地产业相关的银行、消费者协会、咨询机构以及新闻媒体所提供的资料；来自上级主管部门和行业管理机构、行业协调机构的资料；一些专业和非专业研究机构提供的相关资料，以及来自本企业各部门的数据材料。

二、基本资料搜集

资料可分为一手资料及二手资料两类。一手资料系为特定目的而直接收集的资料，二手资料则为公司内部或外部现成的资料。研究策划人员在考虑是否有必要耗用资源，进行一手资料收集前，应先评估是否有现成的二手资料可资利用，并尽可能优先利用二手资料，因为利用二手资料有成本低廉、取得容易的特点。

（一）二手资料

二手资料又可分为内部二手资料和外部二手资料。

1. 内部二手资料。一般人常常忽略公司内部资料的可贵性而未加以利用。例如，开发公司或代理公司每个项目方案的执行过程报告或分析报告，初期的土地购买评估报告，产品定位报告，销售检验报告，结案统计报告等，通常都是极有参考价值的资料。

2. 外部二手资料。外部二手资料来源主要包括官方、学术单位、产业三大部分。

（1）官方资料，以统计类居多。例如定期性出版品，包括各县市统计要览、建设指标统计等；不定期出版的资料有各省、地、县政府调查制订的区域发展的城镇开发计划及土地开发计划；等等。定期类统计资料可以邮购或购买，不定期类资料常可以非正式渠道索取。

（2）学术单位，以研究报告或论文居多。例如，各大学不动产研究中心、建筑研究院、运输所等常对交通建设、市场、山坡地、建筑规划、商业、新市镇社区开发、不动产投资、住宅等相关问题作系统性的研究，因此对于前瞻性的课题很有参考价值。此类报告或论文可在大学图书馆参阅。

（3）产业资料，以房地产市场资料居多。例如，由房地产业界提供的市场调查资料，常见的有中房指数的市场报告系列，梁振英测量师行等代理行的月刊等，都是开发商可参考的杂志。其他较具学术性的则有《中国房地产》、《住宅与房地产》、《中外房地产导报》等期刊，此外还有一些企业的内部刊物，如《万科地产周刊》等。

（二）一手资料

一手资料的搜集是依据特定目的，遵循完整的研究设计及调查设计，并通过调查执行、资料处理与分析，以得到所需的资料。这种资料搜集方法在社会科学研究中常被使用。不动产开发商以往较依赖市场经验而不注重方法，但因土地资源有限，市场竞争日益激烈，某些一手资料（如潜在客户购买力、选择区位评估因素、客户满意度、商业圈类型等）的使用性高、目的明确，若配合二手资料使用，可使开发商作出更正确的判断。

三、土地使用资料收集

各个国家对土地使用都有一定的规划及法规规范。我国对土地利用方面的规划主要有：国土规划、城市总体规划、土地利用总体规划、农业发展规划、其他发展规划、县域社会发展规划、市级土地利用、县（区）级土地、乡（镇）级土地总体规划。目前我国已出台的土地利用方面的法规政策主要有：《土地管理法》、《城市规划法》、《建筑法》、《城市房地产管理法》等。根据以上法规依据，每块土地都有一定的使用分区规范，这些资料的查阅可到各地方政府的城建、土地主管部门。

四、项目基地现状资料收集

不论是住宅、商业或工业用地，我们都可从下列几个方面掌握土地的开发条件：地形状况、地上物状况、邻地状况、基地四周道路和给排水状况、附近公共设施及交通状况。由于土地位置所在地区的自然条件、社会条件及经济、政治等因素，共同构成区域特性，进而影响不动产的价格。因此在进行项目可行性分析时，必须深入掌握土地所在区域的特点及基地状况。其中，常用的表格有基地情况调查表。它主要说明基地状况的各项内容及所搜集资料的方式。其主要内容有：基地地理形势、方向、风向、地质、景观方向、地形、排水方向、基地地上物状况、基地与邻地情况、防火设施、邻地建筑、邻地地下室深度、邻地状况、市级道路、主要出入口、基地道路及给排水状况、公共设施（公园、学校、市场）、附近公共设施及交通状况。在探讨基地本身条件及邻近地因素时，根据基地使用用途管制的差异，所考虑的环境与条件各有不同，如住宅区必须注意居住的宁静、舒适性，其中交通设施状况、有无影响居住环境的设施，以及居民的职业与社会结构、文化素质、生活方式等都是基地状况资料调查搜集的重点。商业区除了基地条件外，商业的繁荣程度、营业状况、商业腹地大小，以及顾客的质与量等，都是不可忽略的重要资料。

五、交通流量资料收集

交通流量常能带来人潮，使人潮驻留地商业价值提升。交通流量因道路形态不同而有很大的差异，而道路形态也因使用车种、使用时间、使用目的而有不同的发展，因此道路形态与交通流量有互为因果的关系存在。一般所指的交通流量资料包含：机车流量、小客车流量、大客车流量、货车流量、双向行人道流量，以及这些流量的路线及其可到达的区域。每一种不同类型的道路，其交通工具的种类、比率、流量以及大众运输工具的便利性，都对道路沿线商业发展造成不同的影响。常见的交通流量资料搜集的方式可由调查人员用计数器在道路旁测算，但因为车种、行人等内容都要调查，调查员常常需要2~3人以上，因此也可利用摄影机在基地两侧作定点定时拍摄，再由录像带计算各种车辆的流量，这种方式较省钱省力，而且可以重复观察现场交通状况。

交通流量调查时段的选择应注意假日、非假日、上班前、下班后，及一日中的特定时段的区分，分别调查取样，才能代表所有时段的交通流量状况。调查一般必须拟定：

1. 调查地点。

2. 调查日期。

3. 调查时间。

4. 调查时段。

5. 调查内容（车辆种类、方向、行人性别及年龄等）。

6. 调查表。

7. 调查结果分析方法等。

我们在搜集交通流量资料时，应掌握交通流量的主要内容，运用经济有效的方法，并区分流量的时段差异，才能搜集真正有助于项目定位的交通流量资料。

六、道路现状资料收集

路是人走出来的。因此常有现状道路与政府所规划的道路不一致的情形。道路的性质往往影响了沿路不动产的发展，因此项目策划人员需注意基地附近及对外道路的现状。道路现状资料搜集的方法包括现场目测，丈量道路的宽度，观察道路发展的状况，到各县市政府规划局查看城市规划图等方式。在搜集道路现状资料时应注意下列事项。

1. 道路形态。道路因经过的车辆种类、使用目的等而有很大的差异，可以通过观察道路通过的车辆种类、数量、比例及道路所通达的地区来判断道路的形态。

2. 道路使用情况。观察道路使用情况时，可注意下列状况。

（1）道路的阴阳面。由于道路两边住宅的不平衡发展、不平衡车道，或单向行驶，常造成道路两边商业气息不平衡的状况。商业气息繁荣的一面叫"阳面"；另一面商业气息较差或根本缺乏气息的叫"阴面"。

（2）道路的分隔网。若道路为 20 米以上且中间有分隔网，道路两边的行人就无法通过，不过此时往往有较密集的过街天桥。

（3）路边停车状况。是指道路及其巷道路边停车的情况。通常上班地区白天停车必然严重，住宅区晚上停车可能困难。

七、运输系统资料搜集

在房地产市场中，交通运输状况关系到产品的价格、产品定位类型、区域商业繁荣程度等，所以对交通运输系统相关建设问题的了解是一个非常重要的内容。而在搜集资料过程中，可区分两大信息的搜集。

（一）交通运输系统的现状

交通运输系统可分为铁路运输系统与道路系统，分述如下：

1. 铁路系统。

铁路的能量一般都以路线运载能力作为主要的评估标准，路线容量受多种因素影响，其中包括轨道数、支线、行车制度、站场路线布置、客货输送方式及车辆调度、列车运输方式等。但在铁路发展过程中有两方面资料需要深入研究了解，一是非曲直铁路车站位置及出口的规划；二是交通运输能力，其中以货物运输能力及旅客运输能力最为重要。这些数据资料对商业圈的发展有着重要的影响。在搜集资料时，可参考有关部门编印的地区运输统计资料，及各车站的人口流量统计等资料。

2. 道路系统。

城市的道路系统，依据道路功能与设计标准，可分为高速公路、快速公路，主要道路及次要道路。以上的道路系统完善，对房地产开发都有正面影响。只有了解各项道路系统的交通量、道路服务品质等级等，才能掌握道路对项目定位的影响。

（二）交通运输规划

在交通运输规划资料取得过程中，有些资料可在城市规划详图中看出，但较重要的资料或研究计划，可由运输研究所、公路局、市政管委会等单位获得；另外，可向相关研究机构查询一些相关的研究报告，诸如车辆使用公路长度，公交车辆数等。交通运输系统隐含许多与不动产息息相关的机会与问题，在进行资料搜集之前，必须先确定所需运输系统资料的范围、内容以及时效，再选择经济、有效的搜集方式，才能真正掌握基地的交通运输条件。

八、人文社会经济资料收集

（一）人口增长率

区域内的人口及户数的增长，对当地不动产的供需有重要的影响。一般说来，人口增长率较高的区域，其不动产单价涨幅及销售量也较高。

（二）职业或行业类别比例

区域居住人口从事的职业或行业，直接影响了不动产产品的价格。高层次人士聚集的区域，其产品价格也就高。而普通工薪阶层较密集的区域，其产品价格相比而言就要低多了。

（三）产业结构

产业结构或行业类别比例是相辅相成的。区域的产业结构不断优化升级，第三产业比重的增加，会造成该区域对金融、服务等产业的需求，不动产产品品质和性能也因而不同。

（四）流动人口

区域内流动人口的多少特性，对项目定位有绝对影响。一般而言，流动人口多，商息自然产生，适合规划商业用途的空间。

除了以上几项因素外，区域内人口的年龄、教育程度、家庭收入等都是进行不动产项目定位时可供参考的资料。人文社会经济资料搜集的方法虽因资料种类不同而有差异，但大部分资料都可由二手资料获得。但在运用这些二手资料时，最重要的是要以收集 5~10 年长期资料为基础，才能掌握发展的趋势。

人文社会经济资料是影响项目定位的重要参考资料。如从人口的增长率可以看出地区的发展情形或房地产的需求状况，及城市发展速度。在职业及行业类别比例资料中可以区分生活形态及消费状况。产业结构及流动人口对商业经营形态有密切的关系，各级产业的消费水平及对不动产的需求有明显差异性。因此，产业资料可使产品定位者大概看出商业圈是属于何种层次水平的商业圈，在产品定位规划时即可依照其商业圈性质特性，规划出适当的店面或商场空间。人文社会经济资料对地区的发展影响很大，在各项资料的收集分析上需注意其数据的变化与外在环境的变化，才能掌握正确的定位方向。

九、公共设施资料收集

公共设施建设在城市发展过程中是非常重要的，其多少及完善与否直接影响不动产的品质及价格。

公共设施用地的开发与使用对房地产开发有重大影响。例如，公园、绿地、学校、广场、儿童游乐场、市场等公共设施对房地产都有正面的影响价值。因此上述公共设施若已建设，则需搜集现状资料；但如果是属于尚未进行的计划，则应深入调查该项公共设施的性质，并尽可能在进行产品定位时，设法结合已建设及未建设的公共设施，使产品更具超前性。

在面对带来负面影响的公共设施时，土地规划上应注意其影响及克服的方式，如噪声，可以通过设计双层窗户或设计时让建筑退缩以减少干扰。对区域景观有较大影响的，如电所、基地排水沟等属较难规避的设施，也应尽量掌握其位置、高度等细节，以事先确定各种相应措施。

十、房地产市场景气资料收集

房地产市场的景气衡量标准界定在交易量上是较客观的。除了交易量必须注意外，影响市场景气的因素也应该随时注意。有资料表明，影响预售市场、现房市场、土地市场景气状况的主要因素有：

1. 金融政策。
2. 土地价格。
3. 预售市场销售率、家庭收入、流动资金多少。
4. 经济景气指标、通货膨胀率。
5. 房屋价格。

由上述调查结果可看出金融政策是影响整个不动产市场景气的最重要因素。因此不动产业开发商应多关心政府的金融政策。代表金融政策的主要指标有：中长期放款利率、货币供给额年增长率及汇率。我们以金融政策指标与预售市场景气的关系分析如下：中长期放款利率趋稳时，第二年的预售市场即反映稳定水平。汇率年增长率是预售市场景气的同步、反向指标。汇率当年年增长率大于5%时，预售市场销售率呈反向变化。货币供给额年增长率是预售市场景气的同时、同向指标。这些金融、经济指标资料除随时注意报道外，并应注重长期循环及各指标与销售率之间的关系。

十一、销售资料收集

俗话说："知己知彼，百战百胜。"一个预售项目的推出是否销售成功，依赖于其是否充分了解市场，避免劣势竞争，并能提供符合需求的产品及条件。而对市场了解的方式就是要掌握各竞争项目的销售状况资料，进而了解市场上产品供需情形、销售成败的原因，以及客源特征，等等。

一般而言，楼书销售资料包括海报、销售现场资料及其他资料等。下面就对该三大类资料进行探讨。

（一）销售海报楼书及广告

海报提供的重要信息在于该项目的特点、地点及交通、平面规划配置及建材设备等。广告通常配合销售策略而制作，因此常能反映各预售项目主要诉求重点及对象。不论销售海报楼书或广告，要直捣消费者的心坎，必须全力突出个案的特色，海报上的平面规划配置可以显现业主在不同基地条件及客观环境下塑造出的产品特色，也可观察面积大小及房型是否妥当，等等。

（二）销售现场资料

销售现场是接触业务的第一线，客户反映资料是最直接、最真实的资料。来人、来电及购买客户的区域分析、媒体分析、询问内容分析、购买或未购原因分析等，都是极有价值的参考资料。预订与购买现房的客户数量的比例、客户对价格认同的程度等，都可反映广告促销方向的正确性、定价及产品的适合性。另外，售价表也常能透露销售的状况，例如报价与底价的差异、价差原则，以及调价状况等。这些资料常需至现场观察、扮演客户，或由非正式渠道才能取得。

（三）其他销售资料

专业杂志如《上海房地产市场报告》（半月刊）每月的房屋专讯等，都会定期披露市场上已公开或即将公开的项目个案的产品及销售情况。这类资料虽较易搜集，但在运用时应查证其正确性，避免因被误导而导致决策偏差。

十二、竞争项目资料收集

竞争项目所在的区域范围可大可小，视资料搜集的目的而定。在同一区域内除了同类型产品是主要竞争项目外，其他类型不同的产品，因会吸收同区域内的客源，有时也需特别注意其发展方向。至于区域外的项目，即使是同类型的，也无须作为竞争项目深入了解。

项目推出前及推出期间须掌握竞争项目个案状况及动态，这是不动产销售开发商、市调人员及策划人员不断成长的主要工具与渠道。由于必须深入了解竞争项目个案，所以除了要与各开发公司、代理公司的项目人员维持良好关系以探询资料外，还要对公开的项目个案定期追踪其销售、广告等资料。

关于竞争项目个案需要搜集的资料包括产品定位、房型组合、公共设施分摊方式、规划特色、定价方式、付款方式、销售技巧、销售状况等，有经验的不动产开发商若能掌握任何一项上述资料，其销售好坏大都能了然于心。

十三、租金资料收集

租金根据房屋种类、屋龄、外观、地段、环境等而有所不同。分述如下：

住宅：住宅可分为普通住宅、公寓及别墅。须注意住宅产品应靠近学校、公园、市场；公寓若面临交通要道则可兼办公室，其出租效益较高。

办公楼：办公楼区位必须具备交通顺畅、金融机构聚集、商业圈成熟、人潮持续等条件，这也是定位应参考的条件，一般根据路段、屋龄、外观等分为甲、乙、丙三级。

商店：商店的租金效益在各类房产中最高。越繁华的街道，其两旁商店的租金越高，甚至带动其巷道内商店租金也日益高涨，因此商店一定要注意其与商业圈发展的密切性。

租金支付方式的不同是造成租金计算方式不同的原因之一。以住宅而言，是否提供家具等设备（如电话、煤气、热水）及有无地下室，其租金就大不相同。以办公楼为例，有无附属设施（如停车位）其租金相差很多。是否一次支付等额押金抵充每月支付的租金等，也是造成租金计价不同的原因。在了解上述租金的差异原因后，在收集租金资料时较能在不同条件中找出相对比较可靠的立足点。

一般收集租金资料的方式有下列三种：

1. 以欲承租者名义调查较不易受到拒绝。
2. 可至欲调查区域内的中介公司查询同类产品租金行情。
3. 参考专业杂志的租金行情资料。

十四、基地资料运用

一个理想的住宅社区，对居住者而言必须具备安全、舒适、便利、美观等要点，在进行项目定位时应充分掌握基地的特性，并结合市场的需求，以规划具备竞争力的产品。因此，基地内外的生态、景观、排水、地质及环境影响评估等资料都对项目定位有举足轻重的影响。

一般来说地区环境的好坏影响产品定位的难易，以及是否能有充分发挥创意的空间。例如，大面积基地开发，建筑物的配置，不管是单元规划或是整体开发，都较易发挥趣味性、安全性和私密性，增加空间感和安宁性等，容易塑造产品的风格及特色。因此在大型社区开发过程中，住宅或商业用途的空间配置，包括邻里所涉及的区位关系、公共设施及交通条件等，以及住宅单元所涉及的房外空间配置、尺度、大小及性质等，都与基地社区所处的区位、环境条件、规划密度及公共设施机能等息息相关。

近年来城市土地价格飞速上涨，土地供给有限，人口和商业活动聚集于市中心，因此小基地高层化的发展成为当前都市景观。邻近变电所、公共厕所、污染、噪声、工厂、高架道路或桥梁旁的土地，其基地现状必然影响定位的重点及方向，但就产品定位形态而言，仍有克服的方法，以改善基地条件的先天缺点。

如面临基地道路过窄，可以退缩建筑物，增加露台空间，减少对其冲南的压迫感。又如高架桥或高流量的交通所造成的噪声，也可以用气密式双层窗处理，并退缩空地将空地绿化以阻绝噪声与压迫感。因此，基地的外在条件如果把握准确，则可以发挥潜在的优点，或可以进一步通过产品定位而使缺点变优点。

十五、交通流量资料运用

交通流量大小对不动产产品定位有极大的影响力。大家都知道交通流量大必定是商业繁荣地区，但这些交通流量必须是容易停留，或有相当的行人流量，才容易商计。交通流量大，但若车流仅是通过，或行人流量缺乏，此种道路类似交通要道出口处，通常只能维持简易的餐饮店，其他商业则甚难生存。这里所探讨的交通流量，则包括除了通过型以外的交通流量。交通流量大的地点，在产品定位上倾向于规划为商场、店面或办公楼，在运用交通流量资料时须注意下列事项。

（一）流量大对商业的影响

行人多、流量大的地方，商家聚集的意向高。通常商业产品定位可粗分为两种，一种为全幢作商业使用，这种形态除非是立意特佳的百货公司，或由财团整体经营外，一般很难有成功的机会。有商场的地理位置不差，但产品定位时全以小面积持分方式出售，结果众多所有权人无法统一管理，导致商业机能一直无法发挥。第二种方式是一层至三层或更多层作商业使用，楼上是办公房或公寓，如北京西单高登大厦与西单劝业场。应注意的是人车分道，以及住、商或住、办的门厅、出入口分离，以免受到商业干扰。

（二）流量大对办公房的影响

流量大的街道的产品因其具备和其他服务性机构的便利性及易于使客户对其产品形象的认知，因此趋向于规划为高级办公大楼。产品定位上常作大面积规划，一楼给金融机构或其他行业作营业或展示使用。

（三）流量大对露台的影响

基地规划因受建筑红线限制，每一楼层常有退缩造成露台的，但因露台形状凹凸，模板难以统一，造成营建成本提高。因此露台的规划必须能兼顾容积率利用及销售可行性。一般而言交通流量大的地点，露台不宜设在低楼层。

（四）流量大对住宅产品的影响

平面流量大的街道，在政府规划交通发展计划时，常被列为主要高架快速道路设置的通过地点。但高架道路的完成，使住户不得不加装隔音板隔离车流量的噪声。

（五）流量大适合商务旅馆及休闲俱乐部的设立

近年来由于国内、外的商务游客人口增加，对商务旅馆的需求不断提高。商务旅馆的坐落地点都是交通方便处，在衔接高速公路、快速公路附近。

交通流量大小对各种产品的影响各有不同，诸如商场的一楼、二楼需要交通流量大、客流集中的地方，但对住宅的安静舒适要求则有负面的影响，此时除要隔阻噪声外，在产品规划设计上也需考虑面积大小或格局的调整。如室内活动空间以面向临路为主，起居用的卧室则以后半部为主，以阻隔因交通流量大所带来的噪声。然后是各道路车辆流量与行业的经营生存有直接关系，在交通要道常形成商业鼎盛的商业街或某些特定行业及可生存发展的机会。次要干道中，因车流较少，住宅适宜性较高，若能再配合基地退缩保留部分绿地，使车流噪声减低。居住的适宜性可大大提高。

十六、运输系统资料运用

在运输系统中，大众运输系统所经的地区，从郊区到城市，经过已开发地区、开发中地区及尚未开发地区，所受的影响各有其特点。例如，众所皆知的车站，包括火车站、地铁站、公交转运站等对地区的商业圈发展潜力都具有很大的影响力，因此，以车站为中心的房地产开发附加价值最高也较容易成功。但在商业圈形成前后采取的投资策略，有着极大的差异。此外，因车站所处位置不尽相同，条件也互有差异。投资开发应因地因时制宜。车站因其功能配置及建造方式、出口位置的原因，有人流聚集性及其转运功能（例如是上班族群或居住的人潮）等，在商业机能上各有其经营开发的重点。运输系统中的商场的面积大小，行业的生存形态等都会产生影响。例如市区及郊区的车站，常有地域性与日常性的店铺；如市中心的转运站，则常能吸引大型超市及综合商场；而周边郊区车站，仅适合设立当地居民消费的小型商店。所以运输系统资料的取得与应用对项目定位而言相当重要。善于运用运输系统资料，使房产与交通脉络结合，创造最高的附加价值。

运输系统顺畅与否及其所联系的区域特性，对不动产项目定位有相当大的影响力。在进行定位时，须能针对基地范围掌握相关的运输系统资料，再结合基地本身的条件，才能真正规划发挥地利的产品。

十七、公共设施资料运用

公共设施建设在城市开发中扮演相当重要的角色，其对不动产价值及市场的影响依公共设施类别及特性而不同，所以在产品定位的过程中，需要注意基地附近的公共设施对所规划项目的影响，如对住宅类型的产品有正面影响的公共设施对所规划项目的影响，如对住宅类型的产品有正面影响的公共设施有学校、公园、儿童游乐场、车站、广场等。而相对地，如变电所、下水道等设施对不动产有较负面的影响。

在公共设施中，有些用地因尚未开发，并不知道何种用途或规划什么，因此需深入查询规划状况及开发计划，并了解该公共设施的确定位置范围及出入口，诸如车站、市场、停车场等出入口，对住宅的舒适性与秘密性有负面影响，但对店铺或商场却是有益的。因为商业性质的产品如办公、商场、店铺等，相当依赖于公共设施出入口所带来的人潮，所以项目基地在邻近相关性的公共设施时，如项目本身规划的出入口能与车站、广场的出入口相呼应，对产品价值或经营潜力的挖掘，都能达到事半功倍的效果。但住宅性质的产品面临上述的公共设施时，则宜采用多元化的产品；例如宜办宜住类型的套房，为消除因人潮出入所造成的吵闹与混杂，就要避免开发大面积住宅。公共设施中对一般住宅类型产品的直接影响，大约可区分为两类：一类是可带来正面效益的公共设施，如学校、公园、车站、广场等；另一类是可带来负面效益的公共设施，如变电所、大排水道、高架道路、车船场站等。设施的影响也可分为直接影响与间接影响，如公园、绿地、学校等都为直接影响，商场、医院、机关等为间接影响，对住宅产品较无强烈的影响效果。故在利用现有的公共设施时，要取其可塑造的特点加以发挥利用，如项目个案基地面临公园绿地、广场、儿童游憩场、学校操场，都有广大的绿地及视野景观，在规划设计时，正面客厅、主卧室都可取其景观视野，以利于诉求公园景观的优点，而房型格局就可借助地利优势，可考虑中大面积的住宅。但在面临影响较大的负面公共设施，如变电所、高压电塔、大排水道、高架道路、车船场站等，这些是属于较吵闹、潜在危险性高且景观较差的公用设施，因此在项目策划、定位过程中除了降低面积，减少单价、总价，以减少因毗邻负面影响公共设施的对抗性外，规划设计时应避免正面与负面公共设施的视觉冲突，例如可采取面对面设计，以减少这些负面公共设施的冲击。城市规划拟定公共设施用地，在产品定位时则需考虑周边环境好坏，及既成的生活便利性状况，并注意公共设施发展方向及趋势，才能确保置地后产品定位时不致发生始料未及的偏差，影响投资开发的利益，为尚未开发用地确定规划方案，确保销售价位水准及顺利销售。

十八、商业圈资料运用

商业圈形态大小不同，可分为邻里型、社区型、城市中心型三种。依照所在的地方来分，可以区分为设立于人潮稠密城市中心的都市中心型商业圈和设立于都市郊外的郊区型商业圈。商业圈的土地条件，受大小环境、公共设施、交通、人口流动量、消费阶层、购买能力、消费形态，乃至商业圈的活动时间距离等因素的影响。一般经营行业在决定开业地点时，从地点过去的发展到现在的状况都必须纳入考虑，因为商业圈是因人聚集而产生的，而人的聚集也会因使用交通工具的不同而有所改变，故客户年龄等，关系到商业圈的发展潜力与商业空间的功能配置。从现有商业圈的行业种类即可大约看出端倪，一般零售业使用面积约在 65 平方米，精品店则约在 30 平方米；而展示型行业如家电、礼品、餐厅、古董等属大面积空间需求的行业，面积约在 150 平方米以上。因此在现有商业圈中最为明显。其次为大型商场及购物中心。商场规划设计有通道大小、行业分区、楼层高差顺序、照明设备、招牌标示、适度的光高或挑空等重点；但商场摊位能否经营成功，还要有特色，在规划上要考虑整体功能，如地下楼及二楼以上店面或商场的使用性，以增加商场使用楼层的面积。由于客人不易被吸引到二楼或地下楼，因此出入口走道的安排规划诉求要使二楼以上的商场再创价值。

商业土地条件在不同的场所和不同的商业圈，可能适合各种不同的行业。城市中心的黄金地段，对某些行业来说，并不是尽然适合。如何去创造发展潜力，在商品定位上，若能掌握位置适合的用途及行业，人潮的活动频率，活动空间范围的扩张，商业圈发展方向，则开发商在产品定位上几乎就确定了成功的机会。

十九、市场景气资料运用

影响房地产市场景气的因素很多，包括政治、经济、社会、心理等诸多因素。我国内地房地产大约每4~6年会出现一次景气循环，而每次景气高峰大约维持一年至一年半。这种景气或不景气、物价波动或平稳、政局变动、政府政策等影响市场的因素，都不是我们所能抗拒的。但在景气周期中，一些经济指标与房地产的互动关系会特别明显，例如下列各项指标达到特定数值时，房地产景气即会翻升或热络，其中以经济增长率在10%以下景气的变化尤其明显。上述的各项经济数据指标若发生变化，将带动不动产市场的变化，所以是不动产景气的先期指标。观察房地产随市场变化而变化的方式，可察觉市场景气的波动，如付款方式贷款比例、面积大小及规划设计、议价幅度、价格水平、建筑设备等。在这些适应市场变化的方式中，与景气较直接关联的是房屋面积小大的调整，景气好时房屋面积朝大面积方向发展；而在不景气时，因为投资者谨慎行事，不轻易将资金投入总价高的不动产，而开发商也不愿冒着市场风险，随意推出大面积或高总价的产品，为扩大目标客户群体，因此降低总价推出大众较能接受的中、小面积的产品成为应付不景气的市场需求的潮流。

基于投资报酬的考虑，在不景气时应规划快速回收的低楼层建筑，这不但可减少降价促销的风险，也可在短期内回收资金。一般而言，这类产品形态较不易受景气影响；也可考虑适合基本需求的大众产品，如上述的中低楼层产品，或面积规划为60平方米左右的标准住宅产品，这些产品常能对抗市场不景气。面对不同的市场状况，必须有不同的相应措施，正确地掌握经济指标，在投资信息上深入分析，避免一窝蜂地盲目规划相同的产品。不景气时还可创造出一些高附加值的产品，如具实用性的公共设施、阁楼及夹层、复式组合产品如摊位商场及套房等，以带动买气及创造行情。在市场景气时，商场规划可扩展至二楼、三楼及地下楼，以充分利用景气时机。

大量且同性质的产品，大都是出现在市场景气低迷的后期，结果是造成市场更加疲软，市场销售率明显萎缩。因此还需要作深入的市场调查研究，分析经济景气状况，探讨市场成功的个案，通过资料收集、分析、判断，找出市场间隙产品，进而掌握最佳的产品定位，是面对景气市场潜力需求的最佳方式。

二十、销售资料运用

任何一个营销策略，绝对不可能无往而不胜、放之四海而皆准，但"知己知彼，百战百胜"却是商场成功的不贰法宝。因此，如何运用销售资料，以达到知己知彼的目的，是项目策划人员不可或缺的能力。在销售过程中所收集的资料如果能适当地参考分析，找出可行、有效的信息用于产品定位，则一定会有助于增加市场制胜的机会。

在不动产营销过程中，客户资料的运用是最常见的，但懂得将销售资料巧妙地运用于产品定位的却不多。大都因为资料记录或分类不够详细，或是不够完整，难于发掘资料的参考价值，或是缺乏运用资料的有效方法。一般而言，最直接的销售资料大概可区分为两大类：一是来人、来电分析；二是产品反应分析。

在来人、来电分析中，又可细分为区域分析、年龄分析、面积需求分析、用途分析、职业分析、购买动机、媒体分析七大项，这要根据项目个案的性质选择重要的因素深入分析。例如，如果产品无强烈的购买动机定位，则可从来人、来电的购买动机分析中，发掘市场对该项目的需求动机。

在个案销售过程中，经过媒体广告诉求，从来人、来电所留下的记录，可大概归纳出该项目个案的购买年龄层、需求面积大小及对产品的偏好，如楼层、建材设备、环境偏好等。因此，在归纳分析中，如面积大小需求就可能对该项目的产品定位具有参考价值。另外，根据参考项目已购客户的产品需求分析，可发掘目前的房型、外观造型、公共设施、建材设备等的需求情况，这些都是在有限的销售资料中可找到并可以应用的信息。然后为项目销售速度及销售情况分析，也即产品反应分析。从参考项目在销售过程中的销售顺序及速度，可发掘市场需求的量与质，尤其从观察房屋的单价与总价的互动关系，可发现市场总价或单价的接受区间，也可看出定位的不同面积大小的房屋的销售顺序，如果再经归纳统计，就可发现销售房屋面积大小的分布状态及滞销房型，因此该参考项目的需求状况就可清楚地显现出来。若与来人、来电需求再做比较分析，即可看出一般市场需求与实际购买需求的差距，从而可以预测产品走势是趋向自用需求市场，还是投资需求市场。

尽管我们可搜集到许多销售资料，但能全部用于产品定位时参考的并不多，这反映出资料的价值不在于丰富，而在于运用得当。因此在运用时，首先要辨别资料的参考价值，再将销售资料应用于产品定位的过程，才能使定位结果不至于偏离市场需求。

第六节 商业地产市调典型操作

一、市场调研工作总纲

（一）区域的调研
1. 城市商业状况调研。
2. 城市同业竞争情况调研（直接竞争、间接竞争）。
3. 城市经济状况评估。
4. 市民的消费调研。
5. 消费者品牌认同调研。

（二）消费定位调研
1. 城市消费群体细分调研评估。
2. 消费者的购买能力调研。

（三）投资行为调研
1. 市民的投资方式调研。
2. 同业投资项目情况调研。
3. 城市商铺投资者行为动机调研。
4. 商铺租、售市场价格、需求调研。
5. 投资者定位调研。

（四）品牌合作商调研
1. 相关品牌类别调研。
2. 分销方式、渠道、合作模式调研。
3. 合作意向及价格要素调研。
4. 本土商业供应商的合作形式和习惯、文化调研。

（五）项目定位调研分析
1. 本案核心卖点分析调研。
2. 本案业态组合及规划分析调研。
3. 本案品质功能分析调研。
4. 本案商铺销售营销模式分析、调研。
5. 本案布局规划分析、调研。

二、市场调研行动策略

（一）主题：关于本案项目立地商圈调查行动的方案

（二）目的

（1）确定本案有效商圈（主、次、边缘商圈）。

（2）了解客层，获知消费者特征，商品定位提供决策依据。

（3）了解竞争店信息，为确定世贸购物中心经营定位竞争策略、产品与服务群等提供决策依据。

（4）为设计本案各服务项目现场提供参考依据。

（5）估算开业后的营业额。

（6）研究投资回收的可行性。

（三）原则

1. 要有前瞻性。

2. 要实事求是。

（四）基本内容

1. 预备调查。

（1）各地区、县、镇的人口数，户数资料。

（2）竞争店分布情况。

（3）都市计划。

（4）竞争预定计划。

（5）竞争店销售实绩。

2. 现场调查。

（1）交通网络调查（公交车路线、常用交通工具等）。

（2）竞争店数及面积等相关经营细则。

（3）人口及购买力调查。

（4）客户意见调查。

（5）业种店数及面积调查。

（五）方法与途径

1. 地方派出所。

2. 城建部门。

3. 行业协会、零售杂志、报刊、网络信息、年鉴等。

4. 实地调查。

5. 地市工商局。

6. 商业同仁口碑。

7. 地方统计局、商业局、招商局、市政办等。

(六) 工作指标

1. 完成城市人口与购买力分析表内容。

2. 城市中大型住宅区位置分布图（标明户数及人数，300 户以上的住宅区）。

3. 城市中大型住宅区调查表。

4. 城市商场、超市位置分布图（表明营业面积，限 2000 平方米以上规模）。

5. 城市逐年城市 GDP，消费指数、物价指数、零售商品总额数据确认。

6. 完成《区域市场消费者访问问卷调查》（至少搜集样本 2000 个）。

7. 完成《区域市场业种及其面积汇总表》及曲线图制作。

8. 完成《区域市场竞争同业调查表》之内容。

9. 完成《本案商业环境整理表》之内容。

10. 完成《本案立地条件检核表》之确认。

11. 完成《本案客车流量曲线波动表》制作。

12. 完成《市场调查分析汇总报告》制作。

13. 完成《本案交通网络示意图》制作。

(七) 调查工作实施的范围及对象 (现场调查)

范围：区域市场。

对象：竞争店、交通工具、消费者、大中型住宅区等。

(八) 调查工作实施细则

1. 小组组长。

2. 组员。

3. 时间：约几天完成。

4. 基本要求。

（1）明确市调的目的、原则、方法及内容、要求。

（2）吃苦耐劳，认真细致，善于捕捉信息。

（3）遵守市调工作中规定的作息时间。

（4）坚持参加早晚碰头会。

（5）及时整理上交调查数据资料。

5. 任务分配。

（1）竞争调查组：2 人（主要地点）。

（2）预备调查组：1 人（主要在地政部门）。

（3）业种及面积住宅区调查组：4 人。

（4）客车流量调查组：2人。

（5）资料、档案、图表、市场信息收集，数据整理：1人。

6. 工作时间：8:00~22:00。

7. 市调费用预算（略）。

三、市场调研执行技术

主题：市调行动大纲（招商与销售、营运板块等）。

市调目的：为项目成功经营运作提供决策依据。

调查范围：相关城市、区域市场。

调查重点：相关城市、区域市场。

重要指标：商业经济、同业竞争、消费群体及购买力、商业地产投资行为、商铺租售价格、零售业的业种和业态、品牌分布情况、零售业经营模式与特点等。

调查时间。

执行人员。

行动路线。

（一）调查内容提要

区域商业经济调查内容：

区域人口数量（常住和流动人口）、200×~200×年的人均收入情况、文化程度、男女比例、年龄比例、职业比例、收入来源；城市类型（工业、农业等）、商业设施、投资方向、生活习惯、房地产行业状况、银行存贷行情、知名零售业单位。

竞争调查分析内容：

1. 直接竞争。所在城市同类型的购物中心（已开业、将开业、待开业、规划中的同类项目）的投资主体、名称、注册资金、地点、商圈、交通、规模、楼层、业态、布局规划、商品布局、服务定位、品牌配置、品质功能、服务方式、商业硬件设施、员工收益情况、商品价格带、品项陈列、经营方式、供应商合作模式、商场的收益形式与价格、客单价、年月销售额、管理团队、消费者意见、卖场气氛、客流量等。

2. 间接竞争。主要指非购物中心的其他业态与本项目的竞争。要调查区域范围内的商业店铺，如快餐店、便利店、超级市场、百货商店、服装专卖店、菜市场、主题商场（店）、品牌专卖店、娱乐场所、小吃城、美容院及相关服务功能的店铺或场所等。调查清楚这些业种业态的位置、分类数量、营业面积、投资主体、商品特色、经营特色、价格体系、经营品种数量、店铺的租金和全产权价格及价格发展趋势、经营环境、装修布局、客流量、营业额、经营年限、营业员的素质和工资水平、卖场人气、周围的交通状况等。

本案商圈调查分析内容：

可将本案一定时间车程范围定为本项目的核心商圈，并强调将本商圈确定为本项目的重点调查区域。具体的内容如下：

1. 建筑形态。主要店铺街道、干道的建筑及建筑高度、新大楼与旧式建筑的分布、目前的改建情况、城市 1~3 年内可能改建的趋势，与城市规划局建立关系，并将其所在位置正确标注于商圈简图上。

2. 业种业态（参见竞争调查）。主要道路的店铺分布明细，包含将店铺分类记录将其统计填入明细表、店铺汇集地带的概述。特别注意调查本项目周围 1000 米范围内的店铺租售价格。

3. 住宅特色。

（1）建筑物形态：实地了解在本商圈内住宅区的建筑形态、建筑高度数、建筑形式为新式或旧式及分布区域。目前的改建情况。1~3 年内可能改建和再建的趋势。

（2）分布情况：实地了解该区的实际住户与建筑物分布情况。将该商圈分为店铺区，以"甲"为代码；办公区以"甲1"为代码；新式住宅区以"乙"为代码；旧式住宅区以"乙1"为代码；文教区以"丙"为代码。在简图上分别划定区域，制作商圈并在图上注明建筑物的楼层。

4. 聚人场所。

（1）场所类型：本商圈内会聚人潮的场所类型。聚集人口类型。

（2）人潮路线：人潮汇集流动的路线。人潮汇集流动的主要方向。

5. 交通状况（以清远路为重点）。

公交车的往返站点经过该商圈公交车的起站与经过路线。经过该商圈公交车将行驶路线与终点站，经过该商圈公交车的路数和站数。

（1）下车后之走向：以转车为目的行走的路线；以休闲、购物为目的行走的路线；以回家为目的行走的路线。

（2）未来交通运输系统的影响：运输系统（火车站、长途汽车站、大型停车场等）的出入口，能带动的人潮。

重要道路可能拓宽扩建，带动的人潮。

6. 人潮状况"实地抽样方式"。

将一周的时间区分为两段：周一至周五及周六、周日法定假日。

以上午 8 点至下午 10 点每两小时细分为一个小段。

以 15 分钟为其抽样的一段的样本，并计算其抽样点的实际经过人数、机动车、汽车、助动车、自行车。

抽样时将人潮分为青少年、上班族、家庭主妇等。

将每次抽样的数，换算成以两个小时的人潮流动数。

例：以 15 分钟为抽样得该抽样点人数为 Y，将 $Y \times 120/15 = Z$，则是其两个小时可能的人潮流动数。

将其数字依时段填入"人潮流动抽样表"；将人潮流动抽样的数字以线图表示"人潮分布图"。

7. 住家人口、住家户调查。

（1）固定住家。

以该商圈建筑物来推算当地住家。

以户数 ×3 得出当地预估人口数。

用各抽样点人口数平均减当地人口数得出外来流动人数。

（2）办公户数。

计算该区的公司家数。

该区公司家数 × 公司平均人数 = 该区办公人口

该区办公人口即为该区的半固定人口

（3）消费特征与人口特征。

• 该区住户人口所得。

高收入者达该地区平均收入 4 倍以上的人数所占比率。

中上收入者达该地区平均收入 2 倍以上的人数所占比率。

平均每户全年收支情况表与图。

• 该区往来和居住人口消费习惯。

对便利性、服务品质及店铺气氛的要求概况。

习惯消费（大型服装店铺、点心食品面包店）。

年龄分配情况。

教育程度分配表与图。

• 外来流动人口消费习惯和特征。

年龄分布情况、消费的种类、收入的高低、消费文化等。

（二）行动注意事项

全员了解市场调查的重要意义。

工作中讲究客观性、真实性、细致性原则。

按分配的路线和调查内容认真完成任务。

以商铺销售、租赁价格及招商政策、品牌店、经营规划布局、购物中心营运管理模式调查为主。

　　调查中力求数字化。

　　调查期间每日填写好相关表格及提交当日的工作日记。

　　工作期间时间是八小时，各自通信畅通，保持联络，坚持执行早晚会。

　　调查人员注意收集相关的广告和信息资料。

　　调查中有义务宣传自身项目。

　　全员要在统一口径的前提下方可展开工作。

四、调查技术工具表（部分）

　　1. 基本资料。

竞争同业调查表

编号：No.＿＿＿＿

名　称		地　址		开业日期	
法人代表		经营负责人		投资实体	
资本额		企业性质		营业面积	
业　态		业　种		员工人数	

　　2. 立地策略调查。

经营面						
□独立	□附属式	□连锁	□单店	□全国性	□地方性	□高格调
□大众化	□购买	□承租	□以生鲜为主	□杂货为主	□日用百货为主	

其他：

商圈面						
□都心型	□郊区型	□社区型	□转运站型	□商业区	□办公区	□住宅区
□住商区	□厂住区					

其他：

立地面					
□独立建筑	□复合式建筑	□地上	□地下	□有停车位	□无停车位

其他：

贩卖面					
□全自动式	□自助式+面对面	□面对面	□单层楼房	□多层楼房	

其他：

　　3. 选址调查。

　　●交通情况＿＿＿＿＿＿＿＿＿＿＿＿＿＿＿＿＿＿＿＿＿＿＿＿＿

　　●商业情况＿＿＿＿＿＿＿＿＿＿＿＿＿＿＿＿＿＿＿＿＿＿＿＿＿

　　●商圈情况＿＿＿＿＿＿＿＿＿＿＿＿＿＿＿＿＿＿＿＿＿＿＿＿＿

4. 销售规模调查。

●200×年度整店的销售额＿＿＿＿＿＿万元

●平均月销售额＿＿＿＿＿＿万元

●单位面积效率＿＿＿＿＿＿客单价＿＿＿＿＿

各经营商店部门销售规模（品名及销售金额）

(1)＿＿＿＿＿＿　　(2)＿＿＿＿＿＿　　(3)＿＿＿＿＿＿

(4)＿＿＿＿＿＿　　(5)＿＿＿＿＿＿　　(6)＿＿＿＿＿＿

(7)＿＿＿＿＿＿　　(8)＿＿＿＿＿＿　　(9)＿＿＿＿＿＿

(10)＿＿＿＿＿＿　　(11)＿＿＿＿＿＿　　(12)＿＿＿＿＿＿

5. 顾客层次调查。

年龄层次：＿＿＿＿＿＿＿＿＿＿＿＿＿＿＿＿＿＿＿＿＿

收入层次：＿＿＿＿＿＿＿＿＿＿＿＿＿＿＿＿＿＿＿＿＿

职业层次：＿＿＿＿＿＿＿＿＿＿＿＿＿＿＿＿＿＿＿＿＿

6. 商品战略调查。

●商品结构

序　号	商品大类名称	品　牌	营业面积	价格带	备　注

楼 层	面 积	商品目录	备 注
底下层			
一 层			
二 层			
三 层			

● 楼层商品布局调查

7. 商品配套服务项目及设施。

□ 消费者会员俱乐部　　　　　　□ 大件商品配货服务中心

□ 24 小时银行自助服务营业　　　□ 商务中心

□ 家电、钟表金饰品养护中心　　□ 皮衣、鞋具养护维修中心

□ 顾客休息厅（区）　　　　　　□ 商品展示功能厅

□ 邮政、电信服务点　　　　　　□ 停车场

其他：_____

8. 其他信息。

_____

_____

商业环境调查表

1. 户数

半径 1000 米范围内：_____户　　半径 3000 米范围内：_____户

半径 5000 米范围内：_____户

2. 商圈内户数增长率

自____年到____年，增长：_____%

3. 竞争情况

大型商业竞争单位：_____　　大型商业竞争单位：_____

其中：半径 500 米范围内：_____　半径 3000 米范围内：_____

4. 将来变化

新开店计划：

　店名：_____　　　所在地：_____

　预计面积：_____　　预定开业日期：_____

　业态：_____　业种：_____　投资商：_____

新住宅开发计划：

　名称：_____　　　具体位置：_____

　开发面积平方米或户数：_____

　开发起止日期：____年____月____日到____年____月____日

　售房日期：____年____月____日到____年____月____日

　入驻日期：____年____月____日到____年____月____日

计划修建的道路：

　道路名称：_____　　具体位置：_____

　施工时间段：____年____月____日到____年____月____日

　施工区间：_____

5. 其他情况

_____

_____

消费者访问问卷调查表

编号：No._____

一、基本资料

调查地点：_____   调查员：_____

被访问者姓名：_____   性　别：_____

1. 年龄

□ 24 岁以下　　　□ 25~29 岁　　　□ 30~40 岁　　　□ 35~39 岁　　　□ 40~44 岁

□ 45~49 岁　　　□ 50~54 岁　　　□ 55~59 岁　　　□ 60 岁以上

2. 职业

□ 公司职员　　　□ 事业单位职员　□ 工人　　　　　□ 个体经营者　　□ 教师　　　　□ 学生

□ 退休人员　　　□ 农民　　　　　□ 军人　　　　　□ 公务员　　　　□ 其他职业

3. 受教育程度

□ 初中　　　　　□ 高中/中专　　　□ 大专　　　　　□ 本科　　　　　□ 研究生

4. 月薪收入

□ 500 元以下　　　　　　　　　□ 501~1000 元　　　　　　　　　□ 1001~2000 元

□ 2001~3000 元　　　　　　　　□ 3000~6000 元　　　　　　　　□ 6000 元以上

5. 居住地

□ 本市　　　　　□ 省内其他县市　　　　　　　　　□ 省外

6. 住户水准

□ 独立楼房　　　□ 小区大楼　　　□ 公寓　　　　　□ 宿舍　　　　　□ 租房

7. 家庭人口

□ 1 人　　　　　□ 2 人　　　　　□ 3 人　　　　　□ 4 人　　　　　□ 5 人　　　　　□ 6 人以上

8. 个人交通工具

□ 公共汽车　　　□ 自用车　　　　□ 摩托车　　　　□ 自行车　　　　□ 步行　　　　□ 私家车

二、顾客意见

1. 请问您经常去的超市、商场有哪几家？

□ ×× 超市　　　□ ×× 超市　　　□ ×× 超市　　　□ ×× 超市

其他如：_____

2. 请问您为何到上述商场购物？

□ 商品品种齐全　　□ 商品陈列赏心悦目　　　□ 价格适宜　　　　　　　□ 产品质量放心

□ 交通便利　　　　□ 服务态度亲切　　　　　□ 有赠奖、特价、折扣活动

3. 请问您到商场或超市购物的主要项目有哪些？

□ 家庭日用品　　□ 家用电器　　　□ 婴儿用品、童装　　　□ 饰品　　　□ 服装鞋帽

□ 小食品　　　　□ 礼品、纪念品　□ 肉类、蔬菜、水果

其他项目如：_____

4. 请问您到目前一般大型商场或超市购物时，不满意的地方有哪些？

□ 价格太贵　　　□ 服务态度差　　□ 太过喧哗拥挤　　　　　□ 品项不全

□ 商品陈列太杂　□ 没有休息的地方

其他：_____

5. 请问您知道世贸购物中心吗？

□ 不知道　　□ 知道（信息渠道：□ 电视　□ 报纸　□ 口碑　□ 户外广告　□ 其他）

6. 请问您认为理想中的项目应具备哪些特色？

_____

_____

商圈范围内商业设施分布图

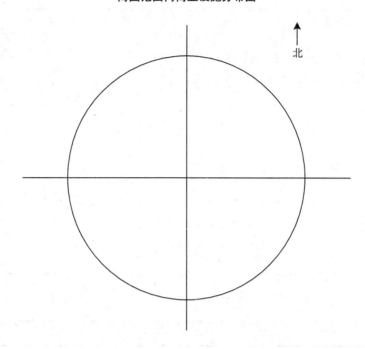

北

商业物业销售调查表

1. 投资者选择商业物业时考虑的因素
   ☐ 地理位置　　　☐ 周边环境　　　☐ 商铺价格　　　☐ 物业的经营业态　　　☐ 发展商声誉
   ☐ 交通　　　　　☐ 商业物业的面积　☐ 建筑外观　　　☐ 付款方式　　　　　☐ 广告宣传力度

2. 投资者的理想付款方式是
   ☐ 分期付款　　　☐ 银行按揭　　　☐ 一次性付款

3. 投资者心目中投资商铺认为合理的投资回报率是
   ☐ 10%　　　　　☐ 8%~10%　　　☐ 5%~8%　　　☐ 10%以上

4. 投资者商铺的需求面积
   ☐ 10~25 平方米　　　　　　☐ 25~35 平方米
   ☐ 35~55 平方米　　　　　　☐ 55 平方米以上

5. 投资者心目中商铺的理想总价是
   ☐ 10 万元以下　　　　　　　☐ 10 万~25 万元
   ☐ 25 万~30 万元　　　　　　☐ 30 万元以上

6. 投资商铺用途类型
   ☐ 自购自己经营　　☐ 其他

7. 投资者要求的商铺价格
   ☐ 1 万元/平方米以下　　　　☐ 1 万~1.5 万元/平方米
   ☐ 1.5 万~2 万元/平方米

商铺租售价格调查表

序　号	商铺位置（地点）	面积（平方米）	业种业态	年租价（元）	产权售价	备　注
1						
2						
3						
4						
5						
6						
7						
8						
9						
10						
11						
12						
13						

商圈业种店数及面积调查汇总表

业种名称	店 数	总面积	业种名称	店 数	总面积
百货店			化妆品		
超 市			体育用品		
小市场			音像店		
便利店			书 店		
商 店			照相器材		
服装专卖店			婚纱摄影		
鞋 店			快餐店		
礼品专营店			婴儿用品店		
药 店			五金店		
水果店			珠宝、首饰		
食品饮料店			工艺美术精品		
电器行			通信专营店		
床上用品			粮油食品店		
家具专营店			专业餐馆店		
广告装潢店			休闲娱乐城		
劳保用品店			文化用品店		
烟酒专营店			眼镜店		
照相冲印专店			箱包、皮具店		

主题专业店汇总：

特色店汇总：

五、典型市调案例

案例一 银川××商城市调报告（节选）

三、竞争个案分析

1. 竞争个案选择标准。

通过对竞争个案的研究，能够对项目的定位、风险的规避等起到一定的作用，因此对竞争个案如何选择也是非常重要的。针对商城项目特性，我们将主要按照下面的标准来选取：

【和原商城业态相近】

选取这一标准主要是考虑到经营业态相近，将来正式开张营业后所面对的消费群体也将相似，如何能在激烈竞争中显现出独特风采，关乎到整个项目能否脱颖而出，这样无论是对项目的运作还是对将来的经营管理都有重要帮助。因此要分析这类市场如何操作，并以此为基础，进行有针对性的规划设计，希望通过这些规划，使本项目和竞争对手相比，显示出更胜一筹的态势。

【经营业主和本项目定位客层相仿】

本条标准其实和前面一条标准有相似之处，银川的客源有限，除了去外地招商外，银川本地的经营业主们也是本项目主攻的目标。这些目标有很大一部分就散落在这些竞争对手内，如何从虎口夺食，只有对这些对手进行分析，才有可能料敌先机，找出对手破绽，找到突破口。

【地理位置相近】

选择地理位置相近的商场或市场作为我们的竞争对手，加以详细分析研究，这其实是最重要的一条选择标准。毕竟房地产项目非常讲究地段的重要性，"相隔一里路，相差一片天"的现象屡见不鲜。位置相距越远，可比性就越小，越是靠近，越是有参考价值，因此选择地理位置相近的项目作为对手来分析，可以说是理所当然的。

2. 竞争个案介绍。

根据上述标准，我们选择了"东方商城"、"温州商城"、"南方商城"和"新华商城"作为主要的竞争个案来介绍，其中除"新华商城"还处在招商阶段外，另三个项目都已开张营业。

注：

● 在下面的竞争个案分析中，针对只租不售的物业，将采取租金还原单价

的方法来推算实际单价水平;

● 下述竞争个案的租金除有特别说明,否则均指使用面积,由租金所还原单价则按照建筑面积来计算,设定得房率为45%;

● 新建商场投资回报率按照10%来计算,至于东方商城,考虑到其作为成熟市场,因此其投资回报率定为12%。

【东方商城】

〖地理位置〗

位于商城东侧,和商城仅隔一条市场巷。

〖铺位数〗

每层200~250个铺位,共四层,总计铺位数900~1000个。

〖铺位面积分割(使用面积)〗

沿街6~8平方米,市场内部3~6平方米。

〖业种定位〗

楼 层	业 种
一 层	小五金、音像制品、文化用品、化妆品、箱包、皮具
二 层	日用小百货、床上用品、妇女用品、袜子
三 层	服装
四 层	童装、鞋类、休息区

〖营销方式〗

购买16年的使用权,每个摊位押金2万元。

〖市场定位〗

批零结合,商品走中低档路线,所针对的消费群体中以青年人居多。

〖租金价格分析〗

租金价格表

商铺位置		租金单价 (元/平方米·天)	转让价格 (万元)	租金还原单价 (元/平方米)
一层	沿街(市场巷)	15~25		20530~34220
	内部较差位置	11~14	6~7	15060~19160
	内部较好位置	19~23	8~10	26010~31480
二层	较差位置	3~4		4110~5480
	较好位置	9~11		12320~15060
	三层	2.5~3		3420~4110
	四层	1.5~2.2		2050~3010

其他费用:每个铺位每月交纳管理费用488元,每年递增40元

物业费:35~45元/月/铺位

工商、国税、地税:290元/月/铺位

〖经营业主分析〗

绝大多数铺位已经过转手。

外地和本地比例：1.35:1。

项目分析：

东方商城于四年前开张营业，当时因只需交纳 2 万元押金就可入场经营，门槛低，吸引了很多的小业主，迅速聚拢了人气。再加上其开张营业时，恰逢银川商城在翻建三楼，而商城在翻建三楼的过程中，发现整体建筑有成为危楼的迹象，在社会上造成了一定程度的负面影响。此外新翻建好的商城三楼商气不旺，这些因素对商城的打击很大，并导致了很多消费者舍弃商城而纷纷转至东方商城购物。当然东方商城在市场定位上也比较合理，其所经营的商品和商城相比略高档一些，符合了很多追求时尚而又囊中羞涩的年轻人的消费取向，从此东方商城取代了商城成为银川最能聚敛人气的地方。

从东方商城内的业主来源看，五湖四海皆有，除了本地业主外，来自陕西、浙江等地的业主也不在少数，其中很多业主同时购买了多个铺位的使用权。由于东方的经营业种范围较广，成为了银川乃至周边地区很多客商重要的商品批发地，更有甚者，很多业主干脆就在市场内部进货，这样既可免去运费，又可省下仓储费用，进货又方便，可谓一举三得。

【温州商城】

〖地理位置〗

南薰东路、永安巷口。

〖规模〗

占地 15.36 亩，总建面 3.6 万平方米。

〖铺位数〗

一层至四层每层铺位约 290 个，营业房 56 个，四层共计约铺位总数 1160 个，营业房 224 个，另有十余间沿街门面房；五层由大客户统一经营。

〖铺位面积分割（使用面积）〗

铺位面积 5 平方米，营业房面积 10 平方米。

〖业种定位〗

楼 层	业 种
一 层	小百货
二 层	针织品、内衣
三 层	童装、鞋类
四 层	服 装
五 层	餐饮、游戏娱乐

〖营销方式〗

购买20年的使用权，缴纳押金，10年后开始返还。

〖优惠政策〗

半年免税，2个月免租，每个铺位每个月租金可优惠5~10元/平方米。

〖租金价格分析〗

租金价格表

商 铺		租金（元/平方米·天）	租金还原单价（元/平方米）	押金（元）
一层	铺位	3	4930	4.2万
	营业房	3	4930	8.4万
二层	铺位	3	4930	3.8万
	营业房	3	4930	7.6万
三层	铺位	2.83	4650	3.3万
	营业房	2.83	4650	6.6万
四层	铺位	2.83	4650	2.8万
	营业房	2.83	4650	5.6万

业主购买时可选择楼层，具体铺位开业前一个月摇号决定。

表中所列租金为优惠后的租金。

〖其他费用〗

物业费用一层至二层60元/铺位/月，三层至四层50元/铺位/月，税金暂定40元/月。

〖转让、转租〗

转让、转租价格表

位 置		转租租金（元/平方米·天）	单价还原（元/平方米）	转让金（元）
一层	铺位	6.3~8.2	10350~13470	5万~12万
	墙面	3000~5000元/墙/年		
二层	铺位	2.74~3.68	4500~6040	7万~8万
三层	铺位			6万~8万
四层	铺位	3.3~7.12	5420~11700	6万~7万

注：转让金不包含押金在内。

目前所出现的转让金和转租租金与所处楼层高低不甚相符，主要还是该商城刚刚开张营业，很多业主对转让或转租的水平不太了解，所定价格都是从自身要求考虑，整个市场并没有一个较为统一的标准。至于出现有些铺位的转租租金低于应缴商场的租金，是因为有些转租金包含了这部分费用，而有些并不包含。

【客层分析】

投资自营比例 3:2。

本地外地业主比例5:1。

【市场定位】

商品档次和东方商城相近，走中低档路线，经营方式还是以零售为主。

项目分析：

2002 年温州商城的推出，在银川当地引起了不小的轰动，租金低廉，地处市区繁华地段，斜对面东方商城的生意红火，这些原因导致了很多客户趋之若鹜，一经推出便抢购一空。不过在商城开业之前，有很多的业主开始转租或转让，显然投资客的比例较大。温州商城原定于 2003 年 10 月 28 日开张，但由于很多铺位没有转租或转让掉，开发商推迟到 11 月 8 日正式开张。并且为了防止届时出现开铺率过低的现象，开发商对那些不能按时开业的业主，将采取不给予租金优惠的较强硬措施。但从现场业主的装修情况来看，11 月 8 日开张时开铺率很难达到七成，七成对一个商场的开业来说不能算是成功。

温州商城由于和本项目隔了一条南薰街，因此在地理位置上要略逊于本项目，但由于其采用较符合银川当地客层思维和经济实力的营销方式，所以在商场操作的第一阶段——营销阶段大获成功，至于第二阶段——经营阶段是否能成功还有待观察。正是由于和本项目相近，所以温州商城能否经营成功对本项目也有不小的影响：如能成功，将会带旺本项目西南角区域；如果失败，同样会影响这一区域的商业氛围。

【新华商城】

【开发商】

宁夏银祥房地产开发集团有限公司。

【地理位置】

北临育才巷、南抵新华街、东靠新宁巷、西至玉皇阁南街。

【规模】

总建面 6.6 万平方米，地面四层，地下一层（车库 14000 平方米）。

【面积分割（使用面积）】

6 平方米/铺位。

【铺位数量】每层约 800 个，总计约 3200 个。

【业种规划】

一层至二层：百货、箱包、针织品、工艺品、化妆品。

三层：童装、鞋业。

四层：品牌服饰。

【营销方式】

20 年使用权，10 年后押金可抵扣租金。

押金、租金价格、去化情况（截至 10 月底）。

楼　　层	租金单价（元/平方米·天）	押金（元）	去化情况
一　层	4	6 万	100%
二　层	3.67	5 万	50%
三　层	3	4 万	50%
四　层	2.67	3 万	80%

注：四层去化情况好于二、三层，和其业种定位有关，毕竟银川的服装生意还是比较好做的。

【租金还原单价】

楼　　层	租金单价（元/平方米·天）	还原单价（元）
一　层	4	6570
二　层	3.67	6030
三　层	3	4930
四　层	2.67	4390

项目分析：

新华商城于 8 月开始预订，目前正在进行土建工作，计划于 2004 年年底开张营业。现在该案只可预订楼层，具体铺位于开业一个月前公开摇号。

该案将定位在银川最高档的商场之一，除了其地理位置优越以外，商场内部的规划设计也争取至少能和新华百货、华联等大商场相似，将在四个方向开门，中庭挑空，内部设置自动扶梯 3 部，观光、垂直电梯四部，有中央空调，有大型地下停车场等，在银川商城项目推出之前，该案将是银川最大规模的一个商业项目。

该案开发商的操作思路十分明确，在整体设计上参照大型商场布局，而在营销方式上则参照温州商城的方法，无论是业种分布、租金价格、使用权出让方式还是选铺方式，都类似温州商城，甚至于现在未定的管理等费用也有意向仿照温州商城。该案虽然操作思路简单，但仍能顺利完成，可见其市场的定位还是比较准确。

3. 尚处规划阶段的商业项目。

银川拟建的商业项目较多，在这里我们只选取可能会符合我们竞争个案选择标准的一些项目做介绍，这些项目的推出时间可能和商城项目接近，将来极有可能就是我们最直接的竞争对手。

【东方红商业文化广场】

东起玉皇阁南街，西至朝阳街，南起新华东街，北至育才巷，正对文化商场，原东方红影剧院处。由建发集团开发，目前尚未开始拆迁。将来建成后，将会具有休闲、商业等功能。

【欧洲城】

位于新华东街，东方红影剧院旁。目前该处已拆平，刚开始动工。规划不详。

【南门广场西侧商业步行街】

位于玉皇阁南街，长城东路口。由中房公司开发，预计出售产权，均价10000元/平方米左右。目前该案尚未对外公开，可能在12月推出。

四、小结

从本案的竞争个案分析中可以看出，很多个案在最初期往往对市场的购买力没有很强的信心，因此除了采用出售使用权的方法以外，所制定的租金和现在成熟的商场比较也便宜不少。但在实际上，有很多业主就趁此机会低价购入，然后再高价转让或转租，这点在温州商场表现得最明显。还在商场的装修阶段，就有超过六成的铺位贴出了转让或转租的广告，且价格被明显抬高。实际上，很多商场的价格在最初定价的时候往往容易被低估，对此，我们还是要辩证地看待。

银川房地产市场是房地产业的热土。目前，不仅仅拥有大批的住宅项目，商业项目也较多，具有很强的竞争性，但同时也产生了一定的"泡沫"。在政策上，政府对外地客商的支持力度很大，如果针对未来银川的城市规划，做出准确的定位，市场整体还是能健康发展的。在住宅开发方面，除了商品房上市外，根据市政府的开发要求，经济适用房也在大量地建造，这将成为未来一阶段银川市房产的一个新热点，对平抑市场价格也会有很大作用。在商铺方面，产权出售型物业已在悄然升温，而使用权的出售还是方兴未艾，但从世界各地商业房地产市场发展历程来看，出售产权是发展的必由之路。现在银川正处在使用权出售向产权出售的过渡阶段，在这期间，机遇良多，且看如何把握。

案例二　银川××商城商业问卷调查报告

一、调查概况

1. 调查目的。

a. 了解银川××商城及附近几个竞争个案的经营现状。

b. 了解项目对银川××商城及周边各小业主的吸引力。

c. 为项目的定位及规划取得一些参考数据。

2. 调查方法和调查过程。

a. 调查范围：银川××商城、东方商城、南方商城及周边沿街店铺。

b. 数据采集方法：入户访问。

c. 研究对象：商城及沿街各小业主。

3. 调查结果。

本次调查共收集问卷1033份，其中有效问卷1028份，无效问卷5份，有效率达99.5%，统计结果具有很高的可靠性。

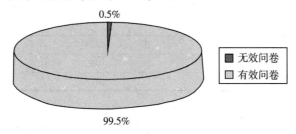

二、调查的具体数据

1. 基本信息。

a. 业主来源

来源地	银川	宁夏*	浙江	陕西	四川	内蒙古	山东	其他
业主数量	413	301	162	71	15	14	13	49
百分率	39.8%	29.0%	15.6%	6.8%	1.4%	1.3%	1.3%	4.7%

注：*为宁夏地区除银川市以外地区。

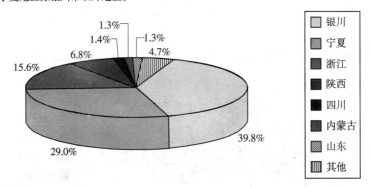

b. 经营年数

年 数	1~3	4~6	7~10	11~15	>15
业主数量	565	236	157	60	10
百分率	55.0%	23.0%	15.3%	5.8%	1.0%

所调查业主经营年数经加权平均后得出平均经营年数为4.3年。

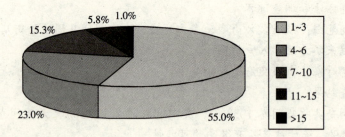

c. 销售模式

销售模式	批发	零售	批发兼零售
业主数量	70	521	437
百分率	6.8%	50.7%	42.5%

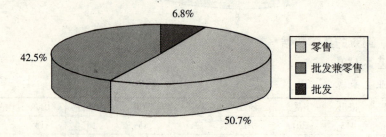

d. 营业面积（使用面积）

营业面积（平方米）	<5	5~10	10~15	15~20	20~30	>30
业主数量	356	402	143	60	49	18
百分率	34.6%	39.1%	13.9%	5.8%	4.8%	1.8%

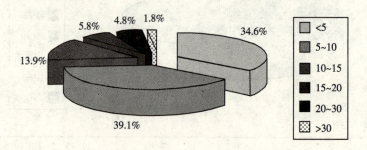

e. 经营范围

项目	服装	鞋	日用百货	针织品	手机	箱包	文体用品	化妆品
业主数量	389	189	131	97	76	61	38	35
百分率	37.8%	13.5%	12.7%	9.4%	7.3%	5.9%	3.7%	3.4%
项目	小礼品	女性饰品	家居用品	土特产	小家电	妇女用品	玩具	其他
业主数量	29	28	28	28	23	17	10	34
百分率	2.8%	2.7%	2.7%	2.7%	2.2%	1.6%	1%	3.3%

以上经营项目在各业主的经营中存在着重复性，故整体百分率超过100%。

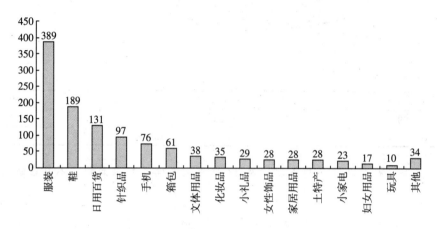

2. 搬迁意向信息。

a. 动向信息（仅针对银川××商城业主）

动 向	离 开	留 下
业主数量	165	352
百分率	31.3%	68.7%

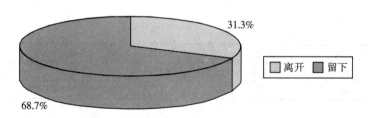

b. 进驻信息

进驻意向	愿意进驻	不愿进驻
业主数量	798	230
百分率	77.6%	22.4%

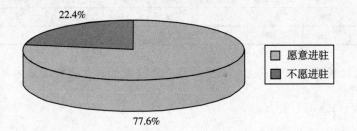

c. 面积需求（使用面积）

面积（平方米）	<5	5~10	10~15	15~20	20~30	>30
业主数量	116	396	120	78	25	30
百分率	15.2%	51.8%	15.7%	10.2%	3.3%	3.9%

　　另有 230 户业主不愿入驻以及 33 户业主不确定需求面积，不算在统计基数内。

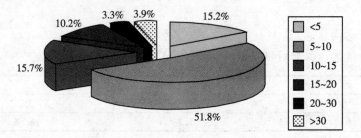

d. 产权信息

进驻方式	租铺面	买断产权	未确定	不愿入驻
业主数	425	347	26	230
百分率	41.3%	33.8%	2.5%	22.4%

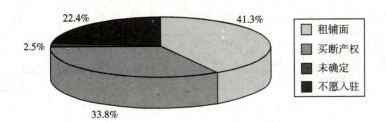

e. 楼层信息

楼　　层	地下室	一楼	二楼	三楼	四楼
业主数量	39	418	279	55	7
百分率	4.9%	52.4%	35.0%	6.9%	0.9%

另有230户业主不愿入驻,不算在统计基数内。

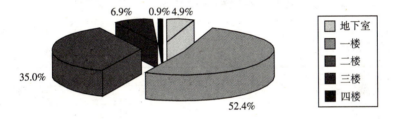

f. 总价信息 (针对"买断产权"的业主)

欲购总价(万元)	<10	10~15	15~20	20~25	25~30	30~40	40~60	>60
业主数量	207	94	45	12	14	6	5	2
百分率	53.8%	24.4%	11.7%	3.1%	3.6%	1.6%	1.3%	0.5%

包括37户在进驻方式信息栏中选"租铺面"但仍然提出总价信息的业主。

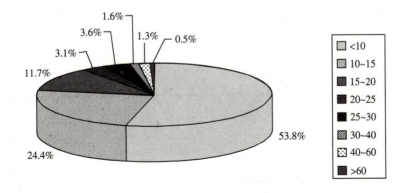

g. 租金信息（针对"租铺面"的业主）

接受租金（元）	<900	900~1200	1200~1500	1500~1800	1800~2100	2100~2400	>2400
业主数量	130	129	94	37	19	7	19
百分率	30.6%	30.4%	19.8%	8.7%	4.5%	1.6%	4.5%

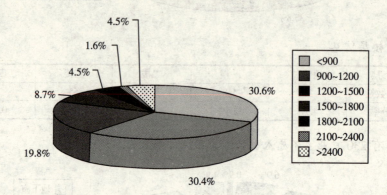

h. 库房需求信息

	需 要	不需要
业主数量	230	528
百分率	30.3%	69.7%

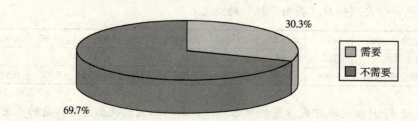

i. 商住房需求信息

	需 要	不需要
业主数量	109	649
百分率	14.4%	85.6%

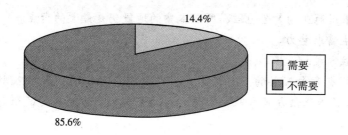

14.4%

需要
不需要

85.6%

三、调查总体结论及建议

1. 客户来源。

所调查的业主中银川以及周边地区的业主达到了 76%，浙江的业主达到 16%，这两个地区的业主数量总和达到了 92%，故本项目的客源具体定位建议如下：

● 当地效益较好的行业的高收入人群。

银川当地的工业不发达，大的生产型企业很少，目前来说比较好的几个行业有：电信、酒业、餐饮、服装和近两年发展迅速的房地产业。这些行业的部分高收入人群可能成为我们的一部分客源。

● 本地私营业主和部分政府机关人员。

根据调查，银川当地普通居民收入较低，普遍月收入在 1000 元以下，而当地政府机关人员的收入比普通市民要高不少，他们有能力购买我们的商铺，但主要是作为投资来用。而当地的部分私营业主亦有购买能力，他们的购买目的以自用居多。

● 银川周边县市的富裕人群。

银川作为中心城市在西北的辐射能力很强，周边县市与银川的往来也很密切，一些县市靠当地的土特产如乌海的煤、定边的石油、中宁的枸杞等增加了不少的收入。这些县市当中的富裕人群会以在银川这样一个中心城市投资置业为荣。通过我们的调研也发现不少外县市的人的确有这样的意向。

● 南方来的经营者和投资客。

随着开发大西北战略的进一步深化，南方特别是江浙一带对银川市的关注越来越多，不少南方人已在银川投资经商，他们到来的同时也把银川市这几年的发展信息传回到了他们的城市，一些不熟悉银川的投资者业已把部分注意力集中到了银川。因此来自南方的自营和投资者会是本案的一个重要客户群体。

2. 地段成熟度。

经过调研我们发现市场内的客户平均已经经营年数为 4.3 年，加上银川××商城的知名度，项目地段已相当成熟，并且本项目地处鼓楼步行街与新华街这一银川商业的黄金地段，所以本案的地段仍是最大的卖点。

3. 业主需求潜力。

a. 入驻方式的选择。

在总共有意向入驻的 798 位客户中，选择以租铺面的方式入驻的客户占 53.3%，以买断产权方式入驻的客户占 43.5%，其余为未确定，租与买的比例将近 1：1。

b. 客户支付能力。

以产权方式销售在银川并不多见，所以对当地的客户有一定的吸引力，但是由于当地的收入水平较低，客户的承受能力较低，并且表示买断产权的客户中有一部分将"买断产权"与当地流行的"买使用权"的概念混淆，所以不能因为有 43.5% 的客户表示要"买断产权"而过分乐观。

"买断产权"的业主中有 53.8% 的客户只愿接受小于 10 万元的铺位，24.4% 的客户愿意接受总价 10 万~15 万元的铺位，而超过 20 万元的客户只占 21.8%。而其中首付能力 5 万~15 万元的业主达到了 44%，所以建议主力商铺的总价为 10 万~15 万元。

c. 楼层选择。

由二至五层，选择首层、三楼、四楼的业主只占总数的 12.7%，所以这三层的推销策略直接关系到整个项目的销售情况，建议用以下几点来促进此三层的销售。

● 价格优势。

拉开与一、二楼的价格差，建议单价为一、二楼的 30%~50%，降低价格来抵消客户对此三楼经营能力的顾虑。

● 政策优惠。

包租政策：建议提供前 2~3 年包租政策，年回报率 9%，对投资商应有很大的诱惑力。

税费优惠：在开发商的能力范围内给予客户在税费上一定的优惠，如免除 1 年各项税收。

配套优惠：可以免费为客户提供 2 年的库房使用权等。

● 结构设计合理。

在项目的建筑结构上尽量为三楼、四楼提供方便，可以建造从商场外直通三、四楼的楼梯，平台可配合休闲设施，尽量带动三、四楼的人流。

4. 业种分析。

综合此次调查各商场的业种状况，服装占据了 37.8%，对服装的规划应是本项目的重点，建议项目的业种规划如下：

首层（地下室）：鞋、箱包。

通过调查发现银川当地鞋和箱包的经营基本都放在首层，并且借鉴七浦路服装市场的经验，鞋和箱包放在此层经营具有较好的效果。

一楼：化妆品、饰品、工艺品、日用小商品、针织用品。

此类商品的顾客群较多，设在一楼可以带动人流，提高整个商场的人气。

二楼：男装、运动服饰、童装、部分女装。

此类产品经营效果一般，放在二楼既不浪费一楼的人气资源，又不至于因放在三楼而客流不足。

三楼：女性服装。

在调查中有相当数量的业主认为女装的利润较高，而且在调查过程中发现当地女性对服装有相当强的购买欲，将女装放在三楼能将这一可观的客户群引导至三楼，避免三楼人气不足的尴尬。

四楼：品牌服装展示厅及办公。

设在四楼可为消费层次较高的顾客提供较好的购物环境，并留有一定的办公区供业主使用。

五楼：美食广场、水吧、酒吧、网吧、游艺厅、健身中心。

商场可以引进一些娱乐休闲场所的进驻，可以设楼梯直接上五楼，与下面四楼的人流错开。

结语：此业种规划为参考本次问卷调查结果所制订，具体仍需双方商讨研究。

5. 价格分析。

经过对银川××商场及周边几个商场的调查，银川当地基本以租的形式经营，应此在价格定位方面可以借鉴的项目不多。但是从租金状况的还原我们还是能还原出比较合理的价格。

以一楼计算，经过调查后得出的平均租金为 141 元/平方米·月，按 10 年的回报来还原：

$141 \times 12 \times 10 = 16920$（元）

所以我们的售价建议如下：

楼层	首层	一楼	二楼	三楼	四楼	五楼
价格（元/平方米）	10000	20000	11500	7500	6000	暂不出售

6. 推广渠道及方式。

针对 1-a 的调查结果，建议制定以下几种推广渠道：

（1）售楼处：售楼处是进行销售活动最基本的渠道，通过在项目附近设立售楼处，可以接待经过项目所在地而对项目产生兴趣的顾客，以及通过宣传而对项目产生兴趣的顾客，此渠道一般适用于银川当地及附近的客户。

（2）房展会：通过参加当地及外地的房展会，利用房展会本身的聚集效应及规模效应来吸引顾客，可以直接在房展会上设销售点，也可以将房展会上的意向客户引导至售楼处进行销售活动。此渠道既可针对当地客户，同样适用于外省市客户。

（3）外省招商会：通过去经济发达并且有强烈投资意向的地区（如温州）设立招商点，并举行大型的招商会来达到销售的目的。此渠道适用于外省市客户。

这些渠道的顺利通畅需要有各种推广方式的支持，无论售楼处、房展会或是招商会都需要有强力的宣传配合，因此建议以下几种推广方式：

（1）媒体宣传：利用各种大众媒体（如电视、报纸等）观众量多、面广的特点来宣传本项目。《银川晚报》、《宁夏日报》及宁夏卫视公共频道这些大众媒体在银川及周边地区拥有很大的影响力，充分利用这些媒体来宣传本项目必能获得很好的效果。

（2）派报：让专职人员至项目周边商业场所发放海报，向潜在客户进行宣传，此种方法针对性强但是覆盖面较小。

（3）户外广告：在人流量较大的地方以看板、横幅等方式进行宣传。

（4）现场广告：通过在项目现场的墙壁、门口等显要位置悬挂横幅，张贴海报等方式进行宣传。

（5）SP活动：可以通过在项目附近举行一些慈善或者文艺活动，邀请一些当地的名人做发言等来提升项目的知名度。

第三章 商业地产定位分析

第一节 地产定位模式分析

地产市场的变化对房地产开发与营销的影响深刻，同时在房地产业由卖方市场向买方市场过渡过程中某些现行房地产开发与营销理念存在滞后。为改变这一现状，本文重点探讨产品定位与客户定位的关系及重要性，并设计了一套适应买方市场环境的新的定位模式与理念，以供业内人士参考。

中国台湾著名策划人林江盛先生曾说过："任何产品的成功开发，最基本的保障是正确的产品定位和客户定位，住宅产品也不例外。"

作为供给分析的产品定位和作为需求分析的客户定位，在卖方市场环境下开发商总是在为其寻找科学依据与分析方法的过程中忽略了当前买方市场环境下两者之间的辩证关系，按经济学的需求——供给理论：需求决定供给，应该是客户定位决定产品定位。

可目前的实际操作是否符合这条最基本的经济规律呢？

首先让我们看看目前一般开发商是怎样做产品定位和目标客户定位的。

一、A1 模式

当开发商拿到一块地之后，首先是根据它的地段、环境、周边竞争情况、现实购买力和经验等因素对项目进行总体的架构与设计（这实际就是产品定位），然后根据这个架构与设计去寻找与之相对应的客户，并认为这就是目标客户（这其实就是客户定位），再对这群目标客户进行针对性的开发和营销策划，我们把它用形象化格式表示如下（暂称为 A1 模式）：

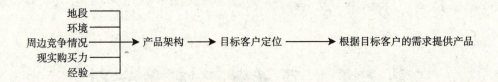

后半部分（对目标客户进行针对性的开发与营销）无疑是按需求决定供给的经济规律办事，可前半部分从架构的确定到按既定的架构寻找目标客户是否科学？由此而寻找到的"目标客户"是否就真的是我们所要正确定位的目标客户？而且在这种模式下目标客户的定位在产品的前期开发与设计过程中并没有实质上的针对性应用，或者只是肤浅的表层应用，其真正意义仅仅是在产品形成后的营销过程中才有针对性地涉及。卖方市场环境下市场的不成熟与消费者的不理性是这种产品定位与客户定位模式存在的最根本原因，也正是卖方市场的特殊环境导致供给地位的感性提高，不难看出，这种定位模式其实是供给去选择客户，或许在卖方市场环境下有其存在的沃土，可是当市场已转变成买方市场，随着市场的成熟化与消费者消费理念的理性化，这种定位模式的不可行性无疑就是必然的了。

1. 卖方市场环境下，作为供给方的开发商其主观因素（开发经验）在产品定位与客户定位中起着重要作用，但在买方市场环境下由于需求方对市场起决定作用，因此，这种思维模式必须进行客观的调整。

2. 在卖方市场的环境下，消费者的需求偏好处于次要地位，其对供给的影响被人为地削弱，而在买方市场环境下，消费者需求偏好处于第一重要的地位，其对供给的影响起决定性作用。

3. 经验因素在非理性的市场环境下（卖方市场）起着几乎是决定性的作用，在召集渐趋理性的市场环境下经验因素必须随之退居次要地位。

4. 在卖方市场条件下倾向于从市场的供给状况去考虑供给，在供给确定后再去寻找需求，或者说开发商在卖方市场环境下有信心找到需求，但这种信心在买方市场条件下缺少转化为现实性的依据。

即便如此，由上述分析我们不难看出，目前住宅产品的开发与营销仍处于卖方市场的思维状态，还没有转化到买方市场的思维模式，因此这种定位模式在市场环境的转变过程中其弊端自然无可避免。弊端有：

1. 由于供给方人为因素比重大，市场敏感性程度小，导致开发商的风险提高，在现行操作模式中，由于供给方主观因素强，对产品定位的确立缺少足够的客观依据，导致产品开发与市场需求存在一定的落差，致使开发风险提高，其实目前市场上大量的商品房空置相当重要的原因正是这个。

2. 由于目标客户定位缺少足够的市场依据，导致针对的目标客户并不到位，造成产品营销针对性的盲目，正是由于现行模式是按供给去寻找需求，使得需求的确定同样缺少足够的客观依据，由此必然造成目标客户定位的盲目。因此产品在销售环节由于目标客户模糊而缺乏足够的针对性，使得产品营销成功与否的随机性很强。

3. 由于针对性不强或者说是针对性达不到应该达到的水准，导致资源的浪费（这一点在韶山路的某大案非常明显），无形中增加了成本，正是由于针对性不强，导致产品在开发阶段势必全面撒网，而真正能够"入网"的比重不大或难以确定，造成大量的人力、物力、财力及时间的浪费。

那么在买方市场环境下我们应该如何按经济规律办事呢？

理论上我们应该首先对住宅的需求进行归纳性的分析与总结，再分析市场上的供给情况，最后根据供给不足的部分提供产品以抢占市场份额。

当然由于项目的一些具体情况及操作中的难度与主观性，对住宅的需求进行归纳性的分析与总结其实是相当理想化的状态，在现实中很难做到这一点，而且需求的变化很难有准确的预见与把握，其工作量也大得超乎想象。

二、A2 模式

那么为了寻求可操作性，我们不妨根据环境、地段、周边竞争情况、现实购买力和经验对目标客户进行定位，而这个目标客户群是假定的（其目的仅仅是缩小分析的范围），并非真正的目标客户（这一点与目前的实践操作有着根本性的区别），然后对这个目标客户群进行分类，再对分类后的各类型客户进行需求分析及相对应的市场供给分析，看看有效供给是否不足，接着针对不足的供给部分进行针对性的开发与营销，而不是目前所做的根据供给去寻找需求，用形象化的格式表示即为（称其为 A2 模式）：

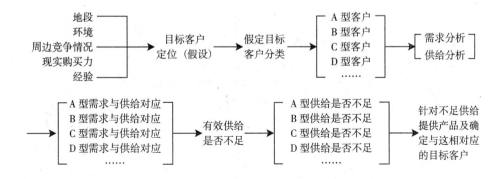

三、模式差异性分析

下面不妨举例来比较两种定位模式的差异性。

例：某开发商拿到一块地后，准备开发一栋住宅。

在 A1 模式下

第一步：产品架构的确定：

地段：市中心区绝版，身价不凡；

环境：中心区绿化带旁，环境优美，属高档成熟社区；

周边竞争情况：周边物业较高档，销售业绩普遍良好；

经验：此地宜做高档住宅，但不宜做豪宅；

现实购买力：40 万~70 万元。

针对以上分析给出产品的架构定位：

高档住宅、高起点、高层次，并做与周边楼盘有别的特色设计。

第二步：针对产品架构寻找目标客户：

其实寻找目标客户所涉及考虑的问题无非是：

1. 谁能买得起这个价位的房。

2. 谁有与高尚社区相对应的品位。

3. 谁有在这一地段购房的需求。

然后，我们可给出目标客户定位：在中心区附近工作的中产阶级，一般企业领导，党政机关人员，成功的个体户，医院、学校高级教授，外资企业高级白领，有品位，文化层次较高，为求方便愿在工作地点附近购房者，等等。

第三步：提供供给：

设计出不同户型以适应该阶层不同的需求层次，并就已定位的目标客户群做针对性的营销与宣传。

在 A2 模式下

第一步：假定目标客户定位：

地段：中心区绝版，身价不凡；

环境：中心区绿化带旁，环境优美，属高档成熟社区；

周边竞争情况：周边物业较高档，销售业绩普遍良好；

经验：此地宜做高档住宅，但不宜做豪宅；

现实购买力：40 万~70 万元。

针对以上的分析，我们有理由将目标客户框定在中产阶级、高级白领中（即排除了大部分的富豪及不能形成购买力的低级阶层），但我们不能毫无根据地就把这一阶层笼统地作为我们的目标客户（否则如此粗糙的定位很难形成实质的针对性），也不能凭空从这一群体细分出我们的目标客户（缺乏必要的依据，无疑又走回 A1 模式下的老路），我们所要做的是：

第二步：假定目标客户分类（仅供参考）：

我们可将这一阶层大体上分类为：

A 型：私营中、小企业主；

B 型：国企、私企股份持有人；

C 型：国企、私企、三资企业高级管理者；

D 型：党政机关高级公务员，医院、学校高级教授；

E 型：自由职业者，如广告人，软件工程师等；

F 型：各类经纪人。

下面我们所要做的是从以上分类后的客户中细分出我们的目标客户。

第三步：对各类型客户进行需求分析与相对应的供给分析。

第四步：有效供给盈缺分析。

通过对比分析，我们可以一目了然地得到以下结论：

1. 各类型客户对各住宅要素的需求情况。

2. 与各类型客户需求相对应的供给情况。

3. 在哪些住宅要素上供给存在缺口。

第五步：针对供给缺口提供产品。

有了上述四步的分析过程，第五阶段进行应该就很简单了。

当然，需求的复杂与不可预见性决定了这种定位模式的实际操作中的难度：

1. 需要大量的市场信息，包括假定目标客户的需求心理、周边楼盘针对上表各住宅要素的详细供给情况，同时对周边楼盘的成功与失败之处了如指掌，而其中相当一部分的信息比较难以收集。

2. 需求情况复杂，很难进行规划的定性分析。

3. 市场情况千变万化，难有定律，理论的结论用于实践需要一个转化的过程。

4. 供给与需求很难真正完全地对应，例如 A2 模式中，由于 A 型客户与其他类型客户在需求偏好上有交叉，而且一种供给能同时满足多种需求偏好，因此 A 型需求与 A 型供给很难进行完全对应的分析，基于这些因素的存在，针对性的供给分析相当复杂。

5. 有效供给盈缺分析比较困难，这需要相当准确的需求与供给分析，然而正如上所述，各类型的需求与供给很难完全对应。

这些难点的克服无疑需要智慧与时间，很难有固定的模式与方式，在此建议不妨从以下几个方面考虑：

1. 尽可能排除主观因素对产品定位与客户定位的影响，对消费者需求状况在项目开发前就必须有相当深入的研究。

2. 尽可能采集与了解必需的信息资料（例如，目标客户的需求心理，周边楼盘对应各住宅要素的供给情况及其成功与失败的对比等）。

3. 不断地对市场情况进行调查与掌握，并随着市场的变化更新观念。

4. 加大从开发期到销售期各操作环节的理论基础，同时提高将理论转化为实践的能力。

一切以市场为中心，其本身无疑具有相当高的难度，但在买方市场不断成熟，而住宅市场又具有很强特殊性的情况下，这又是必要的，也许只有在不断克服这些困难的过程中，开发商才会变得越来越理性，越来越具有适应市场的能力，也只有这样才能为成功地开发奠定坚实的基础。

第二节　定位分析的基本内容

一、项目的市场定位

1. 形象定位：项目形象定位决定项目将来的宣传和经营走向；确定项目整体形象和个性。每一个城市商业项目众多，如何确定自身项目独特个性、突出差异化、给市场留下深刻印象，是所有商业地产开发商面临的共同课题。

2. 规模定位：根据项目所在商圈的商业环境、人口数量、人流量等确定项目开发规模。

二、目标客户群定位

1. 购买商铺的目标群分析。包括商铺购买人群的经济购买力、购买目的（投资或者自营）、购买预期（投资增值或保值等）、购买习惯（习惯购买独立产权商铺或者管理型产权商铺）。对目标购买客户群进行准确分析定位就可以准确地进行项目规划定位和业态定位等。

2. 租赁使用商铺的目标群分析。按照商业开发规律，租赁客户定位又可以分为主力店租赁客户定位和一般租赁客户定位。对主力店客户需要进行针对性的分析了解，包括客户对建筑设计和配套条件的特殊要求、对经营面积的要求、对租赁期限的要求、对租金优惠政策的要求等。

三、商业的目标消费群定位及分析

（一）消费者群体目标对象的选择

消费者群体目标对象的选择，指的是对消费者主体的界定，也就是商业项目所能吸引到的、在商业街内有消费意愿的消费者群体。不同的商业所应考虑的消费者群体是有所差异的，不进行细分容易使市场定位偏离主体，而如果对所有的消费者都进行考虑，又浪费人力、财力。所以应选择消费者主体进行分析。分析消费者主体，应该考虑商业的地理位置及商品设置两个主要因素。从地理位置因素来看，市中心的商业可以在较广区域的人口中再进行细分，而较偏僻地区的商业街，就应着重选择该商业所能辐射到的一定区域的人口。

从商品设置的角度来看，以日用品为主的商业街应重点考虑周围居民的人口因素，而以耐用品为主的商业街，其辐射区域就要大得多。通常人们在购买日用品之前，更多考虑的是交通便利因素，大多愿意就近购买；而当购买耐用品之时，就更看重产品的质量与信誉，所以对交通便利因素考虑得少一些。如果商业的产品多为年轻人追求、喜爱的用品，那么决策者应重点分析年轻人的消费心理及变化趋势；同样，如果商业街内流动人口比重较大，决策者们就应该在这一部分人口群体的消费需求上多花精力。总之，不同的商业其消费者主体的界定应有所不同，对消费者进行细分有利于市场定位的成功及资金的合理安排。

（二）把握消费者

1. 消费者的数量。一定数量的消费者是一个商业项目成功的先决条件，也是确定一个商业项目规模大小的基础。市场规模的大小由那些有购买欲望并且有支付能力，同时能够接近商品或劳务的现实购买者与潜在购买者决定，如果现实购买者与潜在购买者越多，市场规模就越大。而这些购买者数量的多少自然也决定于人口状况。在人均消费水平已定的条件下，人口数量越多，增长越快，市场规模就越大。所以人口数量因素，应成为商业项目规模确定必须考虑的因素。

2. 消费者的性别、年龄结构。随着人们生活水平的日益提高，性别、年龄的不同在消费中所体现出的差异越来越明显，不同性别年龄结构的人在购买力、消费心理及消费层次上的差异是很大的。一般来讲，年轻人购物较容易有冲动、攀比的倾向，购买商品注重的是外表、款式及时尚，在购买前所作的思考较少，同时由于年轻人的收入相对较低，对商品档次的追求无力过高；而中年人的消费心理就较为成熟，对服装的需求量也比年轻人有所下降，对于商品更注重质量与品牌，持币待购现象比较普遍，有一定的购买潜力。同时，不同年龄段的人口，在耐用品消费上所体现的差异性更大。不同性别的消费者在消费中的差异主要体现在消费心理的不同上，女性较之男性，在购物上更为谨慎、细腻和爱美。在大城市中，女性购买服装、化妆品、鞋袜等商品的比例要明显高于男性，在一些城市设置"女人街"（如北京秀水街）也正是充分利用了这一特点。决策者们在为商业街定位之前，应充分考虑以上因素，不仅要分析消费者中各性别年龄段人口所占比例，还要对未来各年龄段人口数进行预测，注意下一阶段的变动趋势，不断调整，才能取得成功。

3. 消费者的职业特征。不同职业的人所处的工作、生活环境及收入水平差异较大，反映在消费上，也会形成较大的差异。如果把从事不同职业活动的人按脑力劳动者和体力劳动者粗分为两大类的话，我们可以看出，脑力劳动者的想象力和联想力较丰富，审美意识强，他们比较注重商业街的外观造型、橱窗陈列、色彩搭配等，对产品的追求注重品牌和内在质量。随着市场经济体制在我国的确立，在分析人口特征时，应兼顾不同单位类型的劳动者在需求中表现出的差异。一般而言，在外资企业工作的职员，工作节奏较快，自由支配的时间很少，所以他们购买商品的目的性较强，易出入固定的购买场所。另外，由于所处环境的关系，他们多追求高档名牌产品，女性对服装、化妆品及首饰的需求量较大。对这类消费者应体现出商品的新风格、新款式，时髦商品可以首先在他们身上展示出路。

4. 消费者的文化程度构成。消费者的文化程度构成，是人口素质中的一个重要部分，对商品需求的影响相当明显。人们的市场需求随人口文化结构的变化而不断变化。文化素质较高的消费者对文化消费等发展资料的市场需求相对较大；而文化程度构成较低的阶层，即使收入水平与知识分子阶层相当，其消费的重点往往仍停留在吃、穿、住等消费资料上。对于一个城市而言，由于一些历史原因，使得城市中不同地理区域内的居民及工作者的文化层次不同，进而也形成了消费的差异性，决策者们在商业市场定位之前，应充分了解到这一因素。同时需要注意的是，同样是大学及以上的人口，在业与不在业的人相比，他们的消费层次是不同的。比如大学生虽然在消费品位上有较高追求，但其收入状况大大约束了消费行为，这也是在大学周围较少能形成高档商业街的缘故。

5. 消费者的收入状况。消费者的收入，是影响消费构成和消费水平的重要因素，因而应成为商业、企业在商业街定位时考虑的重点。总的来说，收入高的消费者，他们的消费水平也较高，在面对同类商品和类似的商品时，往往会选择质量好而价格较高的商品。相反，低收入者就不具备这种消费能力。消费者的收入，也是市场规模大小的一个重要的测量器。

如果没有将消费者进行认真的分析，那么就不会有可能精确的定位，合理的商业布局，商品或服务的组合等相关的内容。因此对消费人群的定位分析是每一个商业地产开发商需非常慎重的事情。

四、商铺的经营业种及功能定位

1. 经营业种规划定位：确定各经营业种的种类、规模、各业种搭配等，使各业种能全面满足市场需求，同时各业种能协调发展，尽量避免主力店之间的同业竞争。

2. 功能规划定位：使建筑及各项配套能很好地满足项目的良性经营发展。

五、竞争定位

分析对比市场竞争商业项目，然后寻找自身项目的发展方向，确立自身的市场地位。

第三节　商业地产定位分析案例

案例一　某温州商贸城招商定位分析（节选）

一、温州商贸城做专业市场的理由
（一）支持温州商贸城做专业市场的理由
1. 交通便捷。位于扬锦公路和张扬公路旁，沿江高速直接接入长三角交通网络，便于向整个长三角辐射，能够降低销售产品的物流成本。
2. 体量及建筑形态支持。温州商贸城建筑面积约 11 万平方米，建筑形态主体两层，部分三层，适合做专业市场。
（二）温州商贸城不得不做专业市场的理由
1. 地段偏远。温州商贸城地段较为偏远，短时间内难以吸引客户前往零售消费，而专业市场针对性较强，能够较快地形成聚集效应。

2. 配套欠缺。温州商贸城周边配套较差，普通消费者难以在温州商贸城周边满足购物所产生的相关需求，而对于专业市场的客户，这方面因素的影响就要小得多。

二、温州商贸城招商定位方向的选择原则

（一）市场空白原则

不仅要立足在张家港，而且要立足于长三角区域，至少要在苏南地区寻找到市场的空白点，规避与成熟的大规模专业市场形成同质竞争。

（二）可行性原则

招商定位方向必须具有可行性，可操作性要强。

（三）可操作性原则

产品的定位必须满足易招商、易成市、易产生人流、物流、现金流的条件。

（四）成本导向原则

必须保证在温州商贸城拿到的货物价格比周边类似市场便宜，解决购买客户的成本问题，这样才能让温州商贸城真正兴旺起来。

三、温州商贸城招商的方向

1. 日用百货类。

2. 小商品类。

3. 成衣棉纺类。

4. 女性用品类。

5. 儿童用品类。

四、温州商贸城的业态定位

整体定位为妇女儿童用品交易广场，涵盖妇女用品、儿童用品、床上用品等类别。

五、定位妇女儿童用品交易市场的依据

1. 商业有特色：特色商业定位吸引两大消费主体——女性与儿童。

2. 零批易共存：女性用品、儿童用品和床上用品的商业定位，既可以满足单个消费者对其的零散需求，同样也可以满足团购和向下层经销商批发的特征。

3. 产业有支持：能够在长三角范围内寻找到比较有力的产业支持。

4. 招商易成功：此商业定位在长三角能够找到大量生产企业和流通商入驻本案。

5. 产品有市场：调研显示，以中青年为主的工人阶层，对于女性用品、儿童用品具有较大数量的需求，且其消费具有较强的冲动性和随机性。而高收入阶层亦经常驱车前往杭州、常熟、上海等地购买女性用品、儿童用品和床上用

品，三种产品在张家港具有较强的市场需求。

6. 仓储要求低：温州商贸城目前的 1 层门店，2、3 层仓库的仓储条件能够满足经营户的仓储要求。

7. 市场有空白：苏南地区目前还没有较大规模的专业化的妇女和儿童的专业市场，以专取胜，是本项目的重要法宝。

8. 人流易聚集：此商业定位符合各年龄层次，而且具有群购、冲动性、随机性消费倾向，人流易聚集，并形成滞留。

9. 整改要求少：温州商贸城目前的产品形态等各方面均比较适合做此定位市场，定位变动后发生的相应整改较少，也能节约部分成本。

10. 易生现金流：现有的商业定位属于日用消费品，季节性消费不明显，且多数不属于耐用品，易产生现金流对于本新兴市场至关重要。

11. 政府必支持：现有的商业定位一旦成形，不但解决大量社会就业问题，而且能为政府提供大量财税收入，并且有可能成为张家港商业历史上的一座丰碑。

六、招商原则

作为招商工作的指导方法和今后张家港妇女儿童用品交易广场工作的开展方向，始终围绕、贯穿本案的经营理念和战略定位并组织实施招商朋友化、特色街区化、长三角品牌化、时尚潮流化、批零兼营化、效益最大化的招商原则，符合了本案的经营理念、战略发展规划和定位要求。

七、招商前提

（一）政府支持

核心支持：对市区内老市场如跳蚤市场、小商品市场、步行街小商品市场等进行关、停、并、转，并归口到本案乃上上之策。

支持一：凡进入"广场"的经营单位和个人，开业前直接帮助办工商、税务理注册登记，自广场开业之日起第一年免征营业税地方留成部分，免征工商管理费，第 2、3 年减半征收。

支持二：进入"广场"的合法经营户，所得税实行地方留成部分第一年免征，后两年减半征收，安置失业、下岗职工按国家规定比例的另外享受劳动就业服务企业有关税收优惠政策。

支持三：进入"广场"的合法经营户，凡符合规定条件的，按规定程序可以认定为增值税，并按规定使用增值税专用发票。对实行定期定额税的经营户，经税务部门批准，可采取按年核定税额。

支持四：在"广场内"成立的从事餐饮、浴场、娱乐等配套性的行业和商家，经营部门认定三年内免征营业税留成部分及个人所得税。

支持五：（不含有偿服务性收费）两年内免收政府批准的各项地方性收费。

支持六："广场内"有关服务性收费项目和收费标准由市场管理委员会申报物价部门批准后实施，禁止各种摊派和强制性征收费用。

支持七：对进入"广场"的所有管理费用可实行统一扎口收取的方法，工商、税务部门应征收的税费可分别委托市场管理委员会按时代收代缴。有关部门必须主动为经营户提供优质服务。

支持八：对市内各小商品市场和不符合消防要求的场所进行强制性关停并由主要领导带头和本案进行对接，实际操作人员和主要挂帅领导一定要把他们套住，尤其是市里一、二把手及其手下重要爱将。

支持九：必须尽量把物流、仓储、邮政、电信、银行等城市配套和生活配套向本案倾斜并给出相应的政策支持。

支持十：政府不能随时、随地、随意来打假或者检查，要极力维护温州商贸城的声誉。

（二）开发商搭台

搭台一：重组经营管理公司，进行统一规划、统一经营、统一管理；

搭台二：进入广场内的妇女儿童用品行业，由开发商免费安装统一规格的店面招牌；

搭台三：对前 50 名进驻的家纺、妇女儿童用品商家，可享受一定的租金优惠；

搭台四：租赁广场商铺的合法经营户，承租为 3 年，在经营过程中享受"第一年免半年租金，第二年返还 3 个月租金，第三年返还 1 个月租金"的优惠政策；

搭台五：进入市场的合法经营户，在试营业期间除各商铺的水电费自理外，其余费用一律免除，并免费享受半年仓储服务；

搭台六：开发商郑重承诺，租赁一年后有权无理由退房并返还开业保证金。

八、招商品类

（一）儿童用品

● 婴儿用品（奶瓶、奶嘴、湿纸巾、纸尿裤、理发器等）

玩具（奇智奇思、儿乐宝等）

奇智奇思（k's kids）益智玩具；美国★孩之宝（儿乐宝）PLAYSCKOOL；迪孚（国内玩具销售状元）

● 服装、鞋帽

婴幼童帽；婴儿；童袜；婴儿鞋、童鞋；美国卡拉尤娜 Croyola 婴、童鞋

● ★好孩子★童车童床木餐椅、★宝贝第一★汽车安全坐椅

好孩子；电瓶车；汽车安全坐椅

● ★奶粉★美国雅培，美赞臣，德国美素，雀巢，惠氏，羊奶粉等

美赞臣；美国雅培；德国美素；雀巢；惠氏；多美滋；美可高特羊奶粉

● 食品（婴儿辅食）

亨氏一段辅食（4~24 个月）；亨氏二段辅食（6~24 个月）；亨氏三段辅食（8~24 个月）

● 图书、音像、婴儿卡片、婴幼儿图书、育儿图书

婴儿卡片；婴幼儿图书；育儿图书

● 浴盆、浴床、坐便器

日康牌

● 儿童饰品

● 婴儿游泳设备（游泳池、游泳圈）

童帽

童装

童鞋

婴儿用品

童车

童袜

（二）妇女用品

美发护发

化妆盒；箱；包

化妆工具

绿色美颜保健品

保健器械

保健滋补

美颜护肤

其他化妆品

其他保健品

香水；香熏；精油

彩妆

美体

个人洗护用品

防晒系列

护手系列

卸妆系列

女包

女士配件

其他

女鞋；袜

女帽手套

女上装；套装

女裙；女裤

情侣装

唐装；中式服装

婚纱；礼服

泳装

女用内衣

品牌内衣

银制饰品；玻璃饰品

藏饰、其他民族饰品

珍珠；琥珀；水晶；珊瑚类饰品

首饰盒

仿真饰品

黄金；铂金；钻石类饰品

首饰保养品

眼镜；护理产品

世界名表

其他时尚饰品类

（三）床上用品

被子

枕芯

四件套

儿童床

婚庆用品

被芯、羊毛被、丝被、纤维被、空调被、羽绒被、羊绒被、睡袋、枕套、被套、床单、床笠、床罩、太空枕、纤维枕、荞麦枕、木棉枕、乳胶枕、香薰枕、其他枕芯，羊毛褥、羊剪绒毯、拉舍儿毯、棉毯、真丝毯、羊毛毯、其他毯子、电热毯，垫子、保洁垫、靠垫、夏凉产品各类纺织面料

案例二　银川××商城业种定位分析及设想

前　言

银川××商城，银川的商业中心，业种的选择与规划，将直接关系到这个城市商业经济发展的方向。一个项目想要成功，准确的定位是必不可少的因素。目前的银川商业市场业态业种的规划比较混乱，消费者无法在经过统一科学业态规划的区域内进行清晰满意的消费。银川商城，作为银川重点的商业建设项目，无论是在地段所处、规划设计以及将来的经营管理模式上，都具有前瞻性，拥有周边商圈内其他项目不可比拟的优势。

选择业种是需要谨慎和负责的。银川××商城作为一个悠久的商业品牌；一个城市核心商业的定位；一个辐射周边的大商城。在进行业种规划时需要考虑各方面的影响与可借鉴因素。因此在本文中，我们将原银川××商城的业种规划、周边竞争个案的业种规划、来访客户的建议、原经营户的意见、工商管理部门的意见以及本接待中心之前暂定的银川××商城业种规划方案进行对比，以明确现银川××商城业种规划的合理性。

第一篇　原银川××商城业种定位

总　述

银川××商城实际上是一个老商业改造项目。由于银川××商城在宁夏本身的商业地位就非常地重要，且影响了银川人民十几年的商业活动，因此考虑到广大客户的认同问题，我们必须了解原银川××商城的业种规划，并取其精华，摒弃其混乱的历史布局，给银川人民一个崭新的商业城。

一、原银川××商城业种规划表

楼　层	业　种	比　　例
一　层	服装、鞋类、二手手机、日用小百货、农贸产品、南北干货、小型餐饮、民族用品	农贸产品: 15% 南北干货: 10% 二手手机: 12.5% 鞋类: 12.5% 服装: 30% 沿内街 日用小百货: 20% 民族用品: 沿（内）街、中心广场 小型餐饮: 沿（内）街
二　层	服装	男装: 30% 女装: 50% 童装: 20%

续表

楼 层	业 种	比 例
三 层	服装（同二层）、日用小百货	日用小百货：25% 男装：15% 女装：55% 童装：5%

● 比例是指某业种占整个楼层的营业面积比例。

● 部分小业主存在同时经营多个业种的情况，在此以其主要经营的业种为主。

二、原银川××商城业种规划分析

● 首先，可以看出原银川××商城的业种规划比较混乱。例如：一层有经营服装、日用小百货，二层、三层也有经营服装、日用小百货。这就造成每个楼层的业种重复，作为客户来说，能在一层购买到的东西就不会上二层、三层去购买，势必形成二层、三层的生意没有一层的生意好。

● 从分析中可以得出，原商城中几大业态，如服装、鞋类、童装等占了非常大的比例，同时也是整个商业业态比例分布中比较常见的现象。

● 原业种规划中，由于是三层设计。一楼以部分服装和大部分百货为主；此规划方式虽然符合银川习惯，但由于其形象不高，不能够应用于新商城的规划。

● 原银川××商城的业种规划中，存在一定比例的农贸产品、南北干货的食品行业，考虑到以后银川商城的整体形象，我们建议暂不将其列入规划业种中去。

总　结

银川××商城进行改造，就是因为其原有规划过于混乱、经营管理不力、建筑格局老旧所致。因此我们不可能完全借用银川××商城以前的商业业种规划，但我们会充分地考虑其布局的特点、规划的比例等诸多因素。如比较杂乱的日用百货放在比较低的楼层；服装所占比例较大，比较适合放在较高的楼层；等等。

第二篇　原经营户调查意见

总　述

银川××商城项目是属于银川市委市政府非常关心的商业项目改造工程。银川××商城对外公开销售之前最关键的就是处理好原经营户的问题。因此，在进行业种规划的时候我们要充分考虑到原经营户的想法，了解他们的思路。

当然，原经营户虽然很重要，但毕竟只属于整个大市场中部分人的意愿，不代表全面性。因此，我们既要听取其意见，妥善将其安置，又不能以偏概全，要考虑多个方面的因素。

一、有关经营户经营业态的问题

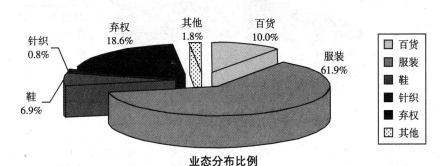

业态分布比例

说明：
(1) 选择服装的经营户较多，在将来业态布局上应作为重点考虑；
(2) 经营户普遍反映百货应设在二楼，因为百货多数为批发，楼层不宜过高；
(3) 经营户认可服装和鞋设在三楼、四楼均可接受；
(4) 所有带批发性质的经营户应该集中式经营，不宜分散，且楼层不宜超过二楼。

二、有关新商城经营档次的问题

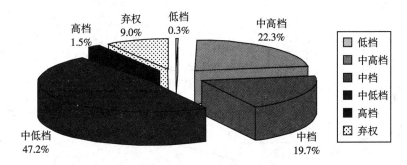

将准备经营商品的档次

说明：
(1) 大部分经营户认为新商城各项档次都提高了，认为经营的品类和档次也应做出相应的调整；
(2) 部分经营状况不是太好的经营户对经营品牌的意识较弱，同时也认为没有足够的资金和进货代理渠道；
(3) 绝大多数经营户认为银川市的消费水平为大众消费，所以银川××商城的定位应该大众化。

三、有关新商城准备经营模式的问题

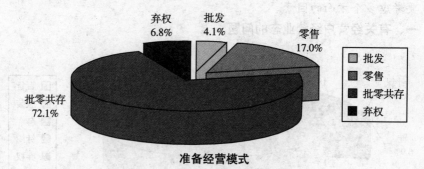

准备经营模式

说明：

（1）由于受老商城经营模式的影响，绝大部分经营户认为批零共存的方式最好，以批发带动零售；

（2）经营品牌的经营户认为零售最适合银川××商城，做批发提升不了新商城的档次；

（3）批零共存对物流的配套综合服务提出了新的要求。

四、有关经营楼层选择的问题

1. 经营户现有业种主要集中在服装、百货、鞋类三大类。

2. 服装经营户主要选择二、三楼，百货商户选择一、二楼。

3. 经营户认为业态设置不宜过细，且业态设置不能重叠。

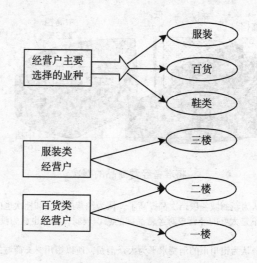

第三篇　竞争个案业种分析

总　述

由于银川××商城核心商业的作用，近几年来在银川××商城的周围兴起了不少大中型商业项目，由于同时属于市场群内，这些商城多是以批发零售相结合的方式来进行经营。

这些项目是近几年才兴建起来,具备一定的规模,都临近银川××商城而建,目前经营的情况又都不错,因此它们的业种规划对于银川××商城来讲有非常强的借鉴意义。

一、东方商城

楼层比例统计

楼 层	业 种	铺位数(个)	占楼层比例(%)
一 层	饰品	54	21.4
	箱包、皮具	45	17.9
	文体用品	45	17.9
	化妆品	29	11.5
	家饰	22	8.7
	日用品	20	7.9
	玩具	17	6.7
	小家电、电子产品	14	5.6
	日用五金	4	1.6
	音像制品	2	0.8
总 计		252	100
二 层	内衣	101	38.0
	床上用品	51	19.2
	袜子	38	14.3
	针织家纺	23	8.6
	睡衣	19	7.1
	帽子	9	3.4
	泳衣	8	3.0
	童装	7	2.6
	男式衬衫	6	2.3
	日用品	3	1.1
	雨具	1	0.4
总 计		266	100
三 层	女式休闲服	192	73.6
	男式正装	21	8.0
	牛仔系列	20	7.7
	男式休闲服	20	7.7
	羊毛衫	4	1.5
	饰品	2	0.8
	女士正装	2	0.8
总 计		261	100

续表

楼 层	业 种	铺位数（个）	占楼层比例（%）
四 层	童装	109	49.8
	女鞋	69	31.5
	童鞋	11	5.0
	床上用品	10	4.6
	男鞋	9	4.1
	运动鞋	6	2.7
	婴幼用品	4	1.8
	日用品	1	0.5
总 计		219	100
沿 街	日用品	8	32
	小吃	4	16
	日用五金	3	12
	文体用品	3	12
	副食品	3	12
	针织家纺	2	8
	家饰	2	8
总 计		25	100

铺位总比例统计

业 种	总铺位数（个）	占总铺位数比例（%）
女式休闲装	192	18.8
童装	116	11.3
内衣	101	9.9
女鞋	69	6.7
床上用品	61	6.0
饰品	56	5.5
文体用品	48	4.7
箱包、皮具	45	4.4
袜子	38	3.7
日用品	32	3.1
化妆品	29	2.8
针织家纺	25	2.4
家饰	24	2.3
男式正装	21	2.1
牛仔系列	20	2.0
男式休闲服	20	2.0

续表

业 种	总铺位数（个）	占总铺位数比例（%）
睡衣	19	1.9
玩具	17	1.7
小家电、电子产品	14	1.4
童鞋	11	1.1
男鞋	9	0.9
帽子	9	0.9
泳衣	8	0.8
日用五金	7	0.7
运动鞋	6	0.6
男式衬衫	6	0.6
婴幼用品	4	0.4
羊毛衫	4	0.4
小吃	4	0.4
副食品	3	0.3
音像制品	2	0.2
女士正装	2	0.2
雨具	1	0.1
总 计	1023	100

二、温州商城

楼层比例统计

楼 层	业 种	铺位数（个）	占楼层比例（%）
一 层	饰品	77	23.3
	箱包	76	23.0
	工艺礼品	45	13.6
	化妆品	34	10.3
	小家电、电子产品	23	7.0
	文体用品	22	6.7
	日用五金	15	4.5
	玩具	13	3.9
	日用品	10	3.0
	音像制品	6	1.8
	小金铺	3	0.9
	童车	3	0.9
	皮具、皮带	3	0.9
总 计		330	100

续表

楼 层	业 种	铺位数（个）	占楼层比例（%）
二 层	内衣	89	23.4
	床上用品	56	14.7
	家居饰品	49	12.9
	袜子	37	9.7
	针织家纺	27	7.1
	睡衣	26	6.8
	泳衣	17	4.5
	童装	13	3.4
	化妆品	12	3.2
	女式休闲服	11	2.9
	中老年服	9	2.4
	帽子	8	2.1
	男式衬衫	8	2.1
	包	4	1.1
	男T恤	4	1.1
	男内衣	4	1.1
	工艺礼品	2	0.5
	日用品	2	0.5
	男裤	2	0.5
总 计		380	100
三 层	童装	86	33.1
	女鞋	80	30.8
	男鞋	38	14.6
	运动鞋	18	6.9
	童鞋	18	6.9
	婴、幼系列	11	4.2
	日用品	9	3.5
总 计		260	100
四 层	少女装	92	24.9
	淑女装	74	20.0
	男裤	33	8.9
	男式休闲服	28	7.6
	男式T恤	28	7.6
	牛仔系列	23	6.2
	中老年服装	23	6.2
	运动系列（女）	22	5.9

续表

楼 层	业 种	铺位数（个）	占楼层比例（%）
四 层	女裤	21	5.7
	男式衬衫	14	3.8
	男式正装	5	1.4
	品牌男装	3	0.8
	运动系列（男）	2	0.5
	内衣	1	0.3
	品牌女装	1	0.3
总　计		370	100
五 层	淑女装	78	28.9
	女裤	35	13.0
	男裤	28	10.4
	男式T恤	23	8.5
	男式休闲服	22	8.1
	中老年服装	21	7.8
	少女装	16	5.9
	女式休闲服	14	5.2
	男式衬衫	13	4.8
	牛仔系列	8	3.0
	品牌女装	7	2.6
	男式夹克	3	1.1
	男式正装	2	0.7
总　计		270	100
沿 街	窗帘	2	9.5
	童装	1	4.8
	男女休闲服	1	4.8
	化妆品	1	4.8
	针织家纺	1	4.8
	烟酒	1	4.8
	男式夹克	1	4.8
	男式T恤	1	4.8
	男式衬衫	1	4.8
	文体用品	2	9.5
	工艺礼品	3	14.3
	品牌男装	3	14.3
	品牌女装	1	4.8
	男裤	1	4.8
	童车	1	4.8
总　计		21	100

铺位总比例统计

业 种	总铺位数（个）	占总铺位数比例（%）
淑女装	152	9.3
童装	118	7.2
少女装	108	6.6
内衣	90	5.5
女鞋	80	4.9
箱包	80	4.9
饰品	77	4.7
男裤	64	3.9
女裤	56	3.4
床上用品	56	3.4
中老年服装	54	3.3
男式T恤	52	3.2
男式休闲服	51	3.1
工艺礼品	50	3.1
家居饰品	49	3.0
化妆品	47	2.9
男鞋	38	2.3
袜子	37	2.3
男式衬衫	35	2.1
牛仔系列	31	1.9
针织家纺	28	1.7
睡衣	26	1.6
文体用品	24	1.5
小家电、电子产品	23	1.4
运动系列（女）	22	1.3
日用品	21	1.3
运动鞋	18	1.1
泳衣	17	1.0
日用五金	15	0.9
女式休闲服	14	0.9
玩具	13	0.8
婴、幼系列	11	0.7
休闲（女）	11	0.7
品牌女装	9	0.6
帽子	8	0.5
男式正装	7	0.4
音像制品	6	0.4

续表

业　种	总铺位数（个）	占总铺位数比例（%）
品牌男装	6	0.4
童车	4	0.2
男式夹克	4	0.2
男式内衣	4	0.2
男 T 恤	4	0.2
小金铺	3	0.2
皮具、皮带	3	0.2
运动系列（男）	2	0.1
窗帘	2	0.1
烟酒	1	0.1
总计	1631	100

三、银川大世界

楼层比例统计

楼　层	业　种	铺位数（个）	占楼层比例（%）
一　层	男鞋	79	50.0
	女鞋	71	44.9
	童鞋	8	5.1
总　计		158	100
二　层	日用品	33	20.0
	化妆品	30	18.2
	针织家纺	22	13.3
	箱包、皮具	20	12.1
	童装	19	11.5
	袜子	17	10.3
	男式衬衫	13	7.9
	玩具	11	6.7
总　计		165	100
三　层	女式休闲服	98	61.3
	男式休闲服	48	30.0
	牛仔系列	14	8.8
总　计		160	100
四　层	精品男装	144	98.0
	牛仔系列	3	2.0
总　计		147	100
沿　街	流行服饰	13	76.5
	小吃	4	23.5
总　计		17	100

铺位总比例统计

业　种	总铺位数（个）	占总铺位数比例（%）
精品男装	144	22.3
女式休闲服	98	15.1
男鞋	79	12.2
女鞋	71	11.0
男式休闲服	48	7.4
日用品	33	5.1
化妆品	30	4.6
童装	27	4.2
针织家纺	22	3.4
箱包、皮具	20	3.1
袜子	17	2.6
牛仔	17	2.6
男式衬衫	13	2.0
流行服饰	13	2.0
玩具	11	1.7
小吃	4	0.6
总计	647	100

四、项目周边市场分析

● 通过上述三个已开业商场来看，虽然业种规划有些混乱，但都有一些共同点，就是服装类都放在较高楼层，这样做可以利用顾客对服装的消费热情来消除业主对高楼层的对抗心理。

● 品牌服装相对来说比较少，并都放置在最高的楼层，经过实际调研，人流量相对来说比较少。目前周边的市场还是以经营低档品牌为主。

● 另一个商品消费大类——小百货也占据了很大的销售份额，从东方商城和温州商城来看，都将这一大类放在低层，希望能起到聚集人气的作用。

● 轻纺的份额相对来讲都比较大，在每个商场的布局都基本上达到了一个楼层。

● 均为综合性市场布局，除了所占比例最大的服装外，占有比例比较大的业种还有鞋类、轻纺、小百货、童装等。

● 由于周边项目的规模都不是很大，且均采用综合经营的模式，所以每个业种的规模都不是很大，银川××商城在进行此类业种的规划时，可以利用规模来提升业种在整个银川市的商业地位。

第四篇 累计客户经营业种分析
总 述

对于本项目而言，在销售过程中有一些特殊性。首先，原经营户的安置及优先购买、租赁的问题，如果这个问题能够得到妥善的解决，那我们的销售工作就成功了一大半。而我们现在在制定现银川商城业种的时候，一方面要结合原银川商城经营户所经营的产品，并以原银川××商城的业种分布及比例作为重要参考依据；另一方面我们陆续接待了数千组客户，他们基本上可以代表银川市场的一个基本需求。现就登记累计客户所经营的业种做出分析。

一、经营业种及经营方式分析

经营业种	男士服装	占总比例	女士服装	占总比例
累计来电	36	5.24%	157	22.85%
累计来访	373	7.48%	1496	30.00%
经营业种	童装	占总比例	品牌服装	占总比例
累计来电	11	1.60%	12	1.75%
累计来访	68	1.36%	142	2.85%
经营业种	裤子	占总比例	小百货	占总比例
累计来电	1	0.15%	104	15.14%
累计来访	32	0.64%	680	13.64%
经营业种	鞋（帽）	占总比例	五金家电	占总比例
累计来电	34	4.95%	2	0.29%
累计来访	267	5.35%	19	0.38%
经营业种	餐饮	占总比例	床上用品、针织	占总比例
累计来电	2	0.29%	18	2.62%
累计来访	9	0.18%	122	2.45%
经营业种	箱包	占总比例	化妆品	占总比例
累计来电	5	0.73%	8	1.16%
累计来访	35	0.70%	48	0.96%
经营业种	布料	占总比例	办公用品	占总比例
累计来电	2	0.29%	5	0.73%
累计来访	10	0.20%	24	0.48%
经营业种	钟表	占总比例	玩具	占总比例
累计来电	0	0.00%	2	0.29%
累计来访	9	0.18%	11	0.22%
经营业种	土特产	占总比例	工艺品	占总比例
累计来电	2	0.29%	5	0.73%
累计来访	23	0.46%	47	0.94%

续表

经营业种	饰品	占总比例	混合服装	占总比例
累计来电	11	1.60%	28	4.08%
累计来访	22	0.44%	277	5.55%
经营业种	未定	占总比例	总计	
累计来电	215	31.30%	687	
累计来访	1425	28.57%	4987	

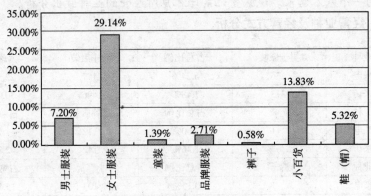

登记客户业种意向比例图1

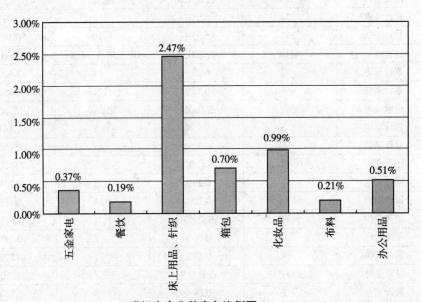

登记客户业种意向比例图2

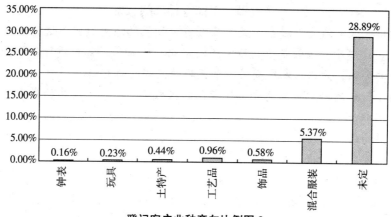

登记客户业种意向比例图3

二、累积客户业种倾向性分析

从上表可以看出，通过对累计客户的经营业种的统计可见服装在所有业种中占的比例最大，此外是小百货、鞋。从长远来看，这些商品大多数属于易损耗的商品，存在着不断更换的问题。所以在进行业种规划时，服装、小百货、鞋还是应该保持一定的比例，既能满足市场实际需求，也能创立规模优势。

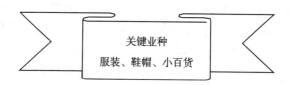

关键业种

服装、鞋帽、小百货

三、客户对银川××商城业种规划的建议

1. 部分客户建议鞋类应该和服装处于上下层相邻的位置，可以通过服装业来带动鞋业。对地下一层很不认同，不太愿意购买地下一层的铺位。

2. 把针织类及床上用品等规划到五楼，估计此类客户是受到温州商城二楼生意不好现象而产生的想法。

3. 适当地引进一些餐饮、休闲类商铺，使商城的设计增强人性化。

4. 因为五层楼层较高，人气不足，应该集中做服装批发。

5. 应该把整个商场定位在中低档，才能符合银川当地的消费能力。

6. 将3楼、4楼、5楼都定位为服装，使服装的规划面积太大，认为应该适当调整。

第五篇　工商管理部门意见

银川××商城是在社会主义市场经济大发展的历史时机下进行的大规模改造工程。建成后，不管是业态的定位还是业种的布局，都必须符合社会主义市场经济的要求，为银川人民提供一个繁华的便利的商业城。

为了听取政府中对工商业比较专业的权威部门——工商局的意见，我们特别邀请其参加了一次会议，共同讨论了关于银川商城业种规划的问题。在会议上，工商局的各位领导对于我公司所提出的《银川××商城业种规划建议》表示十分的认同。并提出了许多诚恳有建设性的意见。

工商管理部门对银川商城业种规划的意见。

● 银川××商城是银川的重点建设工程，银川的核心商业、业种规划要体现银川市的发展，要能够带动银川的大发展。

● 要充分考虑原经营户的安置问题，通过业种规划能够为以后的安置工作打下一个良好的基础。

● 要考虑到银川××商城以后的整体形象，要体现出现代银川商业的风采。

● 基本赞同××公司所提出的《银川××商城业种规划建议》。

第六篇　银川××商城业种规划设想
总　述

银川××商城是银川市重点建设工程，是一个关乎到银川未来商业发展的大型商业项目。本着商业房产开发的职业精神，我们必须考虑到银川××商城未来持续繁荣兴旺发展的问题。因此，我们在业种规划方面进行了长时间的工作，综合考虑了各方面的因素，以期望能够制订出最符合银川××商城未来定位的业种规划。

根据前文所述，我们综合考虑了多个方面的影响因素。

第一，我们参考了原商城的业种规划，参考了原商城业种规划的种类、分布与比例关系；

第二，我们对银川市内多个商业项目进行了详细的业种规划分析，充分考虑银川的实际销售习惯，为业种规划做借鉴；

第三，中国东北和西北的几个大型市场代表了中国商业发展的基本方向，我们专门抽调专业团队进行了系统的考察，以明确未来商业发展的趋势；

第四，银川××商城的原经营户数量庞大，为了平稳地解决销售和招商问题，我们也借鉴了他们的意见；

第五，对于对银川××商业比较了解的工商管理部门，我们专门开了座谈会，考虑了他们的意见；

第六，银川××商城已经积累了数千名意向客户，他们对业种的设想，基本上代表了银川商家的实际需求，因此我们也进行了充分的借鉴。

考虑了多方面的意见后，经过多次讨论论证，我们对银川××商城已经有了一个初步的设想。

在业态方面。我们将银川××商城初步设想为一个批零兼营的大型综合性中心商业体，成为银川商业的一个标志性商业项目，商业影响力辐射整个银川，乃至内蒙、陕西、甘肃、青海等省区。

在经营档次方面。银川××商城在原来经营档次的基础上将获得提升，高出一个标准。带领东方商城、温州商城等商业体形成一个标准的繁华的商业区。

在经营管理方面。银川××商城日后将会统一管理，彻底告别混乱的局面。由专业的商业管理公司逐步强化各经营户的经营能力，辅导经营，使整个商城的形象力和经营力获得全面的提升。

鼓楼步行街从银川××商城通过，银川××商城也就成了鼓楼步行街的南大门。因此，我们针对这一情况对银川××商城的一楼，特别是商城的沿街商铺，进行了严格的形象要求，将使其成为银川鼓楼步行街上的一大亮点，在一定程度上提升鼓楼步行街的经营格调。这些要求包括：

第一，商城内部步行街的沿街营业房主要以精品为主，加上银川商城内颇具特色下沉式广场和步行街设计，能够形成银川鼓楼商业区内商业和景观相互融合的特色。

第二，在利群东街沿街营业房的业种选择上，我们主要考虑了其与新华百货购物中心和银川大世界之间的共同发展、相互促进的问题。

第三，市场巷的业种选择上，主要是考虑与东方商城的互动，在与东方商城之间形成一个比较兴旺的商业街。

第四，在南薰东街沿街营业房的业种选择方面，主要是考虑提升南薰东街的商业格局与格调，并与温州商城互动。

第五，对于市巷的沿街营业房，我们的设想主要是与中房互动，使其能够成为非常繁荣、有特色的商业街。

银川××商城业种规划得切实与否，关系到商业的整体发展和趋势，并对整个城市的商业格局都具有很强的影响。因此，我方综合考虑了各方面的因素，提出以下业种规划的设想。

地下一层

楼层	区域	业态	业种	比例
负一层	A区	男鞋	男鞋	33%
			运动鞋	
			休闲鞋	
	B区	女鞋	女鞋	33%
	C区	箱包	时尚女包	17%
			旅行大箱包	
			运动休闲包	
			商务公文包	
			钱包、票夹及其他相关皮件	
	D区	童装系列	童装	17%
			童玩	
			童鞋	
			孕妇装	
			婴幼用品	

地上一层

楼层	区域	业态	业种
一层	沿街		精品店
	A区	数码通信	手机及配件
			电话
			IT产品及配件
	B区	饰品类	头饰
			服装饰品
			手机饰品
			工艺礼品
			书画藏品、商务礼品
			烟酒、保健品、茶
			钟表眼镜、金银首饰、珠宝玉器
	C区	文体用品	文具
			办公用品
			体育用品
			图书音像
			学生用品
	D区	化妆品	化妆品
			美容美发、美甲、香熏

地上二层

楼层	区域	业态	业种
二层	A区	针织	羊毛衫
			羽绒
			毛衣
			T恤
	B区	家居家饰	灯饰及附件
			工艺装饰品
			水晶/玻璃及制品
			窗帘布艺
			壁饰
			地毯、挂毯
			工艺摆设
			仿真植物
			床上用品
			家用挂件装饰用品
	C区	针织	袜子、手套
			丝巾、围巾、雨具
			民族服饰及饰品
			针织轻纺用品
			帽子
	D区	针织 (三衣系列)	内衣
			睡衣
			泳衣

地上三层

楼层	区域	业态	业种
三层	A区	男士服装	休闲装
	B区	服装	老年装
			运动装
			运动器械
	C区	裤子 牛仔	男裤
			女裤
			牛仔裤
			牛仔服
	D区	男士服装	男正装
			衬衣
			男性服饰

地上四层

楼层	区域	业态
四层	A 区	女职业装
	B 区	流行女装
	C 区	淑女装、休闲装
	D 区	少女装

地上五层

楼层	区域	业态	业种
五层	A 区	家饰礼品	挂饰
			工艺摆设
			仿真植物
			壁饰
			小礼品
	B 区	大众女装	大众女装
	C 区	家电五金	小家电
			小五金
			厨卫用品
			雨具
			灯饰
			塑料制品
	D 区	大众服装	大众服装
			劳保用品

　　结合现代经营管理模式对商场内部将进行清晰的业种规划，严格区分每层楼的业种，以便形成良好的专业市场气氛，这样不仅在营业时有利于顾客选购商品，有利于商场日后的经营管理，形成良好的经营氛围，同时也有利于银川××商城日后永旺经营的顺利进行，对本项目今后的规范发展有着不可忽视的作用。

综　述

　　银川××商城是能够影响到银川商业经济的大型商业项目，受到各方面人士的关注。一方面既要考虑市场的需求，另一方面也要考虑到原经营户的安置问题。

　　本文所述的业种规划方案，就是在汲取了原银川××商城、银川市周边市场、外地市场业种规划的调研结果；原经营户、工商管理部门、已经登记客户的具体意见和倾向而制订出来的。我们一方面要考虑原经营户的平稳处理；另一方面也要为以后的经营管理和可持续兴旺发展做考虑。因此，经过多方讨论，我们提出了这份业种规划建议，希望能够解决原经营户问题，兼顾销售问题和后期经营管理问题，使银川××商城永远作为银川的核心商业。

第四章　商业地产策划书的撰写

　　营销公司在接受代理楼盘时，发展商往往会要求其写出"营销策划书"。根据"营销策划书"的好坏，发展商决定由哪一家营销公司来代理其楼盘，所以，"营销策划书"制作的好坏，基本上决定了营销公司生存的命运，也是一个地产策划代理公司和策划人的必修课。一份好的"营销策划书"，必须由营销公司的研展部门、企划部门、业务部门通力合作，才能很好地完成。撰写"营销策划书"时，首先必须要求发展商提供个案资料、建筑规划设计初稿或蓝图，以及其他相关资料。在此基础上，再收集个案所处区域的都市计划图、人口统计资料、交通建设计划、公共工程建设计划及其他利多利空资料。同时，还要收集该个案区域市场的市场调查资料表，作为"营销策划书"的附表，据以作为提出"价格建议"、"产品定位"的数据资料。

　　一般说来，"营销策划书"并没有统一的格式和内容，但是，大部分的"营销策划书"都是针对发展商的需要而撰写的，通常包括下列内容：

一、研展部分

　　1. 项目简介：其内容包括开发商、基地面积、总建筑面积、住宅面积、公建面积、容积率、绿化率、建筑密度、停车位、自行车停放面积、住宅总套数、地理位置等。

　　2. 区域市场分析：其内容包括地理位置、交通配套、个案市调等。

　　3. SWOT 分析：主要是在区域市场分析的基础上分析本案的优势（Strength）、弱点（Weakness）、机会点（Opportunist）及存在的问题（Threats）。

　　4. 客源分析：包含客层分析、年龄层分析、客户来源分析等。通过对目标客户的分析，从而可以对产品进行定位。这部分内容通常可以用饼图来显示，较直观。

　　5. 产品定位：包括产品建议、价格建议及付款建议。在产品建议中必须罗列出为什么这样定论的理由和房型配比建议，在价格建议中也要罗列出定价的理由以及随工程进度和销售率可能达到的价格。

二、企划部分

1. 广告总精神。
2. 诉求重点。
3. NP 稿标题初拟。
4. 媒体计划。

三、业务部分

主要包括销售阶段的分析、业务策略及执行计划两大部分。其中销售阶段分析一般分为三阶段（引导期、强销期、持续期）做详细阐述。业务策略及执行计划也分为三部分：策略拟定、销售通路及业务执行等。

完成了以上研展、企划、业务三大部分的报告后，一份提案报告书基本上出来了，但最后不要忘记还有一个关键的事情必须在报告书里涉及，那就是与开发商的"合作方案"，营销公司一般可以有三种代理的方式：

1. 纯代理。
2. 代理（包括广告）。
3. 包销。

这三种方式的代理价格与佣金提取方式都是不同的，可以在报告书中罗列出来，由发展商去选择，双方再做进一步的商讨。"提案报告书"写出来后，做一个闪亮的包装也是很必要的。这可以给开发商一个醒目的感觉，使开发商感觉营销公司对提案报告是相当重视的，也可以让开发商对营销公司的实力有充分的了解，从而赢得开发商的信任。

总之，撰写"提案报告书"的主要目的在于能够成功地取得销售代理权，让开发商对项目代理和营销成功有足够的信心。

四、地产策划之道："以正合，以奇胜"

成功的房地产策划最重要的不是靠什么高招奇招，最重要是靠踏踏实实的规范操作；只要在每一步的操作都到位的基础上，再加上一些突破之举，策划才能绽放异彩，取得成功！策划工作中应把握以下关键要点：

（一）时机（投资开发的时机）

投资时机的决定是建立在对房地产市场把握的基础上。如果对投资开发时机的决策失误，则你所策划的项目很可能在未出世前已注定失败。对时机的把握关键是你要清楚在什么时候应投资开发什么类型的房地产，还要清楚在不同的时期，房地产投资的利润水平会有所不同。因此，做好项目的前期分析是策划的第一步工作。

（二）位置（项目开发所在的地理位置）

位置的选择取决于发展商的投资眼光。同样一块地，对于不同的投资者有不同的价值；不同位置的地块，其地价水平也不同，在选择位置时要清楚地明白成本是楼宇总建造成本中起决定性的因素，能否取得物有所值的地块将直接影响着投资的利润水平。因此，了解发展商地价水平，做好项目的可行性分析是策划的第二步工作。深圳"罗湖商业城"地块是物业集团在 20 世纪 90 年代以 4.2 亿元的天价投标所得，这在当时被认为是一个失败的投资项目，但现在看来，再没人怀疑其敏锐的投资眼光了。

（三）定位（市场定位、产品定位及规划设计等）

你的市场定位是否适应市场的需求，产品定位是否满足目标客户需求，这是项目成败的关键所在。

（四）成本（项目的总建造成本）

若能做到有效地控制成本，产品的价格才能有竞争力，要清楚"价格"是市场竞争中最有力的武器。因此，如何在准确定位的基础上做好成本控制，是发展商努力要做的事，也是发展商难以做到的事。在成本控制方面关键在于如何提高成本效益。

（五）策略（价格、渠道、广告、促销等）

策略的运用关键是靠创意，策略同时应具有可操作性。如果把前四点称作"正合"，则这一点可称作"奇胜"了。正如《孙子兵法》上所讲，"以正合，以奇胜"，没有"正合"，就无以"奇胜"，没有"正合"，就想"奇胜"那是异想天开；只求"正合"，只会按部就班操作，不善"用奇"，则策划也略显平淡了些。

策划若能做到"正合"，则已成功了八成，若能加上"奇胜"，则策划百分之一百成功！遗憾的是许多项目的策划工作在"正合"方面未能有很深入的研究，若能在项目的前期分析、可行性分析、投资分析及规划设计等方面有更深入的研究，项目成功的概率就会大大增加。

五、策划方案的基本内容结构

1. 制定目标。
2. SWOT 分析与可行性研究。
3. 获得核心概念。
4. 核心概念的表现策略。
5. 策略实施的方法和途径。
6. 操作步骤、工作执行计划与时间表。

六、策划方案中常用的分析方法

1. 目标分析法：根据定制的目标，获得与目标相关的市场元素，逐步进行分析。
2. 剥离法：收集相关的市场元素，逐步剥离，获得核心概念。
3. 量化定性法：将相关的市场元素进行量化，根据相关数据进行定性分析。
4. 综合分析法：将相关数据及资料用图表分析。
策划方案基于什么样的信息及其信息源状况。
获得市场信息的途径主要有：
1. 针对目标消费者的市场调研。
2. 同类产品营销手段监测与分析。
3. 网站、报刊等媒体相关信息。
4. 策划人员的实战经验。

七、商业地产策划书案例

案例一　深圳华强北商业地产策划书框架

第一篇　市场调查报告
1.1 总体市场态势
1.2 华强北区域市场总特征
1.3 重点竞争物业分析
1.4 客户群体及内外销市场分析

第二篇　项目的住宅和公寓分析

2.1 项目概况

2.2 项目的 SWOT 分析

2.3 项目的物业定位及目标客户群分析

2.4 销售卖点组织

2.5 项目的综合评价及总体发展战略

第三篇　商业部分分析

3.1 地块的商业价值分析

3.2 项目的 SWOT 分析

3.3 商业的定位分析及商业的业态划分建议（附：商场铺位划分图）

3.4 商业物业管理

3.5 销售卖点的组织

3.6 商场的综合评价及总体评价

第四篇　销售方案

4.1 总体销售策略

4.2 销售时机及销售的阶段安排

4.3 现场包装及形象包装

4.4 销售渠道选择与设计

4.5 广告策略与销售方案及预算

4.6 现场包装及预算

第五篇　价格策略

5.1 塔楼部分

5.1.1 价目表制定的原则

5.1.2 项目的实收均价与销售速度

5.1.3 折扣率的说明

5.1.4 各销售阶段折扣率

5.2 商业部分

5.2.1 市场售价比较法

5.2.2 市场租金比较法（投资回报法）

第六篇　销售实施

第七篇　销售准备工作细节

第八篇　附件

物业发展建议

8.1 住宅部分

8.1.1 架空层（含会所）功能设置

8.1.2 公用部分的装修标准建议

8.2 商场部分

8.2.1 装修标准建议

8.2.2 商业物业经营管理建议

价格拟定的参考数据（附页）

8.3 竞争物业调查表（住宅物业数据表 1-8）

8.4 与竞争物业比较打分表（都会 100 商住比较表）

8.5 商业裙楼各层的平面划分图（1-4 层）

案例二 贵阳××国际广场策划方案

一、贵阳房地产宏观市场分析

（一）2000 年贵阳房地产发展分析

2000 年贵阳房地产将面临前所未有的发展良机，与全国许多城市相比，贵阳房地产业形势一直较好，前几年空置房比例在 15%左右，近几年空置年率一直较低，这与国家支持房地产业发展的政策逐步完善有关，也与百姓住房消费观念的加强和房改的深入，住房信贷投入的增加，住房二级市场的开放，部分税费的减免等有很大关系。贵阳市的房地产市场价格近年来呈稳中有升趋势，尤其是中心区房价，高层多层升幅不同，多层升幅更大，究其原因，由于市区土地供应减少而使市区商品房（尤其多层）供应相对减少，因而市区房价上扬在所难免。市民将改变过去那种不愿离开中心区居住的观念，目光朝城郊结合部的环境好、配套设施齐全的住宅小区转移。马当、白云、小河地区的房地产开发潜力很大，现在交通道路又有了很大改观，老百姓住房投资升值保值的观念加强，会有更多的市民将余钱投向房地产，从这个角度上看，2000 年的筑城楼市将会出现新的发展势头。

（二）2000 年贵阳市房地产发展趋势

1. 房价将适度上扬。

2. 土地交易活跃，"换手"量增大。

3. 花溪等郊区置业者增多。

4. 多层住宅精品楼盘将会增多。

5. 高层公寓将更多采用新技术、新设备。

6. 空置积压房会特价优惠抛售。

7. 房屋置换量大大增加。

8. 中华路住宅的交易将日渐火暴，商业气氛日渐复苏。

（三）贵州将推进住宅产业化

贵州属联合国土地警戒线以下的省份，而住宅又多是砖混结构，为什么？因为便宜，这就很矛盾。按市场物以稀为贵的原则，土地稀缺的必然结果是砖的价格应较高，住宅产业化的推进就要"纠正"这种错误。住宅产业化的推进，实际上是在告诉企业如何看市场的问题。比如说，出台以经济适用房建设为重点的政策，实际上是告诉开发商目前市场需求中，中低水平的消费仍是主流。住宅产业化的推进涉及面还很广，各地的实际情况也有差异，但首先应该强调的是观念更新。据了解，许多省份在机构改革中，已有意增设省级中心。住宅产业化的推进是一个过程，也是一个必然的发展趋势。

（四）贵州省 2000 年居民住房消费状况

1. 2000 年贵州省将重点启动居民住房消费，实际上是在去年居民住房消费居领导地位之后的延续和发展。目前，据称房管部门仍有 60 万平方米存量房。因而盘活存量有大量工作要做。而通常手法是通过减免、补贴税费降低交易门槛、房改房暂缓交土地收益金亦可入市等办法。存量房大多存在位置、房型、配套等不理想之处，因而以合理价格出售是最好的方法之一。房管部门将会有更大的动作，更优惠的政策刺激，从而盘活存量，促进二、三级市场大力发展。

2. 贵州省经济适用房投资成倍增长，房改刺激是主因。贵州省经济适用房去年完成投资 20.76 亿元，较上年增长 108%，并带动其他相关住宅产业投资增加一倍以上。政府出台了以存量补贴为特点的住房分配货币化方案及主要立足于中低收入家庭的住房供应体系等措施，有力带动了经济适用房的建设。据统计，去年贵州省共完成住宅总投资 37 亿元，比上年增长 90%。住房新开工面积 480 多万平方米，竣工面积近 420 万平方米，分别比去年增长 64% 和 56%。其中经济适用房约占全省新开工面积的 80%，较上年增长 95%，经济适用房竣工面积占住房竣工面积的 75%，是商品房竣工面积的 2.7 倍。

（五）贵阳房地产郊区化发展成为趋势

随着贵阳市两城区旧城改造的基本完成，市中心区土地资源越来越稀缺，特别是市政府严格控制市区土地的批租，使市中心土地供应更趋紧张。与此同时，国家取消福利实物分房，实行住房分配货币化，增加住房信贷的投入，开放住房二级市场，减免部分税费等一系列措施，极大地提高了群众改善和购买住房的积极性，住房开始成为人们最大的消费。面对这一市场局面，开发商们跃跃欲试。据悉，贵阳这样一个不大的城市，现已注册 400 多家房开企业，仍有不少从事其他行业的企业家，准备进军房地产，贵阳近年来的房地产发展势头使深圳、广州等地的诸多房地产商"抢滩贵阳"已成为共识。在目前市中心地带土地供应十分紧缺的情况下，开发商们开始把目光投向郊区地带，河冲路至小河一线及小河一带，花溪一带，贵钢至二戈寨沿线，省政府背后小关一带，二桥至贵工一带，这些昔日不被看好的土地资源纷纷升值，一块土地，好几家房开公司"较劲"，市郊房地产开发"行情"看涨已成为不争的事实。以中天花园、榕筑花园等为代表的城郊物业，代表着一种以城郊结合、绿色和环境文化为主要特征，倡导回归自然，脱离城市喧嚣。通过绿色环境和整体平面规划的主要内容及人性化"以人为本"为卖点的突出特点，从内涵、价值上更加符合广大中低收入消费群需求，故销售都比较红火。同时，筑城郊区住宅的文化板块正在形成，市民居住城市中心的传统观念正在发生变化，投资者越来越重视物业的环境、配套设施和物业管理，郊区地块大有可为，关键是你怎样去做。

（六）贵阳市 2000 年 1~3 月批准商品房预售

栋数：31　　　　　建筑面积：1787942.87 平方米

其中批准预售

非住宅申报预售价

781127.6 平方米　　　　3100~15000 元/平方米

住宅申报

1006815.3 平方米　　　　1500~3000 元/平方米

抵押登记信息

在建工程项目 16 宗 14528.7 平方米　3110 万元

个人房产抵押 12213292.5 平方米　　2188.8 万元

个人按揭 74175381.1 平方米　　　　10644.6 万元

二、贵阳市房地产微观市场分析

1. 从市场板块角度分析。

贵阳市的房地产市场按价位等不同层次进行分类，可分三种不同的区域板块：中华路板块、环市路内（除中华路）板块、环市路外围板块。

（1）中华路板块（均价 3600 元/平方米左右）。

作为贵阳的商业中心，也是贵阳市房地产开发的重点区域，近两年来一直是房地产的热点市场，房地产业在本区域得到了飞速发展，同时引进了先进、超前的开发理念，对推动贵阳房地产业起了巨大的作用，因此本区域的物业较容易被消费者所接受，成为贵阳市民众望所归的置业地带，置业区域物业价位不断上升，由于开发相对过量，处于供过于求的状态，加上价格提高增加了置业的门槛，因此现阶段该区域处于竞争的炽热化状态。

（2）环市路内（除中华路）板块（均价2480元/平方米左右）。

此区域有强烈的市区概念，据敝司的了解，贵阳市民多数喜欢居住在市中心或副中心地段。由于市中心的房价高，该区域成为众多贵阳市民首选的位置，因此它的房地产市场还存在极大的发展空间。

（3）环市路外围板块（均价1750元/平方米左右）。

环市路外围的部分地区给人一种郊区的感觉，物业普遍处于中、低档水平，由于价格低，为中低薪阶层所接受；特别是贵阳的西部准备开发一个金羊小区，因此郊区的房地产市场商机无限，但仍要把握好时机。

2. 从房地产实体分析。

贵阳的房地产实体如建筑物、园林、道路等硬件设施都处于一种初级阶段，与西部大开发的贵阳城市不是很匹配，部分小区虽然借鉴先进的建筑理念，但离实操能力还有一段距离，也只能处于外表的模仿阶段，精品物业在贵阳市存在很大的市场空间。

3. 从项目包装推广手法分析。

（1）策划及项目包装理念有超前意识，但建筑商对精品的筑造不能匹配社区的概念，因此整体的效果不明显。

（2）部分项目的前期策划水平比较高，但营销阶段专业人士往往没有介入，或者介入不深，因此好的策划方案得不到实操的验证，这是造成个别楼盘销售不力的原因。

（3）项目的全程营销缺乏系统性、连贯性等，停留在某个阶段的促销，对品牌的塑造带来很多不利因素，同时也没有达到整合营销的效果。

4. 从房地产发展的成熟度上分析。

贵阳市房地产业处于成熟的阶段，开发意识、建筑水平、物业管理等落后沿海发达地区5~10年，但也有个别楼盘开发理念比较前卫，造成市场参差不齐。从一个城市经济发展角度来看，每个行业的发展都有一定的阶段性，消费者对新事物的了解、接受也有一个过程。因此超前的物业开发具一定的风险性，同时也具超额利润回报的可行性，这就要对物业作前期适度超前的开发研究，与本地市场恰到好处才是成功的关键，否则项目会出现虎头蛇尾的现象，以致造成后期烂尾。这一点对本项目有很大的借鉴意义。

5. 从价格定位上分析。

贵阳市楼盘项目的价格基本上顺应市场价格进行定位，即在一个区域市场价格范围内定价，这反映了市场处于成熟的发展中阶段，同时给本项目的价格浮动预留一定的空间，因此发掘区域经济文化和建造精品成为项目高档物业定位的关键。

6. 从消费群体上分析。

不成熟的市场，消费者的置业观念必然滞后，处于感性阶段，还没有形成理性置业观念，因此，本项目在推广时引导置业者的消费观念成为主导思想。

三、贵阳市楼盘广告分析

楼盘名称：银通山庄。

广告诉求点：入主银通，财福亨通。

广告内容要点：

（1）千禧园概念。

（2）即将现楼的优势。

（3）体现其综合素质的品牌，如服务，环境，配套，交通，设计，位置。

（4）小区规划图，体现社区概念。

评析：此楼盘诉求点过多，又没有可支撑的要素，因此体现不了它的楼盘独特性。

友谊花园：梦中家园就在这里。

（1）展示会地点：贵阳友谊集团。

（2）顺应在时代广场做"SHOW"之势再推出精品楼。

（3）借迎国庆，贺中秋时机推盘。

该盘能抓住时机推盘，但推盘的连续性不够强，浪费之前的宣传之势。

立云大厦：酒店式小型公寓。

（1）可自住、出租，参与酒店经营。

（2）一年后三年内可原价回购。

（3）10月8日后部分房价上调10%。

（4）星级标准的居室。

（5）一份自尊一种骄傲。

（6）3万元做酒店业主。

开发商有比较前卫的经营理念"免费住三年"，但没有金融机构支持作保障，因此不能给予置业者信心。

中天宅吉大厦：让你"免费"住三年。

（1）开全国先河的高层全包式住宅。

（2）现金概念。

（3）小区配套贵阳第一。

（4）立体绿化，叠泉水景。

在户型设计上比较超前，对市场有引导的作用；但过多宣传其他方面因素应该侧重体现跃式户型带来的一种与众不同的生活空间。

银海大厦：千呼万唤大公开，发售价 2880 元/平方米起。

(1) 中华北路与黔灵东路交汇黄金地段。

(2) 平层，错层，跃层的户型。

(3) 赠送电话，有线电视，对讲门铃，煤气入户，互联网络入户等。

该项目以 2880 元/平方米的低价入市造势，而且又赠送多件物品作优惠措施，本来可以促销，但没有限定时间，因此目标客户群多数会处于观望状态。

楼盘名称：时代名仕楼。

广告诉求点：

(1) 享不尽的都市风情。

(2) 高贵典雅，亭亭玉立。

广告内容要点：

(1) 精美样板房敬请参观。

(2) 1600 平方米的高级观光会所。

(3) 24 小时中央供热水系统。

(4) 居都市之巅，全景观落地大玻。

(5) 电子遥控门锁。

在广告画面上可以看到一个亭亭玉立的女士与项目外观相对比，一语双关，衬手……

钻石广场：

广告诉求点：

(1) 南明河畔，贵阳外滩。

(2) 钻石广场，甲秀天下。

(3) 龙腾盛世，唯我独尊。

评析：

(1) 选择的七大理由：地段，自在，轻松，便利，星级，享受，实力。

(2) 大南广场的标志性建筑。

(3) 七成三十年按揭。

(4) 成就一生的荣华与富贵。

能尽量借周边的配套优势进行推盘，塑造大南广场的标志性建筑，但作为标志性建筑要具备什么？为什么？没有将支持点宣传出去。

中天广场：

广告诉求点：

(1) 欧陆风情，典雅气派。

(2) 登峰造极。

（3）缔造经典的欧式高层建筑群。

评析：

（1）最有价值的文化配套。

（2）最具完美的生活配套。

（3）最大规模的休闲配套。

（4）最高档次的物业配套。

（5）购买中天广场房产可采用旧房置换新房的办法。

中天广场由于规模大，又具中天集团的品牌，地理位置相对优越，因此极易塑造经典高尚社区；但广告推广手法没能将具气派和身份尊贵的一面体现出来。

千禧苑：

千禧经典，尊贵华庭。

（1）城市中心唯一拥有花园广场的高尚住宅。

（2）今日集团（香港）有限公司特别恭贺5月1日开盘。

没有塑造其内涵、素质以及未宣传一种尊贵华庭的品位，但现场布置相当不错。

龙港国际中心：

（1）投资回报的最佳捷径。

（2）帮您抓住成功。

广告内容要点：

（1）成立商场经理部为业主服务，打破传统的既经营又投资模式。

（2）引进国内外名店。

（3）替业主商铺组织竞租或拍卖会。

（4）中华中路将成为步行街，机会将越来越少。

（5）投资龙港国际中心等于购置一台印钞机。

如果广告中能宣传有实力的业主进驻，更能具说服力，以及提高市民投资的信心，否则说再多也没用。

嘉信华庭：

都市里的校园，校园里的家。

（1）敬请光临99贵阳房地产交易展示会C展区。

（2）选择家就是选择一种生活方式。

（3）生活是恬静美好，优越尊贵，充满爱，浇灌希望。

主题鲜明，但宣传比较文字化，缺图像视觉效果。

月亮岩商住楼：

您实实在在的选择。

（1）2000年3月入住。

（2）房地产交易中心2~15室。

（3）跃式住宅。

作为这种没有什么优势的楼盘，集中宣传力度推广价格，或许效果能更好。

港天大厦：

实现梦想只一步之遥！

（1）净使用面积比一般的高4%~8%。

（2）毗邻黔灵公园。

（3）感烟自动报警消防系统。

（4）一次性付款优惠3%。

作为2680元/平方米楼盘做此种广告可以说在市场上竞争力不强，因为没有任何的生活品位。

中天花园：

把风景挂在窗前的住居。

（1）品牌，质量，服务，中天企业诚挚奉献。

（2）贵州省唯一的国家级城市住宅示范小区。

（3）省内唯一大型、高品质住宅小区。

（4）建筑面积78万平方米。

（5）山，水，建筑物，绿化景观构成山水画，风景就在窗前。

中天花园为贵阳房地产向郊外发展起了典范作用，虽然该盘销售不错，但其品牌的延续不足使其成为住宅的经典，也就是物业管理及配套所带来的生活方式不够理想。

天恒城市花园：

都市里的花园，花园里的家。整个广告版面只有鲜花和楼宇，底色用红黄色，衬托其高贵，突出主题"花园的家"，但缺乏居住的理念。

阳光都市：

做阳光下最快乐的人。

（1）入住在即。

（2）户型设计，内在质地，外部色彩，到您心动的价位。

（3）广告画面向日葵花中央为楼盘，与主题相结合。

广告版面抢眼，如果将心动的价位打出来，可能会吸引到更多的客源。

经协大厦：

顶尖地段的高尚物业。

（1）坐落于人民广场旁，拥75000平方米绿色。

（2）商、住、办一体的综合楼。

（3）省唯一获建设部"建筑工程安全奖"工程。

（4）3.1米层高。

塑造地段优势的概念，但缺乏楼盘素质与地段相衬。

九龙花园：

首席度假式居住特区。

（1）绿色特色。

（2）回归大自然。

（3）跃式，复式，错式。

（4）950元/平方米。

作为如此低的价盘，做出"首席度假式居住特区"的宣传，应该比较吸引置业人士。

榕筑花园：

工薪阶层的高尚住宅。

（1）真诚相约榕筑花园小区。

（2）实现梦想，只一步之遥。

（3）1138元/平方米起价。

（4）面积106~300平方米，跃层，错带跃层。

（5）因为我的光辉也有你的光辉（借教师节推盘）。

（6）营造阳光绿意的自然生活给您——老师。

（7）教师购房优惠12%。

广告内容比较人性化，能抓住工薪阶层的心理，但户型定位偏大，与其低价位相矛盾。

鑫海大厦：

封顶在即。

（1）4月10日前优惠价2780元/平方米起。

（2）机不可失，欲购从速。

（3）四套配屋顶花园的跃层空中别墅。

封顶在即，以优惠价促销倒不如在限期送礼品等，因为买家还会期望之后的价格下降。

冠竹苑：

环城线内唯一大型的花园式住宅小区。

（1）世人关注的居家之所。

(2) 花明天的钱，圆今天的梦。

(3) 六个风格各异的绿色庭院。

(4) 离尘不离城的绿色家园。

广告宣传过于超前或夸大其词，如果能把握适当的超前度将会更好，因为不至于让买家到现场而失望。

金辉大厦：

(1) 抹不去的都市情节。

(2) 成熟稳重，绅士风度。

广告内容要点：

(1) 客厅落地大玻，全景观式房间。

(2) 24 小时中央供热水系统。

(3) 错层，标准层，跃层。

(4) 多种户型选择。

(5) 电子遥控门锁。

"都市情节"没有什么去体现；绅士风度的生活品位没有塑造。

温州公寓：

(1) 首座全欧式设计。

(2) 首座天文观景台。

广告内容要点：

(1) 拥南明甲秀之美景。

(2) 聚东山仙人之灵气。

(3) 居住不仅是有屋而居，而是"美居"。

(4) 强调人与空间的亲和。

(5) 借西部开发将成各热点衬托自身楼宇，也将成名热点。

广告策划能使楼盘具有文化内涵，而它的目标客户群又是注重素质的，可以说比较成功。

逸豪峰：

黄金宝地，商机无限。

(1) 住宅全为错跃式结构，单元独立电梯。

(2) 楼顶花园，游泳池。

(3) 儿童乐园，平台花园。

(4) 空中楼阁式停车场。

(5) 各行业自助模式，用于医疗、美容、办公、饮食等。

项目引用了有新意的概念如"自助模式"等，但促销手法欠缺。

新大陆广场：

(1) 贵阳，明天发现新大陆！

(2) 都市正中心，成功新起点。

(3) 聚焦新大陆贵阳，今天。

(4) 涌向新大陆贵阳，今天。

广告内容要点：

(1) 坐拥中心方可总览全局，领悟先机。

(2) 居住中心，事为业半径定会宽广无限。

(3) 五大全新豪宅理念：全机关报中心地位，全新欧陆风格，全新会所内涵，全新健康户型，全新智能管家。

为力争超越一切，追求全新生活的您奉献，首先给市民"新大陆"的悬念，而且版是竖向半版，比较抢眼，色彩和画面比较能突出主题。

中天星园：

(1) 智能化生活享受，唾手可得（智能篇）。

(2) 打开水龙头，就是纯净水（净水篇）。

(3) 美丽的绝对（环境篇）。

广告内容要点：

(1) 舒适，安全，实用，高品位，超质。

(2) 高品质的生活体现于高品质的生活细节。

(3) 中天房产第四代产品。

(4) 360 度全方位的绿色视野感受，国际文明居住标准的数码房产。

(5) 公园式的生活环境，酒店式的舒适感觉。

(6) ISO9000 质量认证的物管。

中天星园在广告推广中都是以大手全版形式出现，体现它的实力，塑造它的品牌及高素质社区，能使业主有自豪感，从而增加了附加值，使价位在同地段中远远高出。

四、项目竞争对手个案分析

(一) 中天广场案例

该项目位于都司路中段以北的位置，东距中华南路约 500 米，西紧靠南明河一支流，北依市青少年宫，南傍都司路。总建筑面积为 180000 平方米，其中住宅面积 130000 平方米，居住户数 1000 户，户型 18 种，大型康体会所 20000 平方米，停车位 350 个，欧式园林广场 12000 平方米。由三个组团六幢高层从西向东排列而成，其气势轩昂，规模宏大。

由于项目所处相对优越的地理位置，是目前贵阳市同档次物业大规模的高档盘，具有规模效应的优势，同时借中天集团的公司品牌在整个市场都占举足轻重的地位，还借用了一些沿海比较前卫的物业概念。因此，中天广场可以说是贵阳新一代建筑设计精品楼盘。

1. 中天广场推出市场的形象是：欧陆风情，典雅气派，体验完美人生感觉。

为了使项目市场形象充分体现，中天广场通过几个方面做了充分的准备工作：

（1）建筑设计。

a. 建筑风格：中天广场主体建筑以欧式建筑风格为主，融入现代手法，使古典的欧陆风情与现代的建筑韵律相结合，勾勒出筑城欧陆风情之经典。

b. 环境绿化：中天广场首家引入广场环境设计理念，12000平方米的广场环境营造了一个居家休闲的理想场所。从而打破了筑城高层建筑中只见高楼不见环境的格局。广场上拥有30米的欧式罗马立柱拱门、3000平方米的罗马式中心广场，高12米、宽5.4米的罗马连廊、喷泉组合水景、巴洛克亭等欧式景观。广场四周的大型花坛、草坛绿化与康体城顶3000平方米的休闲花园，塔楼顶2000平方米的私家花园，构成中天广场独特的立体绿化空间。

（2）配套设施。

a. 文化配套：生活在文化中心区，气质素质高人一等，这里与青少年宫一墙之隔，与市一中隔街相望。有幼儿园、小学、中学、大学，营造良好人文环境，有利于孩子的健康成长。

b. 生活配套：处于最繁华的两条商业街中华路与瑞金路之间，购物消费，应有尽有；市一医、妇幼医院、文化路菜市场和4路、14路、22路公交车及8条中巴专线构架的便捷交通。

c. 休闲配套：12000平方米的欧式经典园林，完全属于业主的天地；庭院漫步，怡然自得，享受生活的自由、闲适、惬意。邻近的人民广场、河滨公园、青少年宫及社区配套。

（3）康体会所。中天广场20000平方米的大型康体会所内有：58平方米的室内恒温游泳池、18道保龄球场、高尔夫球推杆练习场、壁球场、网球场、室内攀岩、器械健身房、大型组合式儿童娱乐设施、老年活动中心等一系列配套设施。

（4）物业管理。

a. 物业配套：纯净水管道供应系统、有线电视、有线电话、住宅电梯、煤气、独立电表、楼宇对讲系统、闭路监控系统、2000平方米康体运动中心等近50项配套的高科技设施。

b. 物业管理模式：中天广场将由西南首家获得ISO9000质量认证的中天物

业公司按国际标准实施 24 小时全方位的物业管理。

2. 中天广场目标客户群。

（1）对居住环境要求较高的工商界人士。

（2）崇尚欧陆风格建筑的新生活气息、追求生活优越的人士。

（3）对中天集团及项目较具信心的投资者。

3. 推广策略。

（1）产品策略。采取一种多户型产品策略，67~271 平方米的开间，而且大户型采用一种比较流行的跃式概念设计，充分显示对目标客户群的细分程度的同时，又充分体现其大气风范的优越的生活方式。

（2）价格策略。塑造楼盘高质素，以中高档次的豪宅价位推盘，配以一种相对豪华的室内装修，令物业具豪宅的档次，这是中天广场受大众欢迎的原因之一。

（3）推广手法。

a. 借中天集团的企业品牌去塑造楼盘的形象。

b. 以电视、报纸等媒体高密度传播信息，提高楼盘知名度。

c. 聘请全国唯一获"鲁班奖"之北京六建作为承建商，塑造楼盘高质量的形象。

d. 借周边的配套设施及自身的配套来塑造自身楼盘综合素质高的社区形象。

e. 强势推广其市中心首屈一指的欧式高层建筑群，与其"欧陆风情，典雅气派"的定位相配合。

4. 总结语。

中天广场紧扣住"欧陆风情，典雅气派"的项目形象定位作为宣传的中心，不断提炼出新优势，加强人们对中天广场的印象和了解，通过优质的产品及环境的配合达到成功销售的目标。其成功之处归结为：

（1）项目在定位上具独特性，以其本身各方面的优越条件来支持该定位。

（2）发掘项目本身的优势，并对其大肆宣传优越性，使项目在市场上被接受的程度加强，吸引买家视线，极大地调动了市场人气。

（3）价格策略的相对合理这一原因使项目的价位与买家的心理价位相接近，形成巨大的销售能力。

综合地说，中天广场的策划者成功地利用了项目本身和周边的优势条件，提出"市中心首屈一指的欧式高层建筑群"概念。

（二）钻石广场案例

该项目地处贵阳市繁华中心华南路大南广场位置，六条道路在此交汇，交通便利。毗邻甲秀楼、人民广场，紧邻花鸟市场、南明河。与南明河畔酒文化一条街隔河相望。放眼远眺，南岳山脉、观风台风景线、古建筑甲秀楼楼群、黔明寺等美景尽收眼底。

钻石广场总建筑面积6万平方米，总投资近2亿元，由贵州金鹰物业有限公司独资开发，国内外名师携手设计，外观宏伟气派，内部精致实用。采用美国喜来登酒店先进的物业管理模式，让您享受犹如贵宾般的居家生活。同时，钻石广场也是贵阳市临街面最宽之商场，地处市商业中心南延的交接点，极具升值潜力。作为大南广场的标志性建筑，"钻石广场"携山水之灵气，享地利之优势，置业其中，实为地位与成就的体现。

1. 钻石广场推出市场的形象：南明河畔，贵阳外滩。

为了配合这个市场形象，钻石广场做了以下准备工作：

（1）总体规划设计。一幢32层的景观住宅，一幢16层的景观写字楼，五层的裙楼商铺，是集商、住、娱为一体的多功能大厦，设计错落有致，显出高雅气派。

（2）小区功能配套。在裙楼上方设计了三层多功能会所。

（3）物业管理。采用美国喜来登酒店先进的物业管理模式。

2. 目标客户群：

（1）商界中的成功人士。

（2）金融界中的高层管理人士。

（3）追求一种身份象征的人士。

3. 推广策略。钻石广场为2000年1月15日正式开盘。在1月14日分别在《商报》、《晚报》上做了半版彩色版的宣传广告，以"钻石广场，甲秀天下"为广告主题，同时宣传其七大优势

（1）地段显赫，地气充盈。

（2）自在悠游，怡然自得。

（3）轻松生活，自由主宰。

（4）举步天下，往来无阻。

（5）星级居所，左右逢源。

（6）时尚选择，享受生活。

（7）强势后盾，厚积薄发。

这些对它正式推盘做好了良好的铺垫，但自推盘以后，以"南明河畔，贵阳外滩"作为其项目形象定位进行推广，尽管其地理位置和楼盘自身素质都可以支持这一定位的主题，但在宣传手法和宣传的内容上不足以支持"贵阳外滩"的物业形象，这可以说是它的一大败笔。而且它的后继广告没有形成一定的连续性，也就很难塑造"贵阳外滩"的品牌。

（三）中天星园案例

中天星园位于外环东路团坡桥头，东面、南面紧靠南明河，北面为居住区，西面靠马路。整体由 14 幢小高层组成，为纯住宅小区，它的楼盘素质塑造得比较高，因此在同等地段中它的价格定位相当高，几乎高出一倍，可以说该项目创下贵阳房地产界的一个奇迹。

1. 中天星园推出市场的形象是：高品位智能化经典社区。

为配合这个市场形象，中天星园做了大量的准备工作。

（1）规划设计。人车分流，围合式，主题空间，南北朝向，人均绿化率高，主题公园。有安全感，采景效果好，有自己的公园，采光好，空气好，视觉好。

（2）建筑设计。一梯两户，三面采光，无梁无柱。舒适、便捷、有美感、实用率高。

（3）户型设计。全高层，中空复式，飘窗，文化厅。增强室内室外的美感，层次上有别墅之感，适应 21 世纪家庭生活方式、文化兴趣。

（4）景观设计。大面积的绿地，四季的花卉小径、河堤、罗马艺廊、太阳神雕像、休闲椅等。有在公园生活的惬意和在酒店住宿的舒适。

（5）配套设施。泳池、网球场、中心会所、超市、幼托、净水及智能化系统、地下车库等。感受高品位的现代生活，体会超值的享受。

2. 物业管理。由获 ISO9000 质量认证的中天物业公司按国际标准实施 24 小时全方位的酒店式管理，展示未来的社区文化。有信赖感、舒适、方便、安全、尊贵。

3. 中天星园综合素质体现。

（1）品牌。中天企业是贵州唯一地产类上市公司。经过十多年专业经营，今天，中天以自己的市场份额、物业品质、服务质量和社会信誉，全面锁定了贵州省房地产市场的龙头地位。

（2）智能化。可视对讲系统，红外线保安监测系统，IC 系统，室内防盗、防火系统，紧急求助系统，以及适应于知识经济时代的 INTERNET 系统。

（3）设计。在规划上以古典建筑美学控制整体格局，以共享空间为轴心，围合成三个匀质空间，引动空间环境的交替渗透，让每一个窗户都能体现室外风景。建筑设计引进澳洲三段式建筑风格，表现瑰丽典雅、俊朗流畅的审美格调。

一梯二户，无梁无柱，实用率高。大面积地下停车场，完全实现了高尚住宅区“人车分流”的原则。

（4）管理。由贵州省通过 ISO9000 质量认证中天物业管理公司提供酒店管家服务。

（5）户型篇。引进最前卫的错层式和中空复式室内设计，营造身居别墅的室内立体空间感觉。文化厅作为书吧、琴吧、工作室、棋室，可多层面体现主人的生活情调。飘窗、观景阳台、落地玻璃、大客厅、文化厅、梯阶构成了充满阳光的多层次空间环境，光与影内外流动。

（6）配套。营造"别墅式"的房子，营造"公园式"的室外环境和智能型网络化安全设施。配置了泳池、网球场、书亭、超市、托儿所和 3000 平方米业主会所。

（7）环境。开贵阳住宅区主题式景观设计之先河，在"日月星辰"作为主题的引导下，设计 4000 平方米主题庭院——太阳广场。

4. 目标客户群。

（1）崇尚自然、追求高尚生活模式、尽情享受人生的人士。

（2）对中天集团及项目持较高信心的投资者。

（3）向往智能化生活方式的人士。

（4）事业非常成功的高收入金领人士。

（5）部分经商一族。

（6）在周边生活习惯了的富人之家。

5. 推广策略。

中天星园于 1999 年 9 月 19 日正式开盘，以"高品位、智能化经典社区"推出市场，价位远超出地段支撑的价位，而且业绩非常理想。它成功的原因：

（1）小区人车分流的设计概念在贵阳市比较超前。

（2）导入智能化的概念符合高消费的生活品位。

（3）中秋之夜，"中天星园星光溢彩音乐晚会"以及中国科学院副院长、院士陈宜瑜考察等公关活动，增加了社区的内涵和品位。

（4）以中天集团的企业品牌并在广告上强势推广，塑造高档物业形象并使买家追捧，是它的成功之关键。

总的来说，中天星园的成功体现了贵阳房地产策划时代的来临及精品楼盘的萌芽。

（四）新大陆广场

新大陆广场位于中华南路与醒狮路交界处，周边金融商贸繁盛，信息资讯业聚集，与时代广场、新老百货等大厦相邻。人民广场近在咫尺。文教市政配套俱全，一中、三中、达德小学、市府路小学等，交通便捷。距贵阳火车站 5 分钟车程，距机场 15 分钟车程，作为都市中心的城市前沿，此地段的商业价值相当高，而用作居住来说，是都市中心的首选物业，宜商宜住，是城市居住的一种典范，升值潜力较大。

该项目以新大陆广场命名，它的策划重点放在了一个"新"字上面，围绕着这一主题精神做了一系列的工作。

新大陆广场在推出市场时的形象是：全新城市居住地理观念，全新健康舒畅居住空间，全新演绎欧陆建筑风格，全新园林会所文化内涵，全新智能人性化物管模式。

全新智能人性化物管模式：

1. 全新城市居住地理观念。

（1）住宅区域与城市信息资源的共同联网，实现智能化居住的全新构想。

（2）裙楼一层至五层设商业空间，营造了更为浓厚的商业氛围。

（3）交通便捷，距贵阳火车站 5 分钟车程，距机场 15 分钟车程。

2. 全新健康舒畅居住空间。

（1）3.3 米层高。

（2）全景落地窗与大凸窗。

（3）观景阳台与生活空间隔开。

（4）带独立卫生间的工人房。

3. 全新演绎欧陆建筑风格。

（1）三重立体式空中花园（即楼房地面、裙楼顶房与高层私家花园）。

（2）欧陆建筑符号点缀。

（3）全新三段式立面格局（即转换层部分架空，形成半围合、半室外、多层次园林绿化休闲空间）。

4. 全新园林会所文化内涵。

（1）中西园林艺术品位，优雅人生。

（2）裙楼顶层的立体式园林会所。

（3）实行会员制，豪贵生活尽彰显。

5. 全新智能人生化物管模式。

（1）楼宇管理执行严密的 ISO9000 国际物业管理体系。

（2）计算机管理中心及监控中心。

（3）新加坡狮岛全自动消防预警，广播及灭火系统。

（五）时代名仕案例

时代名仕楼位于贵阳市"铂金地段"——大十字、中华路与中山路交汇处，楼宇地处成熟社区，学校、医院、菜场、邮局、购物中心云集四周，四通八达的交通网络为家居办公提供便利。

本大厦高 140 多米，共 35 层，凌驾于时代广场之上，集住宅、写字楼、停车场、会所于一体，总面积 2 万多平方米。所处地段显耀，交通便利，商业价值巨大，因此该盘销售非常好，到目前为止已售出 85% 以上。

1. 时代名仕楼在推出市场时的形象是：享不尽的都市风情。

（1）总体规划。规划设计首先体现于楼层高度，共 35 层，建筑雄伟，巍峨耸立，豪气凌云。采用超大户型 165~205 平方米，且 80 平方米的大客厅尽显尊耀。

（2）小区功能配套。

a. 康体中心。

b. 儿童游乐园。

c. 1600 平方米的高级观光会所。

d. 24 小时中央供热水系统。

e. 4000 多平方米大型地下停车场。

（3）物业管理。

a. 安全服务。保安 24 小时巡逻，负责应接车库泊车，交通疏导，消防及闭路监控。

b. 商务服务。邮件寄送，报刊收发，文件电信，打字复印等。

c. 维护服务。

d. 清洁服务。

e. 当用户需要时，可与用户签订服务合同；满足用户诸如接送小孩、看护老人、购物等方面的服务。

2. 目标客户群。

（1）在中华路做生意的大商家。

（2）追捧在闹市中生活的高级人士。

（3）用于办公的企业或单位。

（4）事业较成功且追求身份象征的人士。

3. 推广策略。项目处于十分繁华的中华中路段，因此它不断宣传推广它的都市风情的社区概念，这与其自身的优势相结合。而它的户型设计不理想，加上作为居住环境来讲太过嘈杂，但它推盘的时间比较早，大部分优秀的竞争楼盘都是近段时间推出，因此它抓住了推盘的先机。相对来说它的推广是比较成功的。

五、项目分析

（一）项目概况

1. 位置：项目处于中华路、富水路、护国路、文昌路、新华路、西湖路、阳明路及滨河路交汇处。距火车站、第二客运站 1200 米，距龙洞堡国际机场仅 12 分钟车程，交通便捷。

2. 周边环境：大南广场、人民广场、南明河及著名古迹甲秀楼。

3. 周边配套：一中、三中、九中、十六中、十八中、二十七中、南明中学、新华中学、甲秀中学、达德小学、富水小学；邮电大楼、贵阳眼科医院、大南门饭店。

4. 楼宇配套设施：4000 平方米会所、大堂、休闲购物步行街，6000 平方米空中花园，其中包括：①儿童乐园。②儿童托管服务。③老年活动中心。④健身房。⑤乒乓球馆。⑥网球场。⑦保龄球馆。⑧游泳池。⑨法律咨询服务中心。⑩家政钟点服务中心。⑪医疗咨询中心。⑫娱乐餐饮服务。⑬购物小超市。⑭邮政及车票机票代办。⑮洗涤服务中心。⑯车库附设洗车场。

5. 智能化管理系统。

（1）安全防盗监控系统。

（2）消防警报系统。

（3）车场停车系统。

（4）三菱高速电梯。

6. 户内配套：①独立电表。②分户水表。③程控电话端头预设进户。④闭路电视端头预设进户。⑤门铃三方彩色可视对讲系统。⑥住户大厅设置邮政专用箱。⑦自来水净化器。⑧负压排气卫生间及厨房各送一套。⑨送防火防盗门、实木门。⑩煤气表进户。

7. 物业管理。按照 ISO9000 国际质量认证体系，实行酒店式的服务。

8. 总体规划。

（1）一至五层商场，三幢裙楼，其中，

A 座：29 层；B 座：15 层；C 座：27 层。

（2）总户数：316 套。

户型：面积（平方米）131.38　148.73　126.44　160.5　223.34　256.66　210.54　149.42　119.24　143.51　124.89　144.48　110.33

户数：比例（%）7.59　7.59　15.19　15.19　3.16　3.16　3.16　3.16　6.96　6.96　6.96　13.92　6.96

（二）项目机会点

1. 市场有空间。

在贵阳成为大西南的政策前提下，市场对具有特色、综合素质高的高档住宅精品小区有较强的承接力。随着外来和本地经营的成功人士和高级的白领阶层队伍的不断壮大，面向他们而建的讲求整体规划、理念设计、功能配套先进的高尚住宅小区将有一个持续成长的市场空间。

2. 区域有优势。

项目位于贵阳中华南路段，是繁华的商业区，交通便捷，该地段有传统的甲秀楼风景区，环境优美、景色宜人、空气清新，靠南明河，具备塑造高尚住宅区的先天条件。而且周边环境成为市政形象工程改造的重要区域，区域社区大环境不断成熟完善，使本项目能成为贵阳市明星楼盘的机会大大提高。

3. 发展商有实力。

贵司有很强的资本实力，且与南明区政府合作开发项目，增强项目信誉度和买家的信心。经过发展商与代理商的资源整合，强强联手，融合发展商的开发理念和代理商的项目操作手法，竭诚合作必能创出品牌，使项目成为贵阳楼市一道亮丽的风景线。

4. 自身规划设计及概念超前。

(1) 西南地区单体报建量最大。

(2) 西南第一大、第一家在中庭空中采用高强网架，1500平方米透光玻璃地板及一条用特殊材料铺就的健身路。

(3) 贵州最高大厦（楼高151米）。

(4) 贵州最大空中花园6000平方米。

(5) 贵阳第一家以楼盘名称命名的具有文化内涵的休闲步行街。

这些是塑造项目品牌最有力的支持，而且也只有这些基础才能做出地标性物业。

5. 有策划前置观念。

项目处于销售的初始阶段，贵司有与专业代理公司合作的意向，可以起到取长补短的借鉴作用，对楼盘的资源整合及推广有很大的积极作用。贵司目光敏锐，注意到"凡事预则立"，从各方面整合社会精英资源，贯彻如一，使项目有的放矢，自然先机在握。

（三）项目问题点

1. 发展商尚未有较高知名度。

现时贵阳房地产业已开始逐步进入规模和品牌的竞争阶段，而贵司的全林物业是首个进入房地产界的开发项目，因此在房地产界尚不具备较高知名度。

建议：需要和较专业的房地产代理公司、物业管理公司合作，共同创立出高档明星楼盘，在项目的推广中逐步营造和树立发展商和本项目的品牌形象。

2. 项目前期形象口碑不好。

由于项目前期工程进度缓慢，甚至处于烂尾状态，给市民的信心大打折扣，有损现阶段项目品牌的树立，同时给市民带来了置业的心理障碍。

建议：用南明区政府的招牌从多方面以采访或以本项目作为贵阳市形象工

程之一的方式进行大量的软性文章宣传，在消除市民的疑虑的同时又可给项目大做宣传（要具连带性和配合项目推广来做）。

3. 项目目标客户层面较窄。

项目立项为高档住宅小区，以大面积为主力户型，针对的目标客户群为少数经济实力雄厚的成功人士，客户层面较窄。

建议：

（1）针对目标客户群的需求，参照他们的时尚趋向，精细和准确地把握项目实施的每一细节，务真求实，将策划思路落实为实操步骤，尽量减少不确定性和模糊性，做到胸有成竹，步步为营。

（2）将项目形象和档次提升到另一高层次，增强自身素质从而提高市场竞争力，吸纳和分流同档次物业的客源，这是本项目成功与否的关键。

六、××国际广场项目包装、项目定位策略

（一）××国际广场形象定位

××国际广场现处于营销初期阶段，由于之前的推广手法没能将项目优势最大化表达出来，敝司建议首先将项目重新包装，以下是敝司通过对贵阳房地产市场的调查及对该项目的详细分析得出的系列思想。

首先将该项目定位为：贵阳市地标性物业（以贵阳市形象工程标准进行定义）。

理由：

1. 该项目有足够的质素支持其成为贵阳市的地标性物业。

依据：

（1）该项目为贵州最高的大厦，高度为151米。这是其成为地标性物业最大的支持点，即唯一性。

（2）该项目有贵州最大的空中花园，6000平方米，这是塑造其成为地标性物业的环境空间的支持点，即独特性。

（3）该项目拥有至高档次的星级酒店，这是提升其尊贵地位的象征，也是塑造其豪宅风范与众不同之处。即权威性。

最高大厦（唯一性）

最大花园（独特性）　　　贵阳地标性物业

至高档酒店（权威性）

2. 目前贵阳市均价在3000元/平方米以上的楼盘有20多个。豪宅市场处于供过于求的状态，在这种竞争激烈的环境下，大部分项目都走向了一种同质化，它们的目标客户群大部分都处于观望的状态或在众多的项目中选择最优秀的物业，在这种环境下，本案必须在这一层面上提升物业档次和形象，才能有

更强的竞争力去占据市场。

（二）项目的市场推广定位

南明河畔市中心首个 CEO 尊贵府邸

注：CEO 即老板阶层或首席执行官。

依据：

1. 由于项目的目标客户为事业有成的置业者，所以项目的形象定位将围绕这一客户群体的特性，营造一个符合这一群体需求的概念化社区，这样方能被他们所认同。

2. CEO 概念的提法实际上是提出一种全新的生活方式，成功人士的背后要有个贤内助，太太在家全职照顾孩子的教育问题，营造一个舒适温馨的家，追求生活品质，懂得享受生活，赋予了项目一种生命力。将其他楼盘所诉求的欧陆风格、智能化社区等的楼盘最基本元素（或者可以说一种泛滥的主题）提升到一种更高层次，在市场上塑造一种新的品牌概念，具有极大的竞争力。

3. 市中心首个 CEO 尊贵府邸的提法是以项目定位为贵阳市地标性物业作为支持点，反过来说这种主题对塑造项目地标性物业又起到积极的推动作用，这是相辅相成的，要挖掘项目的最大优势。

（三）目标客户群定位

1. CEO（老板阶层或首席执行官）：

（1）40 岁以上，思想成熟，事业有所成就。

（2）社会圈子十分广泛。

（3）有孩子的家庭，太太在家全职照顾孩子。

（4）注重品牌，讲究生活品质，懂得享受生活。

（5）对于 CEO 来说，单纯追求经济收入的意义已经不大。

（6）经常出入高级消费场所（如高尔夫球会、高级食肆、夜总会等）。

需求：选择与自己身份地位、教育水平、消费档次、年龄层次、兴趣爱好大致相当或接近的人士为伍，同时也能让家人享受家庭幸福的生活之地。

2. 二次或以上的置业人士：

（1）35 岁左右的高级管理层（或金领阶层）。

（2）社会圈子十分广泛。

（3）夫妇双方多数皆参加工作。

（4）经济收入丰厚。

（5）欲改善现有居住状况。

需求：选择质素比原居住环境更好的住所。

3. 投资买家：

（1）年龄在 35~40 岁。

（2）社交圈子十分广泛。

（3）经济收入渠道广泛。

（4）注重物业质素、品牌与价格。

（5）注重物业租金回报率。

（6）经常出入高级消费场所。

需求：选择具有升值潜力，二手租售非常活跃，回报率高的高质素物业。

4. 长期驻贵阳的外来商人：

（1）40 岁左右，在贵阳有自己的公司。

（2）社会圈子十分广泛。

（3）收入十分丰厚。

（4）注重物业质素及物业管理服务。

（5）经常出入高级消费场所。

需求：选择高质素、成熟便利、环境幽雅的社区。

5. 私营经济中成长的"新贵"。该类居民主要以私营业主占多数，文化程度、年龄大小参差不齐，生活条件宽裕，消费能力强。该类居民都有较强的经济实力，手头上拥有不止一个物业。

6. 原住这一带的"老市民"。对于大多数原住在这一带的"老市民"来说，他们经历了这里的昨天和今天的发展及巨变，他们热爱这一带，在这里长期养成的生活方式、习惯和心理使大多数"老市民"对此怀有浓郁的感情。

7. 在中华路一带的中小型公司单位。目前不少公司的生意面临越来越大的竞争和压力，为了节省开支，许多中小型公司从高级写字楼搬往一般的写字楼；然后又从一般写字楼搬进地点好、交通方便的高尚住宅楼。对于"××国际广场"来说，地点好、交通方便、物业规划设计良好，功能完善，将是这类中小型公司购买高尚住宅用作写字楼的重要选择之一。而且这类买家的需求较大，往往一买就是几套，所以在市场推广时，如何吸引这部分公司的注意力，是一个重点。

（四）项目包装

1. 宗旨、思路、策略。

（1）宗旨。设计一个项目包装方案，突出项目的功能和特性，体现项目地标性物业的形象，使购买者获得心理上的认同，更易于接受，并牢牢将其打入消费者的心中。

（2）思路。根据项目的市场定位、项目形象以及市场需求，直接面对消费者，使项目的规划、形象和功能通过具体的形式和特定的表现手法体现出来。

优秀的项目包装，应该能完善地体现出项目的设计、形象和功能，并能突出项目的特色和个性，贴近市场需求，紧抓置业者的心理。

（3）策略。作为项目包装，应遵循市场的需求和消费者心理，策略上应循序渐进，具系统性、专业性和可操作性。一方面要加以重视，增加投入；另一方面要具体情况具体分析，力争以最经济、最有效的投入切中要害，以达成项目包装的宗旨。

2. 项目包装系列。

凡是构成项目的要素，都属于项目包装的范畴。针对贵项目的具体情况根据现状进行重新包装，建议贵项目包装系列包括：项目整体形象包装、发展商形象包装、地盘包装、楼盘名称包装、运用传播媒介的包装。

（1）项目整体形象包装。通过新闻媒介、楼书、户外广告、地盘工程形象等的形成，体现出优越的地理位置。

（2）楼盘名称包装设计一流、园林设计一流、管理服务一流、发展商实力雄厚的高质素、高品位、超前意识的项目整体形象。

楼盘名称为××国际广场，此名称够气派，但不够高品位，因此将A、B、C座分别命名为：名门阁、宾士阁、汇俊阁。

依据：

a. 能够体现该国际广场项目高品位形象，与地标性物业更协调。

b. 能直接锁定不同类型的目标客户群，同时也可以使目标客户群按号就座，满足不同置业者的偏好。

（3）地盘包装。地盘属于项目的核心和实体所在，地盘的包装可以说是左右顾客选择的重要因素之一。考虑到贵项目的具体情况，就此提出地盘包装建议如下：

a. 在楼盘上方挂一巨幅广告牌（晚上要有灯光照射），广告内容初步建议为体现一种尊贵的生活方式，直接打动目标客户群的心。

b. 项目周边路段包装。由于周边路段与地标性物业形象不符，建议少量投资路段的路灯及装饰物（具有一定档次参照附件图），特别是甲秀楼前面的滨河路段，人流量比较大，做一些灯饰广告等更具有宣传力度，同时可提升物业档次。

c. 项目工地的包装。在整个项目的工地外围插上大量的彩旗，既能营造气氛，更可与周边环境互相区分开来。在工地围墙上写上项目名称、项目徽标、发展商名称、电话、广告语（如南明河畔市中心首个CEO尊贵府邸、演绎西部风情、尊享超然、傲世不凡、全新概念生态社区等），工地内升起氢气球或氢气门拱，这样更能突出项目形象，在施工过程中，已经给买家一个封闭式的意念，大大加强了自身楼盘的市场形象，有利于销售。

同时，与工程施工单位随时保持联系，要求工地现场施工规范、文明、材料摆放整齐，地面清洁无污，脚手架加绿色防护外罩网，工棚整洁，施工人员衣着规范、文明，悬挂施工标语，入夜亮灯（亮度要够），工程进度严格按照贵司要求和计划执行。施工单位经贵司的承诺，实际上也是给置业者的承诺和信心。

注：围墙宣传处晚上要有灯光照射。

d. 现场售楼部的设置和包装。现状的售楼部够宏大，但不足之处为不够协调，比较空旷，高品位的物业没有表达出来，因此售楼部包装有以下建议：

第一，在墙上附一些高品位生活的画面，如打高尔夫球、6000平方米的空中花园、高科技的信息网络、CEO的生活写照等内容；

第二，在售楼部摆设些高尔夫球器具、智能化设施、精致的艺术品等，衬托楼盘档次；

第三，销售人员的服务和现场的控制都应庄重、高雅等；

第四，注意灯光的布置，主光线放在重要的位置上。

其他的建议待现场详细分析后再作探讨。

e. 传播媒介的运用。项目的地盘包装好之后，跟着的就是运用传播媒介对项目进行包装和宣传。地盘的包装，主要针对地盘，是相对静止的，宣传面和效率都有限；运用传媒，将项目的包装以多种形式、多种层次，尽可能高效和广泛地向外全面宣传和推广；运用系统的、灵活的、专业的传媒，使项目的形象升华到一个全新的高度和境界，令消费者产生怦然心动、过目不忘的心理效应，使项目销售达到预想效果。

——新闻售稿及报纸广告的发布：

在项目经过重新包装定位后，可以做一些适时的、软性的、铺垫式的宣传。组织一些有针对性的、引导式的新闻缮稿，使消费者产生潜移默化的亲切、暗示和超前意念的心理效应。组织有创意、有吸引力的高品位的广告系列，强烈刺激消费者的购买欲望，全面吸引人气，创造销售的气氛、先机和轰动效应。

——制作精美的楼书：

作为高质素、高品位的综合商住高尚物业，敝司建议制作精美、翔实、清新、脱俗的楼书，把贵项目的基本情况、项目规划、建议理念、生活方式、物业管理等展示出来。展示出项目的高质素、高品位以及美好未来。这对高档次楼盘而言尤其重要。

——制作精美的宣传单张：

在项目市场推广期和销售期，派专人长期广为派发宣传单张，以吸引更多的买家入市，同时也扩大了项目的市场占有率。

——户外广告：

首先，在机场出口的斜坡路段做灯柱广告箱及在机场大堂内做一广告幅，因为这是对外的窗口，通过这里的宣传可以提升地标性物业的形象；

其次，在贵阳饭店、腾飞大酒店、金桥饭店等处的大堂设置广告展板，提升地标性物业形象；

再次，在中华路选一旺处做巨幅广告，提升地标性物业形象；

最后，在中华路选一约30平方米的铺位作辅助售楼部（外据点），邀集目标客源。

（五）项目自身素质提升策略

由于该项目的竞争环境相当激烈，因此敝司建议首先提高自身素质去增加竞争力，达到销售目的，以下就是项目自身素质提升的建议。

1. 户型设计方面。敝司对该项目经过详细的研究后，建议在厅出部分改做阳台。其他部分到现场后再进一步探讨。

2. 外立面更改建议（看附件）。由于项目原来的外立面色彩设计与要塑造的地标性物业不相符合，因此，外立面装饰尽可能做得有特色一些，在色彩、造型和用料方面与众不同，引领时尚，同时注意与周边环境的融合协调，特色外墙外观强烈突出项目形象，提高物业档次，此点尤为重要。虽然涉及很多繁杂的报建手续，敝司认为还是更改为佳，附件提供一些外立面的参考。

3. 园林概念设计。本案将拥有贵州省最大的6000平方米的空中花园。在推广中只有简单的陈述而已，没有将其发挥至最大化；在附件中附有项目的园林概念设计，这不仅可以发挥自身优势，同时增加了项目的附加值。

4. 物业管理及功能配套建议。

（六）会所配套建议

会所功能要求充分体现和支持项目的市场定位及形象定位，成为项目个性形象的有力支撑点。

1. 原则：

（1）并不要包罗万象，重要的是匹配项目的档次和风格，更理想的是填补周边住宅社区配套的空白，使项目附加值提升。

（2）功能项目设置要求"小而精"，规模不用太大。

（3）可考虑部分功能设在商业物业内。

2.详细建议如下：

（1）商务中心：为客户提供打字、复印、传真、订购机（船、车）票、订购报纸（杂志）等服务。

（2）家政服务中心含洗衣中心干洗店：除提供干洗服务外，还提供自助式洗衣服务，住户可自行租用洗衣机清洗衣物。

（3）网吧：除提供网上游戏、网上交友、网上购物等服务外，还可于网上查询股票行情、收看最新的电影，并提供酒水、饮料、餐点。

（4）视听阅览室：除提供中外名著、小说外，还提供中外音乐、著名电影欣赏。

（5）小型会议室：可供30人开会。免费为客户提供电视机、录像机、投影机、幻灯机、麦克风、影碟机、白板、白板笔、镭射教鞭等，另外配备同步翻译系统、会议录音系统、电影放映机等。

（6）药浴桑拿：提供不同种类的药浴桑拿及专业按摩。

（7）设置音乐咖啡厅。

（8）健身室：提供健身器材及专人指导。

（9）棋牌室：内设棋艺室、桥牌室及麻将房。

（10）桌球室：配英式豪华桌球台。

（11）设置高尔夫球电脑模拟练习场、桑拿中心等。

（12）室外自然景观游泳池：融健身、休憩为一体。

（13）老人俱乐部：让老人们享受天伦之乐。

（14）中餐厅、西式酒廊：以特色服务为经营之本。

（15）玻璃屋顶：享受摘星的乐趣。

（七）物业管理建议

以全方位的服务为宗旨。

物业的价值很大一部分体现在物业的保值和升值上，而高水准的物业管理水平是关键所在。建议项目引入著名的物业管理公司做顾问，建立智能化、高标准的物业管理架构，提供星级的酒店管理服务。目前好的物业管理基本组成要素为：

1.著名物业管理公司（如戴德梁行、太平洋第一戴维斯公司等，特别是港式物业管理公司）或者是著名的大发展商自组的获ISO9002认证的物业管理公司。

2.专业化保安队伍（如退役军人或退役武警组成的保安队）。

3.酒店式贴身服务。

4.智能化管理：高科技保安、防火、防盗、管理系统等。

智能化目前已日益成为现代化住宅的必备功能之一，从项目自身条件出发，敝司建议有选择地介入智能化系统，可有可无、华而不实又增加成本的部分放弃不做；对项目确能提升素质档次，对业主切身利益有帮助的项目予以介入。现建议如下：

1. 建立网络平台：设立网络中心（WEB）站点，提供互联网接入、网络教学、多媒体完全娱乐系统（VOD），网上商城，证券及时交易、各大城市电子地图、小区公共服务信息等；住户可在家中通过电脑联上网络平台，可以实现家庭教育、娱乐、信息咨询、IP 电话、内联网内监控、远程教育等多项功能，还有网上购物、送餐、洗衣、点播，甚至网上医院、物业管理咨询等。

2. 物业管理方面，可以实现：

（1）物业管理实现计算机化、部门管理自动化、建立物业管理信息系统。

（2）车库自动化管理。

（3）各项设施的远程管理。

（4）一卡通收费。以 IC 卡代替钥匙、以 IC 卡计算停车收费、以 IC 卡缴交水电费、以 IC 卡在区内购物或消费，实现"电子钱包"的功用。

（5）设备管理。目标是监控小区设备运行状况，包括各种公共设施、供配电设备、发电机组、供水设施和电梯等实现集中监控。自动化水、电、气三表自动抄报系统（三表抄报可纳入物业管理系统内）。

（6）门、窗的红外监控、报警，室内安全监控（烟感探头、防盗控头）紧急报警铃。

3. 安全管理采用集中监控手段。在安全防护方面，配备有：

（1）红外线电子监控系统。

（2）可视门铃对讲系统。

（3）闭路电视及保安防盗系统。

（4）巡更系统。

（5）智能消防报警系统。

实际上，住宅物业管理在遵循以上的基本原则之外，在智能化方面预留发展空间，并选取比较有特色的几个跟客户切身需要有关的方面配置相应的系统，即可有超出一般水准的表现。

（八）项目有关提高附加值的建议

1. 直饮净水系统。引入净水自动过滤装置，每户皆有管道优质水接入，为小区业主提供直饮水服务。

2. 提供高氧纯净水。建议设高氧纯净水系统，让住户每天呼吸到最清新的空气的同时，品尝到能增强新陈代谢、促进身体健康的高氧纯净水。

3. 节能设备与节材的建议。虽然节能节材的设计在售楼期间往往没有太显著的效果，许多优点需要住户在今后的生活中体会，但仍值得推介，以求利人利己；此外，从长远的目光看，节能节材设计虽然见效慢，但同样对于树立企业形象有积极作用，而且其长远的作用可做宣传推广，令其节省更多的费用，亦符合发展商的环保意识，有利于提升项目的公益形象。

（1）节水：采用低水量、高效能的环保型洁具，如节水型抽水马桶。采用无渗漏的节水龙头等。

（2）节电：采用低耗能、高效能的节电灯具。

（3）垃圾处理：垃圾分类收集。下水道设废料粉碎装置。

（4）墙体：采用环保型内隔墙体材料。采用高封闭性能外窗，减少噪声。

（5）选材：选用具有一定再生能力的材料，如选用再生铝材和塑料制品做娱乐设施。

4. 环保设计。引入"零噪声"设计、建筑物的所有门窗采用进口塑钢框料加双层中空玻璃、抽走空气再注入惰性气体，室内隔音安静，冬暖夏凉，防太阳辐射。香港的启德机场和新机场附近的物业均是采用这种隔音玻璃，可说是具有零分贝的功能。

以上物业管理及小区配套建议只属初步提议，详细情况还待与贵司有关领导商谈后另行修改、调整方案。

七、××国际广场市场推广策略

（一）市场推广策略台阶

内容略。

（二）地标性物业的塑造

贵阳市的高档物业几乎集中在中华路段，竞争日趋炽热化，本项目同档次物业在贵阳市有二十多个，但主要竞争对手为中天广场、钻石广场、新大陆广场、中天星园、时代名仕楼、金辉大厦、龙港国际中心等，且最主要的两个楼盘为中天广场、新大陆广场，它们具备企业品牌、地段的优势和概念设计的超前优势。××国际广场面对竞争环境，必须提升自身素质，因此定位为贵阳地标性物业，站在另一个层面上与竞争对手争夺市场，才能在众多楼盘中脱颖而出，具备不战而屈人之兵的优势，这是对该项目策划最为重要的思路。

如何去塑造地标性：

1. 项目自身优势的宣传（前面已列举，在此省略）。

2. 借项目包装来塑造地标性物业（前面已分析，在此省略）。

3. 借助市政府或南明区政府的宣传进行炒作。作为贵阳市的地标性物业，首先是以市政的形象工程出现，作为塑造贵阳市的市貌形象，提升贵阳市的档次和知名度，这必须由市政府或南明区政府做公关(这由贵司出面完成，据说之前曾作过类似的报导，则更具可操作性)。炒作内容主题是：

(1) 西部开发，市政工程塑造市容形象。将全林国际广场列为形象工程之一，首先提出151米高的星级酒店，再推出本项目，既可以扩大知名度，又可以提升物业档次。

(2) 借市政之力塑造周边形象，如南明桥、大南广场、甲秀楼及滨河路段及中华南路段未来的发展，衬托地标性物业形象的周边环境。

4. 借"西部风情"概念进行炒作。西部开发作为目前国家重要政策方向，这种绝好因素是炒作的最好时机，具有极高的新闻价值。

对本项目宣传"演绎西部风情"的概念：

(1) 借美国西部开发的成功典范事件或建筑物嫁接到本项目，将是本项目塑造成贵阳西部大开发的历史见证和里程碑。

(2) 以美国西部开发的开拓精神来激励贵州人建设自己的家园，为走向国际化大都市做软性文章报道，与社会公益宣传和政策结合起来。

(3) 以"机遇"为题做软性文章，一语双关，含义为：

a. 西部开发机遇。

b. ××国际广场的机遇 (针对置业选择物业的机遇)。

(4) 以"腾飞"为题做软性文章，一语双关，含义为：

a. 贵阳经济的腾飞。

b. 拥有××国际广场，您身份的腾飞。这是对外经济的窗口，实力的象征，使您身价百倍。

(5) 在贵阳对外的经济窗口宣传做些软性文章及适当的赞助，可以使全国通过了解贵阳的信息了解××国际广场，大大提升它的知名度和品牌形象。

(6) 借西部大开发之势，向社会征稿做一次公关活动，主题为"贵阳市的历史文化收集"，通过对历史文化的征稿来衬托本项目物业同时具备历史文化之意。

5. 进行有奖竞猜活动——"贵阳地标性物业是哪栋建筑物"。

(1) 通过电台。

(2) 通过报纸宣传选择，如贵阳饭店、体育馆、××国际广场。

6. 通过广州中信广场和上海87层大厦因为最高成为当地地标性物业，因此可以推论出最高物业就是地标性物业的说法。

(三) 项目市场推广步骤

1. 塑造"南明河畔/市中心首个CEO尊贵府邸"的主题形象。"市中心首个CEO尊贵府邸"的主题提法，是一种与众不同的概念，能够从众多楼盘引用的主题中脱颖而出，更重要的是带来一个全新的生活方式，一种高品位的生活方式，它可以通过以下几点推广去塑造：

第一步：通过前面塑造的地标性物业后，接着推出项目的主题形象"南明河畔市中心首个 CEO 尊贵府邸"，可以让市场接受，让置业者认同。

第二步：塑造项目建筑实体的个性化形象，因为市场的竞争使建筑的产品趋向同质化，必须从众多建筑产品中跳出来，只有个性化的建筑物，才能塑造其独特的风格。本项目的建筑风格综合了西方建筑的精华和现代建筑的高科技元素，是后现代建筑中的一种，主题可定为"……"

第三步：推广小区园林概念"中西合璧、生态园林"，塑造生态特区，给业主一种精品园林的环境，提升其生活品位。在推广中要做两点：

（1）唯一性，而且是双重的唯一性，即概念唯一性和最大的空中花园的唯一性。概念体现的是品位，最大体现的是豪气。

（2）广告画要具艺术性和自然性，艺术性让其具备鉴赏价值。自然性让这种自然特性渗透到人们的内心深处，人都是来自自然，回归自然，每个人都有返璞归真的特性，体现以人为本的人性化社区。

第四步：推广它的物业管理和配套设施。一个项目的经久不衰，最重要的就是售后服务，而服务最大的支持点就是配套设施，这是它的硬件，要达到一定的服务水平，还必须依赖于其软件，即管理。一个完善的硬件和软件可以提供良好的服务，而具备良好的服务就是一个美好的生活方式。推广手法：

软件 + 硬件 = 服务

完善（软件 + 硬件）= 良好服务

星级（软件 + 硬件）= 星级服务　星级的生活方式

因为此项目有星级酒店作为支持，这是贵阳市唯一配置星级酒店的项目，因此它的生活方式是至尊至贵的，再加上其他配套设施，即可将小区演变成"市中心首个 CEO 尊贵府邸"。

2. 项目 A、B、C 座的推广手法：

由于××国际广场的名称气派，但不尊贵和高雅，从称谓来讲不适合贵宾一族的居住，因此敝司建议将 A、B、C 座分别命名为"宾士阁、名门阁、汇俊阁"。在名称上塑造高贵的形象，而每幢裙楼的命名都针对一类目标客户群，有使目标客户群按号就座之意。

（1）汇俊阁的推广手法：

汇俊阁的主题定位：为 132 位 e 时代金领度身定造。

因为汇俊阁针对的目标客户群为高官或高级管理层，他们都属社会上的金领阶层，而且主要以事业为重，e 生活的提法恰好能助他们事业更上一层楼，在家生活同样可顾及其事业。以下是推广中的主要内容（支持主题思想）。

a. 中心区 e 时代商务住宅典范。

b. 中心区 e 时代最前沿。

c. e 代金领，笑傲贵阳未来！

d. e 社会诞生了！谁将引领时代风骚？

e. 由 e 生活提出的信息生态，又结合社会生态和自然生态形成一个整体。

（2）名门阁的推广手法：

名门阁的主题定位：上流社区。

名门阁的目标客户群为大户人家，而塑造一种至尊至贵的上流社区，因为物以类聚，人以群分，因此上流社区的提法对此类客户群有极强的吸纳力。以下是它推广的主要内容（支持主题思想）。

a. 通过"故宫"形象来塑造它贵宾府邸的豪宅形象，发掘豪宅最大的文化内涵，同时也衬托中国历史的一种"权力、高贵身份"的豪宅特征。

b. 用"紫衣门第"的广告手法表达上流社区的概念。

c. 用地标性物业概念强力塑造上流社区。

（3）宾士阁的推广手法：

宾士阁的主题定位：方方面面，优越体现。

宾士阁的目标客户群是工商界领袖阶层，这类人都是方方面面的成功，因此这种说法与其成功感相吻合。以下是推广中的主要内容（支持主题思想）。

a. 用名笔、名车、钢琴等精品折射和衬托楼盘的素质，体现一种品质价值。

b. 巅峰境界（表达一种事业巅峰和豪宅的至尊）。

c. 傲居天下（与最高档物业相匹配）。

d. 工商领袖专有生活模式宣传诞生（直接锁定目标客户）。

（四）项目推广活动

1. 筹备 CEO 精英会——招募 CEO 精英会会员。

作用：

——以此会所为引子，建立全林国际广场的社区文化基础。

——在××国际广场营造一个上流社会的活动圈子，让名流荟萃全林国际广场。

——提高项目形象。

媒介选择：××国际广场会刊、银行信用卡 DM。

活动细则：

a. CEO 精英会申请资格。

——××国际广场现有的业主。

——信用卡金卡持有人，年消费金额在30万元或以上，并持有银行发出的申请表格（或推荐书）。

b. CEO精英会会员权益。

——优先享有租（使）用会所设施及参加活动的的权利。

——定期举办上流社会交际活动（如新品牌的产品推广会、迎合CEO生活品味的活动）。

——享有名牌家电、名牌家具等优惠。

——提供CEO社交层的活跃性。

——为众CEO提供无限商机。

2. 连环奖上奖（消费越多，享受越高)。

作用：

——搜集客户资料。

——诱发目标客户购买××国际广场。

——提高项目知名度。

媒介选择：银行信用卡DM。

活动筹备：

——联络有关商业银行（中国银行、中国建设银行、中国农业银行），与银行合办消费积分奖励计划；

——银行协助筛选信用卡客户资料，并在客户的月结单上附寄"连环奖上奖"宣传小单张；

——设计宣传小单张（内容A：传达游戏规则、礼品及可撕下的副券；内容B：CEO精英会推荐书、高尔夫球赛信息）。

活动细则：

a. 参加资格。

——持有上述三家商业银行之信用金卡。

——信用卡持有人（含附属卡）每月消费额在3万元或以上。

b. 活动方法。

——信用卡持有人凭小单张上的副券（须填写个人资料），前往全林国际广场售楼部参观示范单位即可获得价值300元的派克钢笔一支（数量有限，每家银行各50支配额，合计共150支）。

——若信用卡持有人认购××国际广场单位，更可获0.5万~2万元的免找数签账额。

——当信用卡持有人年消费额在30万元或以上时，将会由银行随月结单寄出CEO精英会申请表格及推荐书；持卡人若认购××国际广场单位，凭银行发出的 CEO 精英会推荐书，可即时成为 CEO 精英会会员，并有机会参加××国际广场举行的"全林杯"名人高尔夫球邀请赛。

3."××杯"高尔夫球邀请赛。

活动目的：

——以高尔夫球这项优雅及时尚运动与"××国际广场"作形象联系，从而提高"××国际广场"之整体形象，有助社会富有阶层对"××国际广场"产生购买欲，增加销售；

——参加比赛的高尔夫球爱好者乃高消费人士拥有庞大购买力，是"××国际广场"之潜在客户，参加者的资料可用作日后之销售活动。

活动建议：

a. 一天高尔夫球比赛。

——比赛共接受 120 人报名；

——收集 120 位参赛者及其他出席的嘉宾之资料作日后销售跟进；

——增加对特定高级阶层之宣传及影响。

b. 颁奖典礼"××国际广场"介绍。

——于当天赛后安排晚餐，于晚餐时作"××国际广场"之介绍，然后再作颁奖；

——"××国际广场"的介绍可配合电视幕墙以录像介绍。

c."××国际广场"之展览。

——高尔夫球会是展览"××国际广场"的一个适当地方，以吸引高消费力之高尔夫球爱好者之注意。

——除让比赛参加者进一步了解"××国际广场"外，并可让该球会的其他客人认识"××国际广场"，从而增加销售对象。

d. 此项活动欢迎业主及其贵宾参加，希望业主带动其亲友认识"××国际广场"让其产生购买欲。

活动细节：

a. 比赛。

——时期：1 天，以新新贝利亚形式比赛。

——参加人数：120 人。

——比赛形式：比杆让分赛，个人的总杆成绩会减去其差点，得出净杆数而排列名次。差点会以"新新贝利亚"方式计算。差点限制：36 或以下。

b. 比赛之参加方法。

——向各大机构之总经理级别人士及社会有名气人士作出邀请。

——"××国际广场"售楼部公开接受 CEO 精英会会员报名。

c. 纪念品。

——印上"××国际广场"公司标志的毛巾礼盒。

——印上"××国际广场"公司标志的帽子。

d. 奖品。

——冠军：3万元"××国际广场"购买折扣礼券及奖杯。

——亚军：2万元"××国际广场"购买折扣礼券及奖杯。

——季军：1万元"××国际广场"购买折扣礼券及奖杯。

e. 传媒单位：《贵阳晚报》、《贵阳都市报》、贵阳有线电视台。

f. 嘉宾邀请：可邀请贵州省高尔夫协会主席、副主席等作为比赛嘉宾。

目的：

——让市场认知包装后××国际广场的"新产品"。

——提升项目整体形象。

——为推盘作促销。

推广策略：

——高尔夫球赛后，通过媒介关系刊登有关活动的信息。

——以悬念的表现手法，带出××国际广场项目特征，以引起市场轰动。

4. 公关活动：贵阳市首个CEO沙龙成立仪式品酒美食会。

活动细则：

（1）举行地点：大型酒店或高级食府。

（2）时间：待定。

（3）活动目的：成立CEO沙龙及确立项目品牌，实质是新旧业主及目标客户群的联谊会，希望形成一种上流社会风气，衬托项目的尊贵性。

（4）活动安排：

成立仪式；嘉宾讲话；节目表演；品酒美食会。

（5）对销售及宣传的帮助。增强新业主荣誉感，抬高项目档次，为后续展销会提供新闻炒作题材。

5. 公关活动：最新德国奔驰S系列名车展及拍卖会。

活动细则：

（1）举行地点：售楼部现场或人民广场。

（2）时间：待定。

（3）活动目的：用一些超前的科技产品作为引子，以及使用著名品牌及代言物举行一系列的公关活动，来塑造××国际广场及CEO的定位。

（4）活动安排：揭幕仪式；新闻发布会；奔驰S系列名车展；拍卖会。

（5）对销售及宣传的帮助：通过举行名车展将德国奔驰车的品牌与项目的

级数结合在一起，进一步抬升项目档次，在短时间内成为市场焦点，吸引大量客人前往参观，从而促进成交。

八、项目的全局统筹

（一）概念

从市场学来说，简而言之，全局统筹就是指对项目进行领导和控制，对项目市场营销计划的策划、制定和实施的一系列过程进行有效的、简练的、强有力的监督、管理、协调、引导、规范、控制和处理。全局统筹如同一根金线，把一堆散落的珍珠串联起来，变成一条高贵、典雅、独具魅力的项链。作为房地产项目，因为涉及资金大、周期长、风险高，项目的全局统筹更加重要，关乎项目全局的成功。

（二）内容

1. 人员素质的训练和控制。任何优秀的项目策划，最终都将由人来实施。如何能在众多的同行竞争中把购买者的注意力吸引到自己所开发的物业上来，全凭销售人员的扎实功力和恰当的推销策略的选择。房地产销售人员需要知识面广泛，活动能力强，其必须具备的素质，相对来说比其他行业要求要高得多。具体需要如下一些条件：商品专业知识、市场信息经营性观念、良好的个人修养、随机应变、旺盛的斗志、吃苦耐劳的敬业精神等。

2. 计划清晰详尽。只有策划计划制定得清晰、详尽、细致，才能做到心中有数，才利于项目的全局总体统筹。

3. 人员安排和分配。一方面，人员定位责任，工作具体到人头，各尽其职；另一方面，人员之间要相互协调、合作，为着共同目标努力。

4. 控制。包括策划控制、人员控制、销售控制、效果控制、财务控制、时间控制等。

5. 信息反馈。因为房地产商品策划和推广周期长，工作量大，涉及面广，参加人员多，所以信息和及时反馈十分重要。尤其目前房地产市场变化太快，影响因素太多，信息反馈更是关键。

6. 策略调整。在实施过程中，项目的策略要视市场反应和信息反馈的情况，及时做出相应的灵活调整，以更利于项目的推广。

第五章　商业地产整合推广

第一节　整合推广基本纲要

一、工作目标

将招商销售策略、商铺租售优惠政策、公司和项目新闻等各种信息通过各种途径向目标客户进行传递及项目所有 VI 视觉系统的标化导入。

二、传播途径

媒介：主要的媒介有报纸、电视、电台、户外广告、公交车出租车广告、招商手册、条幅、DM 邮送广告等。

活动：主要形式有公共关系、优惠活动、投资论坛、文化活动等。

三、推广策略

确定宣传推广主题：所有宣传都必须围绕项目核心主题展开。

概念宣传：投资价值是商业地产的永恒宣传概念。

（一）市场调研期（产品未动、品牌先行）

报纸广告：可以通过招聘、有奖征集项目案名等形式进行造势。

项目地现场广告：围墙广告、招商销售中心概念广告宣传画、销售招商中心装饰及陈列布置。

户外广告：包括灯箱、擎天柱、巨幅广告。

电视与多媒体广告：字幕广告与影视广告，围绕项目投资主题展开。

销售招商楼书。

销售招商DM。

（二）开盘销售期（借机造势、顺势而为）

1. 报纸广告（主要媒介宣传工具）。

第一波：概念宣传，以招聘、有奖征集项目案名为名进行造势。

第二波：投资价值提升（回报率分析）。

一期可以作小孩创富篇分析（主题：为您的孩子上清华大学存钱）。

二期为成人投资篇分析（主题：为自己制造"挣钱机器"）。

第三波：节日促销篇，黄金周、春节等（主题：给辛苦多年的你有个交代）。

第四波：瞄准大铺、招揽大户（主题：即买即收益），投资回报分析、价格成长空间等。

第五波：借"龙头"带"龙头"（主题：与巨人同致富），与富人联手，与名企联手。

第六波：管理模式输出（主题：知名商业管理集团全新管理和服务模式，为您的经营保驾护航）。

第七波：公益活动（进行爱心捐助、公益宣传等）。

2. 现场广告：活动现场包装（条幅、DM、升空气球、彩旗、道旗、彩虹门、吉祥物）。

3. 户外广告：交通要道大型户外广告。

4. 车身广告：公交车、出租车、公司宣传车等。

5. 辅助媒介：公益广告、人员宣传、电话通知、公告、新闻等。

6. 营销活动：银行提供按揭贷款；一次性购铺优惠政策；投资论坛（分预销期、强销期、清盘期展开）。

（三）招商入驻期

以报纸广告为主进行招商政策宣传。

多媒体广告：将招商条件、优惠政策、合作方式、营运等管理制作成光盘播放。

现场广告：POP、招商DM、条幅。

辅助广告：户外广告。

营销活动：优惠折扣、合作优惠。

（四）上货开业至年终

商场企业文化视觉（VI）标化设计，商场VI系统制作安装监督。

试业庆典广告宣传推广策划实施。

试业商品促销活动策划方案。

开业庆典策划。

拟订年度商场整体促销策划方案大纲。

第二节 商业地产广告策略

一、广告策划的四种境界

营销学上常说，广告主们都知道自己投放的广告里有一半是无效的，但是最让人头疼的是，到底是哪一半，谁也不知道。这就让人联想到一则笑话中的吃饼之人，吃到第九个饼才吃饱，那是不是就可以不用吃前面的那八个饼了？自然是万丈高楼平地起，风物还需放眼量，要吃饱还得一块一块地来。

吃饼的目的是要吃饱；做策划的目的，就是立足目前所具有的一切资源，预先决定做什么、何时做、如何做、谁来做的问题，是指向未来的活动。广告投放是商铺策划中一招抓住客户的方式，是具有目的性、阶段性、计划性的策略进程。

任何广告形式的策划都离不开产品、策划者、媒介、广告受众四个基本要素，通过什么方式到达目标受众，即是广告策划的要义所在。

因做广告策划的人不同，形式、效果也就不同，达到的境界也就不同，我们先从广告表达出来的印象中，看看四种不同境界的广告的效果

一是无知广告。所谓"无知"是广告策划者将广告受众视为无知的人，即内容无论巨细——说明唯恐别人不知，把广告变成了产品说明。此类广告有如某些医疗广告那样，唯恐广告受众不知道自己，非要说个明白不可，反而将对广告兴趣不大或无时间观赏的人早早地吓跑了。

二是无识广告。即广告策划者运用广告形式时，为达到广告目的，自夸自诩，以其他事物来标榜自己。例如，某人说他是名人，要你来崇拜他，他说好的东西要你来认同。此类广告给人的感觉很不舒服，唬外行还行，在理性消费的今天，则显得画蛇添足，帮了倒忙。

三是理论广告。即纯粹是从广告艺术角度来诠释产品。广告做得唯美化，流于概念化，让人看了一头雾水，非智商高者则难以领略其诉求目的所在。如某楼盘提出的"水木清华"概念，某楼盘标出"程总出生在……曾经参加过自卫反击战……"等，传达的只是一种意境，而本质的楼盘却不见踪影，认为

"地球人都知道"，其实不尽然。

四是论理广告。这是商铺广告中常用的，即说一个理由让你买我的产品，理由即卖点。实际操作时可能会有几个理由，形成一组卖点群，至少会有一个理由让你动心。

二、广告主题及卖点

商业地产广告策划的最终是用什么方式使商铺最终找到买家，即广告要找到目标受众，并对广告受众产生预期的影响，引起他的注意和兴趣，进而激发购买投资欲望，最终促使交易成功。因此，商铺广告的设计一定要易于抓住广告受众，易于理解、记忆并接受；而从内容上看，任何完整的商铺广告，都包括题材、主题、标题、正文、视觉插图五个部分。

其实，每个商铺在推广的时候，几乎均具备几个核心诉求点或主要卖点，几个次要诉求点或次要卖点。除了说明书（即售铺书）外，报纸的每次内容表现，都以"一个主要诉求点或主要卖点结合几个次要诉求点或次要卖点"的构成来加以展示。在实际操作上，诸多的诉求点、卖点在报纸上投放时又可分为系列式和一版式两种选择。系列式是将要传播的广告内容先集中，后分发，一份一份按计划、连续性地释放出去。这是配合每次广告主题、广告周期的安排，突出广告诉求点、卖点的内容，这两种方式是需要紧密相连的。在商铺售前期和强销期，其主题多以商铺的商品优势、品牌优势、地段特征前景为主，着力打造形象及口碑，让一个鲜为人知的新产品尽快为投资者所注目和了解，并形成租买冲动。到了商铺的持续期和滞销期，精拟出强势诉求点或卖点，以价格优势和服务承诺的兑现等促使成交迅速放大。一版式就是集中后，集中发，将所有内容集中在同一版式，有计划地反复投放。这种方式适合总建筑面积不大、规模较小、主诉求点或卖点不多、不宜做长时间广告铺垫的商铺广告，广告效果精确到每次，是广告直接推动销售的最佳方式之一。

不管是系列式还是一版式，每次广告中的卖点中必然有一个主卖点，即在两个或两个以上的卖点中最为重要的卖点。主卖点的影响力是指主卖点对广告受众的心理所产生的影响力，其中主卖点对广告到达的人影响力最大，所以次卖点可相应地减少到最少的程度。而主卖点的影响力大小主要取决于它的需求度和可信度的大小，一个主卖点的需求度和可信度越高，则影响力越大；反之，则越小。主卖点的影响力越大，次卖点就必须要减少，否则就因次卖点过多而削弱了主卖点的"攻击"效果。把广告比喻成图钉，主卖点就是图钉尖，次卖点就是图钉帽，图钉尖永远比图钉帽有力。主卖点过于简单而表达含糊时，为了整体广告效果的不被淡化，这就需要将主卖点局部放大，使其清晰化，同时从次卖点角度加以解释，并附设有投资个案，使主卖点和次卖点形成一体，更加丰满而使投资者怦然心动！

三、广告策划的目标及误区

(一) 广告策划目标

在广告费日益高涨的今天，确保以最少的广告费用达到最好的宣传效果，是每个营销策划者思考的问题，如何使广告策划具有明确的目标和锁定客户群的功能？商铺广告目标，可以理解为商铺在一段特定时间内对特定的目标客户群所要完成的沟通任务和销售目标。广告策划的目标是以既定的营销决策为基础的。如在两个月内销售量达到××，这时广告目标就是在这两个月内如何促使销售量达到××。

广告效果是与目标客户对广告认知度的高低成正比的，零认知度即意味着零认购率。商铺要达到广告策划的目标，就要把商铺具有的信息在适当的时候，以适当的方式，以适当的成本传送给恰当的人。如何锁定这恰当的人，即锁定目标客户群，这要有确定可行的广告目标方案，其内容无外乎是：

(1) 所卖商铺的特点是什么？

(2) 最重要的特点是什么？（主卖点）

(3) 目标客户是谁？

(4) 目标客户为什么要买或者不买？

(5) 我们要传达给目标客户的信息是什么？

(6) 怎样才能使这些信息有效地传达？

(7) 用什么准则来测定传达信息的效果？

(8) 如果传达效果不理想，风险如何避免？

解决了上述问题，是否可以高枕无忧？锁定目标客户群一定就能实现吗？市场千变万化，制定或策略中的误区有哪些？这些是不是从一开始就可以避免的呢？

(二) 广告策划误区

1. 促进销售。这是一个让人常含糊不清的概念，因为任何广告都是在促进销售，换句话说这是在模糊责任的一种表现。缺少了相关责任、销售指数和相应手段，这句话其实是在空谈。

2. 提高知名度。这同样是犯了模糊概念的错误。如果一个项目的广告旨在提高该项目的知名度，这就等于没有找到目标。无论什么样的广告，只要在媒体露脸，提高知名度即是附带结果，无法对通盘创作有指导意义，更谈不上对该项目的整体营销策划了，与一开始提倡的用最少的钱做最好的宣传背道而驰。至于无的放矢，其作用又在何处呢？

3. 建立品牌。各行业的广告可以说千差万别，其依靠的策略和能取得的效果又大相径庭。对于一则广告，那是短期行为；对于一个发展商和专业代理商而言，一系列广告，最大的收获是树立了品牌的无形资产。商铺广告不同于其他快速日用品之处在于，其数量有限，手快则有手慢则无，在一个时间段里，先了解信息与后了解信息绝对是两回事。而像快速日用品，消费者知道厂家有足够的产品，不用担心买不到。所以说，商铺广告目前还是针对商铺本身的终端宣传，市场反应也较敏锐。这从广告当日的电话进线量和来人到访量上便可看出。这也决定了商铺广告目前还只能是就铺论铺，未能提升到品牌的高度。商业自步入专业化和规模化后，经过多年的发展，无论从发展商或是从代理商的角度来看，今后伴随着全国性房地产产业的龙头企业及其品牌优势进一步明显突出以及国家政策的进一步开放等行业利好的到来，商铺亦将步入品牌时代。

对商铺的发展商和代理商而言，品牌的内涵是什么？靠什么来支持？有足够的广告费吗？有理由让广告到达的人有足够的信心买铺的同时又能记得你的品牌吗？这些问题没搞定之前，建立品牌则无从谈起。否则，广告投入对品牌建立而言，就如沧海一粟，吹口气是掀不起风浪的。

4. 电话进线量陡增。电话拜访量应与实际成交量相对应，广告过后，电话进线量是有所上升，但实际成交量是否上升了呢？成交量的质量在哪里呢？因为有些时候，通过前期的铺垫和市场孕育，恰好与广告形成了亲密重逢期，不能说是绝对广告的效果。对于商铺中某部分铺位综合素质好，是不应该完全列入广告效果评估的，这些最易交易成功的售铺量反而干扰了对广告效果的质量评估。

四、广告资金投入策略

广告费用的投资很大程度上取决于市场信息的回馈情况及相关业绩的直接反映。作为开发商，建设资金固然是必须保证的大前提，但是推广费用的投入也必须在严谨的计划下按部就班地到位。

从以往的经验分析，通常开发商由于急于解决资金短缺的问题，往往在项目的运作过程中，忽视了落实广告费用预算（计划）的重要性。因此，在整个销售过程中必然就会出现广告宣传投入的随意性，从而破坏了最初的资金预算计划及（广告）预期效果。随着此种情况的不断发生，必然导致大量无效广告的投入并造成资金的极大浪费。

有鉴于此，在项目推广实施过程中，广告宣传费用的投入必须结合市场的具体情况，在费用预算、投入计划的掌控下专款专用，在资金充分到位的前提下，广告的创意、主题才能系列地、很具渲染地呈现出来，从而达到流畅的促销效果。

一般地，产品开发项目宣传推广费支出比例占营业收入的 2%~3%，根据不同的项目情况会有较大的差别。

五、媒体分析

在传媒日益发达的今天，商业地产广告可选择的媒体众多。但各个媒体均有自己的媒质特征，有其既有优势，同时也不可避免其传播的局限性。因此，在项目广告投放前自然要对各种媒体的特征有深入的了解，然后有针对性地制定具体投放计划和媒体战略。

1. 报纸：报纸对于房地产项目而言，具有表现力强、阅读人群广泛、费用较低等特点，是目前房地产广告投放的首选媒体形式。

2. 杂志：房地产专业杂志在近年来快速发展，具有专业性强、表现力丰富、阅读人群特定、传阅率高、广告费用相对较小等特点，是目前地产广告投放的重要选择。

3. 户外广告：户外广告受关注度高，有利于公司及项目的形象实力展示，是最常用的宣传媒介之一，但费用也较高。

4. 电视、广播媒体：对地产项目而言，电视广播媒体的广告表现力有限、费用较高，因此一般不作为重点媒体进行投放；与此同时国内众多电视广播媒体还尚未出现地产广告营销做得比较成功的案例，仍需探讨挖掘。

5. 网络媒体："非典"事件的爆发，给房地产网络媒体以前所未有的发展机遇，从此呈快速发展之势，一些强势房地产网络媒体涌现，成为地产广告投放的重要选择。因为网络媒体的天然优势是能和客户进行良好的互动沟通，信息及时而全面。同时，目前一些专业地产网络媒体非常注重走出虚拟世界，经常主办一些活动，使其影响有更大增加。

6. 企业内刊：近年来，房地产企业内刊发展迅速，成为公司及项目形象展示、沟通客户、塑造企业及项目文化的重要平台。

六、阶段性广告推广策略

媒体宣传的投资应随着工程进展的深入而进行有针对性的调整，在项目初始阶段，由于其与市场尚未有正面的接触，因此以形象宣传为主，在此阶段以传播面广、时效性强、频率较大的跳跃式广告为主，如报刊、电视、电台、直邮等媒体方式。随着工程主体的形成，市场对本项目熟悉度的增加，在前述渲染性强的广告铺垫基础上，辅以静态的时效长的广告，如路牌、灯箱等广告，突出产品性宣传。

通过阶段性的市场总结，更有利于后期广告的制作与投入，更有利于广告炒作的整体均衡性，对于持续期的推广起到良好的广告互补作用。上述运作方式，能够有效地避免在销售过程中，随着资金投入的逐渐增加，在广告投放量方面出现的"头重脚轻"现象。

前期量大、面广、密集的广告形成轰动的市场效应为中后期项目销售宣传铺垫蓄势。而中后期的产品广告应该灵活多变，突出产品细节，直接为销售业绩服务。

（一）前期阶段

1. 大型路牌广告。

2. 直投宣传小册子。

3. 工地围板设计及展示中心设计。

4. 宣传海报。

5. LOGO 及各平面广告设计。

6. 发请柬及邀请信设计。

7. 宣传刊物及纪念品。

8. 举办开幕典礼及新闻发布会。

9. 报纸及杂志软文撰稿。

10. 电视宣传片及光盘制作。

11. 报纸、杂志广告。

12. 推介会及展销会设计。

（二）中期阶段

1. 报纸、杂志及广告发布。

2. 电视宣传及光盘派发。

3. 宣传单张贴及派发。

4. 开展地产论坛等。

5. 现场销售氛围布置（租售中心、引导系统及围板建造等）。

6. 展览会场制作（广告牌及挂旗）。

7. 客户推介会（宣传资料及现场布置）。

（三）后期阶段

1. 电视广告。

2. 报纸杂志广告。

3. 路牌广告。

七、广告效果的评估

现在每日的广告信息量大、资讯量多，人们在看报纸或杂志时是在翻广告而不是在细看广告。只有那些视觉效果引人注目，内容能引起共鸣和引发人思考的广告，才被人们所记住，并可能参与。每一次广告投放是一个点，在一段时间内投放的广告量则是一条线。如何使这个点和这条线形成良性互动效应、形成面，能否形成良性互动效应，则是广告效果评估的重点和意义所在。

要形成良性互动效应，需要有严谨有序渐进的营销目标。一定数量的广告推广费用和不拖泥带水敢于直面大众的广告投放，对于一个广告策划人员，对于市场跟踪工作必不可少，要分析来电数量、质量，来访渠道的变化及反映项目相关的传播整合的质量。

客户来访渠道中，分为广告后到访、朋友介绍、路过、电话后到访、其他促销或展览会后到访等。一般认为，来访客户中，以路过的客户质量最低；展览会和电话后到访质量较高，但展览会是偶然性的，不可能成为多数项目的绝大部分客户来源。因此，评估广告是否进入良性互动效应的状态，主要还要看广告后到访、朋友介绍、电话后到访三条途径。朋友介绍有部分是老客户成分，电话后到访部分是属于看了广告后打电话的，界限不是很清晰，但基本上可以从总量上把握分析。在广告进入良性互动效应的状态后，尽管客户来访渠道会因各阶段有所不同，比重有所升降，但只要能保障可以整合该项目的传播资源，促使整个项目营销目标的分阶段实现，带来期望的客户和交易。无疑，这样经过精心策划的广告是实用的优质广告。

八、商铺报纸广告的具体作业

（一）明确广告目的

主要确定广告的类型、广告欲达到的目标和有关建议。这是一个重要因素，以后的工作都要受到广告目标的指导。

（二）根据广告目标确定投放广告的具体报纸类型

通常开盘期和强销期为造声势，涉及面广，投放报纸种类多。工作重点在于软文铺垫和强势硬性广告视觉冲击，将商铺的价值、优势、潜力表现出来，烘托财富爆发的势头。持续期内，一般只在发行量大的报纸上投放，在保证一定效果的同时降低成本。

（三）广告刊登的次数和日程排布

通常在一段较短的时期内，如一个星期、半个月内同样的广告或者是微变的广告会出现一次以上，反映该时段内的投资动态、抢购状况或卖点强调，出现的次数和日程安排都要严格控制，以不浪费为好。

（四）广告的大小、投放位置和版面的考虑

广告大小主要有整版、半版、1/4直版、通栏和半通栏。主要选择整版、半版、1/4直版，位置主要在新闻下和报头。这些都要根据广告目标和成本来决定。一般而言，在显著的版面上半版或整版地刊登，对增加客户对商铺投资的信心和对发展商的信任大有裨益。

（五）广告设计和表现

这是非常重要的部分，所有的考虑终将落实到具体的画面、文字和言语中。

1. 醒目的标题。广告效果相当一部分来自大标题的力量。标题一定要醒目，表达清晰，能具备一定文采则更佳。

2. 简洁的文案。广告的文字说明一定要主次分明，言简意赅，商铺的众多信息没有必要在一则广告中一诉而尽。突出重点，语言流畅即可。

3. 易识别的色彩。若是彩色广告，本身具有色彩优势，比黑白广告容易引人注目，但要避免色彩堆砌。建议最好以一种主色彩，而该色彩应该是喜庆的红色和象征财富的金铜色，贯穿在该楼盘的整个营销周期内的报纸广告中。

4. 真实的画面。广告中的画面一定要真实，不能有引起消费者歧义的联想和承诺。

5. 投资案例分析。让投资者有实实在在的数据可比性。

（六）广告效果的测定

通常可以分两步进行。第一步在广告发布之前，在公司内部或邀请部分专家先交流意见，进行必要的修改，确保发布前的质量。第二步是发布后，通过现场来电来访下订等统计来反映广告的市场效果，也可以邀请部分客户对广告发表意见看法，从而反复调整，日臻完善。

第三节 广告推广案例

案例一 常用租铺与买铺对比分析方案

项目 \ 名称	商业街（租）	××商铺（买）
产权性质	产权归属业主，自己没有主动权，常有受租金提高及被收铺的风险，经营没有保障	50年产权归属自己，自由支配，经营有保障
工商税务	自行办理，自行负责	自行办理，能享受政府及商场的优惠措施
经营环境	商业街或临街底商式，规模小，风吹雨淋，环境较为恶劣	良好的商业运营气氛
配套硬件设施	自己装修，自己配置，投入资金较高	统一的中央空调、观光电梯、自动扶梯、监控防盗系统、自动喷淋系统等
购物环境	单铺式的，规模小，无法满足一次性购物及多样化选择的顾客，无法形成互动	一站式的购物中心，可以满足顾客各种需要，业态之间可以产生互动
营销推广	自行操作，专业性不强，费用较高，效果不好	统一的营销推广，不用自己操心，专业化的操作，让你省时、省心、省费用
经营管理	分散经营，单打独斗，投资风险较大	规模经营，统一营运管理，统一物业管理，统一营销推广，统一人员管理，经营有保障
绩效分析	年租金××万~××万元，前期装修费用××万元左右，三年投入××~××万元	每铺位售价在××万~××万元
结论分析	××年租房的投入就可买回50年属于自己的铺位	

案例二　3D动画宣传片制作

威海××商业广场宣传片制作脚本

片长：360秒
制作方法：3D动画＋视频素材

镜头号	景别	镜头说明	画面意义	时间
Cam01	素材	黑幕起，以一段三个国家的著名建筑（或居住胜地）视频做连续频繁切换，这时影像在切换中闪过××商业广场项目，影像以倒带的方式回切到项目画面。 连续视频的胶片画面，提高项目质数。 解说和字幕：曼哈顿岛上的自由女神，象征着美国的民主与自由； 澳洲港湾边的悉尼歌剧院，印证着世界艺术与国际生活的交流； 维多利亚湾上的会展中心，昭示着香港历史与现代的融汇； 时空变换，建筑以其深远的价值，诠释着历史文明和城市进程的里程碑！		15秒
Cam02	素材+ 3D 画面	一组威海视频素材。 一个项目俯视3D大景别（拉镜头）。 解说和字幕：中国·威海，一个充满生机与活力的开放城市，正在演绎着中国又一个新兴沿海城市的财富神话，××商业广场以其高端品牌领地，绝版地段，商业旗舰，财富引擎，统领着威海大商业。		20秒

续表

镜头号	景别	镜头说明	画面意义	时间
Cam03	多媒体+素材	用直观的多媒体方式说明项目所在位置状况和优势（配以相应的商业视频）。 解说和字幕：××商业广场，毗邻烟台、青岛、大连、韩国等，得天独厚的地理位置，增强了威海区域功能，助推威海门户经济。汽车总站、火车站、轻轨站，三站会聚人流、车流、物流、资金流，财富机会应运而生。		20秒
*Cam04 Cam05	特写拉全景（3D画面）	04：镜头接上一画面的最后一帧（平面画面），镜头画面以项目平面标识为主画面，平面图各部分逐渐沙化（特技效果），慢慢向项目聚集并聚合成项目简化主体（此时背景为地域模型网格画面）。 05：镜头慢慢向上后拉，视角不断扩大，项目简化模型主体再次向四周沙化（特技效果），慢慢露出主体精细模型，镜头不断拉高成俯视，区位、周边位置通过线框的方式慢慢生长并演变成真实建筑表现。叠画。		20秒
Cam06	全景拉升（3D画面）	项目和周边整个全景完全再现。蓝色的光线（特技效果）从主要商业位置（火车站、客运站等）和路段（青岛路、滨海路、青威高速等）飞过。镜头全景鸟瞰。 解说和字幕：青岛路、滨海路、青威高速，纵横城市内外交通，连接区域经济圈的经济动脉。		10秒

173

镜头号	景别	镜头说明	画面意义	时间
Cam07	全景	切镜。俯视拉下入视角度，配合3D动画和多媒体的方式对项目进行适当说明（背景和项目主体分开渲染，在进行到说明阶段时背景慢慢隐去，留下项目炫目主体。注意入视角度，突出项目质感）。 解说和字幕：××商业广场，占面积15209平方米，总建筑面积近八万平方米，由19层和22层同等高度的两座塔楼及四层大型商业裙楼组成，首席复合型商业地产，创造着让威海人为之振奋的商业典范。规划有购物中心、公寓式SOHO、标准写字楼、酒店式公寓、酒店，融合了购物、旅游、餐饮、休闲娱乐、商务办公、居住、文化、景观、体验的商业功能。		25秒
Cam08 Cam09 Cam10	3D画面	画面黑起。三个大鸟瞰和中景镜头，交代项目主体的建筑风格和建筑形象（突出建筑质感和品质）。 08：俯瞰（大景）。 09：远看项目（大景看海方向）。 10：中近景（强调建筑质感）。 解说和字幕：或俯瞰，或远望，明朗壮观的现代风格的建筑综合体，雄伟壮观，气度非凡，极大地展现了威海城市门户的地标建筑形象。		15秒

镜头号	景别	镜头说明	画面意义	时间
Cam11 Cam12 Cam13 Cam14 Cam15	3D 画面+ 素材	一组大型广场镜头（交代商业外观氛围和广场规划）。 11：中景广场园林规划。 12：户外电梯和肯德基外景氛围。 13：切室内肯德基内景。 14：一组户外商业外景素材。 15：中景俯视。广场入口小车驶向地下车库 解说和字幕：5000多平方米的大型广场，方便市民休憩娱乐，满足品牌商家的大型活动的需求，聚集人流，聚集财富。 肯德基的进驻成就你与世界五百强一起赚钱的梦想。		25秒
Cam16	3D 画面	大型地下停车场。 解说和字幕：大型地下停车场，近400个停车位，超前设计，易于出入，交通顺畅，给你极大的保障。		5秒
Cam17	3D 画面	镜头从地下停车场以穿透的（特技效果）方式上拉（停车场上面的楼层这时候以线框的方式显示），在拉至公寓层组块时，此组块由线框变为实体，快闪切入公寓室内。		5秒

续表

镜头号	景别	镜头说明	画面意义	时间
Cam18 Cam19	3D 画面	双层和标准层 SOHO 公寓描写，融合商务与居家的精华。 18：水泥框架的双层 SOHO 室内空间，逐步演化成精装修的室内空间。 19：标准层 SOHO 公寓，创新设计、超大宽景视域、时尚外飘窗、阔绰大客厅等优势。 解说和字幕：公寓式 SOHO，5.1 米挑高的结构空间，宜商宜住，融合商务与居家的精华，"SOHO 时代 我的公司 我的家"。户型经典、尊贵，源于对极致的追求，执著于每一个细节的精雕细琢，让生活的艺术超越当代。		15秒
Cam20	3D 画面	再切写字楼组块（此处效果处理和 cam16 相似）。快闪切入写字楼室内。		5秒
Cam21 Cam22 Cam23	3D 画面	标准写字楼描写。 21：通透采光的室内写字楼开间。 22：一组商务人士工作的视频素材。 23：窗前商务人士端着咖啡临窗远望，城市景观、海上全景，尽收眼底（此镜头先从室内轻推至窗边，至窗边后可观城市风景和海景）。 解说和字幕：标准写字楼，全方位通透采光，推窗远望，城市景观、海上全景，尽收眼底。		15秒
Cam24	3D 画面	接上镜头，上镜头画面的最后一帧定镜，镜头慢慢拉开，一本书出现在一休息桌上，书上画面为上镜头最后一帧（用此方法过渡到空中花园，休息桌为空中花园一景）。		4秒

镜头号	景别	镜头说明	画面意义	时间
Cam25 Cam26	近景、 3D 画面	过渡到空中花园。情景露台、茶座观景、休闲娱乐、运动为一体的绿色休闲空间描写。 25：休闲茶座观景镜头，镜头轻移。 26：借情景露台、休闲娱乐来体现绿色空间。镜头略俯视，定镜在中庭天窗。 解说和字幕：空中花园，情景露台，还原自然生态，集茶座观景、休闲娱乐、运动为一体，营造着惬意的绿色休闲空间。		15秒
Cam27 Cam28	3D室 内画面	27：闪白过渡。室内描写亮丽的中庭空间，通透的观光梯，多部上下快速扶梯（镜头从仰视慢慢环拉至俯视，俯视可看到周围走线布置）。 28：中庭场景不变，周边慢慢渐变成线框，流动的金色线条（特技效果）在人行动线区域来回流动。 以上两镜头需要突出商业环境和氛围。 解说和字幕：亮丽的商场中庭，通透的观光梯，多部上下快速扶梯，立体网状交通动线移步异景，给你的生活增添一份无比的惬意。		15秒
Cam29 Cam30 Cam31 Cam32	3D 室内+ 素材	室内情景商业购物和环境氛围体现。 29：商业环境1（3D室内）。 30：商业环境2（3D室内）。 31：商业室内环境视频素材。 32：特色商业环境3（3D室内）。 利用视频素材和3D画面的结合，将整个商业环境推至高潮。 解说和字幕：情景式购物中心，打造自由消费新体验：黄金珠宝、高档化妆品、精品服饰、名表、手机、时尚皮具等……琳琅满目，精彩纷呈，361度国际时尚体验，尽在其中。		25秒

续表

镜头号	景别	镜头说明	画面意义	时间
		特色旅游产品区，展示着韩国及各地民族风情，总让你流连忘返。		
Cam33 Cam34 Cam35	近景	室内休闲商业和环境氛围体现。 33：特色餐饮（3D室内）。 34：KTV、健身中心（3D室内）。 35：视频素材（SPA、时尚演艺吧、洗浴、桑拿等）。 利用视频素材和3D画面的结合，将整个休闲会所景致推至高潮。 解说和字幕：全天候特色餐饮，与世界尖端潮流同步，风情酒吧，流光溢彩，灯火阑珊，魅力无限。 KTV、健身中心、SPA、时尚演艺吧、洗浴、桑拿……让您畅享放松心情的快意！		25秒
Cam36	3D画面+素材	大型品牌超市3D表现结合视频素材。 解说和字幕：大型品牌超市，居家购物，旅途消费，变得如此方便快捷。		5秒
Cam37	3D画面+素材	一组酒店公寓镜头。 解说和字幕：酒店式公寓，典雅的大堂，舒适的环境，24小时高品味的酒店服务，给你自由个性的空间。		15秒
Cam38	视频资料	一组表现××商业管理公司的镜头。渐黑。 解说和字幕：××商业管理公司，品牌管理为先，专业保障到位，为整体商业物业持续繁荣发展保驾护航。		10秒

续表

镜头号	景别	镜头说明	画面意义	时间
Cam39	3D画面黄昏	黑起。镜头贴着建筑立面拉起,升过楼顶。接近黄昏的太阳散发出迷人的光线,将云层染成彩色。		6秒
Cam40	3D画面+素材	华灯初上,项目在金色黄昏的景致下,灯光慢慢从下向上亮起。商场里面和广场上人们在愉快地购物、逛街。		20秒
Cam41	3D画面+素材夜景	夜景下的项目(3D中景)+人流、物流、车水马龙的视频素材。 解说和字幕:××商业广场,以"责任项目"为目标,着力为社会、为城市、为投资者、为经营者服务,领秀商业新坐标,倾力打造威海首席复合型商业地产新典范,开创威海汽车总站、火车站、轻轨站门户商圈的财富圣地!		15秒
Cam42	3D画面	夜景,大鸟瞰项目片区。一片片的烟花在天空中接连不断地盛开。 解说和字幕:××商业广场,以国际视野,承载着见证中国又一个新兴沿海城市腾飞的梦想!居高望远,海纳百川,我们一往无前。		10秒
Cam43		出项目名称和LOGO动画、宣传语。 解说和字幕:尊爵领域,财富圣地!××商业广场。 财富热线:……		10秒

第四节　商业地产新闻策划

一、谁在策动中国地产

近年来中国地产持续高速发展，房价节节攀升，使得房价问题上升为一个政治问题和社会问题。谁在推动中国房价上涨？按照中国人的思维逻辑，需找出一个罪魁祸首来才算甘心。于是抱怨政府土地政策者有之，指责政府"招拍挂"抬升地价进而间接抬升房价；指责开发商者有之，认为开发商太黑，通过捂盘惜售、广告欺诈、合同欺诈、违规开发等手段牟取行业暴利，直接抬升了房价；也有的指责政府和开发商、官商勾结，共同抬市托市，炒高房价。但有意思的是，现在竟然出现一种论调，认为媒体也推动了中国房价的提升，房价是媒体炒作出来的。反对者则认为，房价拉升最大的幕后推手仍是政府与开发商联盟。

买房在以前被称为梦想，然而因为房价的狂涨，对百姓来说梦想已变为妄想，变为噩梦了。如果说噩梦已是有目共睹的事实，那么畸高房价是媒体炒出来的，这个惊人之论却是闻所未闻——若不是报纸白纸黑字写得分明，简直不敢让人相信这闻所未闻的说法还是出自省长之口。炒作本是一些媒体的拿手好戏，如炒名人、炒明星等。但是媒体又有多大的能耐，可以把房价炒上天？目前国际上公认的"房价收入比"为三至六倍，而在我国许多大中城市，"房价收入比"都高达十几倍——这难道是媒体炒出来的？

世上没有无缘无故的事情，房价成了天价，确是炒出来的，但并非媒体在炒，而是一些地方政府与开发商结成了利益同盟，做了炒家。地方政府低价征地，暗中操盘，唆使开发商哄抬地价，坐收巨利。比如，房子卖不动，政府就加大拆迁力度，制造"刚性需求"，甚至调控开始之后，一些地方政府依然阳奉阴违，嘴上说要"软着陆"，心里想着"不着陆"，明着"造市"，暗着"托市"，正是如此炒作，遂使房价节节上扬。为房市拨乱反正，为房市正本清源，乃是当务之急，更是众望所归。媒体既没有能耐将房价炒上去，自然也没有能耐将房价炒下来，因此把畸高的房价降下来，也只有地方政府能办成。这个道理，就叫解铃还需系铃人。这不是要政府违背市场规律打压房价，而是按市场规律办事，既不"托市"，更不"造市"。倒是倘若将媒体拉出来做盾牌，冤枉了媒体不说，更会搞乱了思想，耽误了调控。

但不管怎样，媒体的力量是一股无法忽视的存在。随着房地产业的发展，众多围绕地产的媒体大量涌现，形成了平面媒体、电视媒体、广播媒体、网络媒体的立体式媒体网络。借助众多的媒体平台，房地产业发出的行业声音较之一般产业而言显得更大更强。毫无疑问，媒体是社会公众资源，能对全社会产生深远影响，谁拥有了媒体资源谁就拥有了话语权。综观地产开发项目，成功者无不拥有良好的媒体关系和舆论导向，而死于媒体宣传者则数不胜数。媒体就好像一面放大镜，能使优者愈优、劣者愈劣，身处传媒时代的地产开发经营者，媒体公关是一个重要的公共课题，开发商不可不察也。

二、新闻是如何提炼出来的

众所周知，新闻不单是发现出来的，更是策划出来的。地产开发过程复杂，涉及环节众多，社会影响面非常广泛，因此深入挖掘，就可以提炼出各式新闻为我所用。当然，前提条件必须是从新闻的本身规律出发去发现和策划出地产新闻。在新闻学里面，有两个重要概念，即新闻要素和新闻价值。新闻要素是新闻事实的主要构成因素。在 19 世纪 80 年代由西方新闻界首先提出，一般包括：何时（WHEN）、何地（WHERE）、何人（WHO）、何事（WHAT）、何故（WHY），后来增加了一个要素，即如何（HOW），用英文字头简称"5W1H"，被人们称为新闻六要素。新闻价值则可以包括时新性、接近性、显著性、重要性、兴趣性、权威性、针对性和服务性八大方面。新闻界的一句经典名言"狗咬人不是新闻，人咬狗才是新闻"，也许可以使我们比较简单地理解什么是新闻了。

如果对地产新闻进行细分和定位分析，我们就可以发现新闻策划的众多方向。

（一）产品层面的新闻提炼

地产开发产品复杂，涉及面很多，专业性强，就商业地产来说，包括商业规划、景观设计、建设设计及施工、智能化配套等方面。如果就事论事，则难免流于枯燥乏味、公式化、程式化，也就说不上什么新闻性了。现在许多开发商都停留在这种层面，许多项目都是以所谓"软文"的形式出现，毫无可读性、趣味性、轰动性，读来使人昏昏欲睡，其宣传效果也就可以想象了。

其实如果换一个观察的角度，对项目产品进行全新的定位认识，还是可以挖掘新闻价值的。如立足于行业背景、城市特征、国际国内现状，全力展现本身项目的独创性及其产生的影响、意义等，提炼几个"第一"，新闻价值也就自然展现出来了。如国际规划设计大师独创设计、颠覆原有商业模式、与国际最新商业理念接轨，等等。也就是说，要塑造一个"新闻背景"，项目要置身于某个"新闻背景"下，有比较才有鉴别，有比较才有差距，自身项目价值也就体现出来了。

案例一　银川××商城电视片脚本

尹冰，宁夏建筑设计院的副院长，今年春节前，他就一直在为商城的改造设计而忙碌，这是一个大型的综合性项目，需要考虑和处理的因素实在太多了。

现场：

这儿有主干道，这儿有个主环路，主环路没有连通，看到没？所以我希望把这个连通，可以，可以。

同期声：

每个建筑应该从城市设计的角度出发，你要分析当地城市的功能组织，它的区位，它的开发限制，还有一些比如它的绿化系统，要提出一些策略性的政策，以此作为建设、设计的依据，这样就能和城市形象衔接得比较好。

建于1992年的银川××商城，在建成初期的确推动了银川市、全区乃至西北地区商贸流通的发展。尽管历年来存在不少问题和弊端，但是它优越的地理位置和多年来形成的商业品牌都为新商城的设计打下了良好的基础。

同期声：

自从市场经济开始，商城作为弥补市场中新的经济模式，大商城小铺面在十几年经营中，被银川市、宁夏乃至宁夏周边省认可，它的经营方式和经营效果在市民中形成了一个很好的商业品牌。

改建后的银川××商城将形成开放的商业格局，延伸了鼓楼商业步行街，并贯通菜市巷和市场巷的商业客流，其内部合理的规划布局将最大程度地提升区域的商业价值。

同期声：

在规划布局以延续鼓楼商业街，北轴有 16 米宽的步行街通道作为主轴，东西有 8 米步行街（商场内部）作为它的副轴，在中间的会聚点做了一个下沉式的中心广场作为它的中心，将建筑分成 4 块，通过建筑空中的纵横交错的连廊把它连成了一个有机的整体，形成了开放式的商业空间。这样保留商城的经营特点，就是最大化地增加商业界面。

目前，单纯的购物功能已经远远不能满足消费者的需求，作为银川市民公共聚集的中心，新商城将会最大程度地满足市民不同层次的消费要求和多元化的功能要求。

同期声：

它包括的内容有商贸、办公、金融、文化、娱乐、餐饮等。同时我们又介入了一些休闲、旅游等强化市民公共活动的功能，同时促使它多元化功能的互动。

解说：

由于新商城将是一座现代化、多元化的商业建筑，对可能出现的荷载和功能变化，都在结构设计中做了充分灵活的考虑。

同期声：

比如说有些地方看不到墙，建筑物中间可以随意加一些墙，随意做一些分割，并且以后正常的使用改造都不会影响目前建筑使用功能的安全，整个商业功能灵活性和多功能性，在这方面我们考虑的是比较多的。

现场——设计讨论（黑场）

解说：

大部分的银川市民都有去商城购物的经历，那里的确有它的吸引力，但每个人也有各自的感触。

同期声：

"比较乱，上下不方便。"

"特拥挤，通风不好，人特多。"

"挺嘈杂，环境不是特好。"

解说：

现在人们购物，选择的不仅仅是商品，还有环境。

图一个好心情，那么您看：宽阔的下沉式广场，通透的挑空中庭，自由闲逸的街廊，新商城将以现代高雅的设计理念为您营造优质的购物环境。

同期声：

作为一个商城，人比较多，环境生态的东西怎么来考虑。我们主要在步行街里面考虑放一些蕴涵文化的建筑小品和主体的绿化系统，生态的东西把它强化，到处都有，使它能够创造出一种生态的步行街。

解说：

为了提升新商城购物休闲的舒适度，设置先进的全空气空调系统；另外，48部扶梯、11部电梯，近60部电梯则满足了人们高效、便捷的购物要求，这样大量的电梯数在整个西北地区都很罕见。

同期声：

我们在每个入口里面，设置有通往各层的扶梯和直梯，入口有通向地下一层的，直接上地上三层的，有从街道的合适入口上到六、七层办公部分的，还有从商业街直接入口到四、五层的，餐饮、娱乐有独立的出入口。

解说：

老商城的交通拥堵问题一直难以解决，而且没有专门的停车场，给消费者带来了极大的不便，而新商城不仅设计了大型地下停车场，而且对机动车流、非机动车流和人流进行了严格的区域划分，形成了畅通高效的交通系统。

同期声：

南薰路作为城市交通主干道，我们把机动车的主路口、它的停车泊位都从南面进入，大部分停入地下，最大限度地利用一层。

同期声：

在商城的东侧和西侧这两条街上留的是自行车出口，这两边全是自行车停车场。

同期声：

人潮我们总体概括出来是四通八达，（商城）它的四个面都是四通八达，有很多的出入口。

解说：

改建后的新商城将以其高品质、智能化的特点，提升城市整体的商业品位。同时，它独有的建筑风格，也将成为一处亮丽的城市新景观。

同期声：

充分根据当地文化文脉的特征，结合当地历史文化的个性，融入了一些先进的欧美建筑风格，吸引了伊斯兰建筑符号和它的细节，融入了欧美的一些新古典特征，在融入过程中二者很矛盾，我们用现代材料加以表达、诠释，这样就能很自然地表达出来，感觉建筑很有生气，雄浑有力，这样就能营造现代建筑并具有地方特色文化的城市形态。

（黑场）

案例二 ××购物中心新闻稿

随着改革开放之路的不断推进，东南沿海崛起了一座新城——温州乐清，乐清人以"敢为天下先"的精神，以勤劳、勇敢的品质创造了中国一个又一个神话，从全国经商到各地炒房，从滨海渔村到现代化的都市，乐清人用他们的实际行动向世人证明：他们是最棒的！如今的乐清，综合经济实力全国有名，城市基础设施日趋完善，城市化进程的脚步不断加快，人民群众的生活水平不断地提高，然而现代化的商业气氛却有待提高，有钱没有好的场所去消费，成了乐清人深深的遗憾，拥有一家自己的中高档消费场所是乐清人期待已久的梦想。

××购物中心的诞生无疑是场及时雨，定位为乐清市首家超大型一站式的购物中心，是由乐清市清远综合农贸市场开发有限公司投资超亿元兴建的，地处双雁路与清远路交会处，地理位置优越，为市政工程"南迁"的核心商业圈，占地面积18亩，总建筑面积近30000平方米，是政府扶持的重点工程。距虹桥、柳市镇仅需15分钟车程，距温州市区仅需40分钟车程，交通十分便利。

××购物中心首创以时尚、体验、购物、休闲、文化、美食、娱乐为一体化的公园式都市休闲消费中心，形成具有国际视野的一站式休闲购物中心商业格局。主体共五层，地下一层为乐清市目前最大的停车场，可供100多辆车同时停放，国际知名品牌世界500强企业——麦当劳强势入驻一层前厅，后厅为全封闭现代超市型肉菜市场，与前厅完全分离；二层为品牌区高档服装精品；三层为全国著名品牌电器；四层为餐饮、娱乐、休闲等。

完善的硬件配套设施，一流的中央空调及排风、排水系统，一流的电子商务网络系统，一流的闭路红外线监控系统，专业的经营管理团队，为您投资经营保驾护航，是您投资经营及休闲购物的最佳场所。

随着新区各项城市配套设施的不断完善，开发区势必成为未来商业文化中心，××购物中心凭借得天独厚的区位优势，傲然立于新区的中心位置，势必成为乐清乃至温州人民关注的焦点！

(二) 公司层面的新闻提炼

房地产业已经进入品牌时代，优秀开发企业不单注重产品打造，更注重企业形象和企业品牌建设。公司层面的新闻策划可以从公司业绩、公司文化、公司战略、公司管理成就、对地方社会贡献、在地产开发行业中的地位等方面入手，挖掘公司新闻点。如目前一些评奖活动，评比"房地产十大创新企业"、"综合实力十强企业"、"纳税企业十强"等，都是基于公司层面的新闻策划。

（三）公司领导人物的新闻提炼

公司作为一个组织系统，其品牌形象往往显得抽象空洞，因此从推广角度来说应该使"公司人格化"，使公司有更鲜明生动的形象。这就要求一个优秀企业必须推出自己的领军人物，或者领袖人物，使公司领袖人物成为公司的典型形象代表，成为公司的"形象代言人"。这个时候，实际上公司和人物是二位一体、合二为一的。

同时每个企业的领军人物都有特点，不论是他的性格、业绩，还是经历，都要引人注目，这些就是亮点、新闻点。在领军人物身上做文章，把重点转向了活生生的人的身上。在读者眼里，这样的文章往往可读性强，因而阅读率也就高。现在大部分的地产媒体都辟有人物专栏，介绍地产人物的成功和失败、经历和思想等，为公司新闻推广提供了良好条件。策划人员要善于发掘企业领军人物的亮点，事实上这也是媒体需要的极好素材。同时新闻媒体也热衷围绕人物展开许多活动，开展各类地产论坛、评选"地产领袖人物"、"地产风云人物"、"地产新锐人物"等。事实上，自改革开放以来，中国地产经过多年的发展，已经产生了一大批地产人物和地产明星，他们的个人形象和知名度对其公司发展产生了不可估量的影响。如王石之于万科地产、潘石屹之于 SOHO 中国、冯仑之于万通地产、任志强之于华远地产……

（四）市场层面的新闻提炼

房地产作为国家的支柱产业，其市场地位和受关注程度都是一般产业所无法比拟的。地产媒体一般比较关注的市场层面的新闻有：

1. 市场走势预测：一般在新年开始时期。这个时候也是新盘集中放量时期，媒体都会对全年的地产行情进行预测分析。

2. 区域市场（地产板块）分析：地产板块往往关系到城市的区域发展，决定城市发展走向及未来，往往是媒体关注的重点。

3. 关注市场热销：房地产销售的黄金季节一般集中在金秋时节，很多地方有所谓"金九银十"一说。这个时候项目都会展开大型的营销攻势，一般会举办大型房展会之类的活动。同时这个时期也是媒体重点关注时期。

4. 年末盘点：接近年关，各类媒体都会对该年一年来的市场情况做一些总结盘点之类的新闻，同时也会举办一系列诸如"年度热销楼盘"奖、"年度风云人物"奖、"年度公司表现"奖等活动。

（五）活动层面的新闻提炼

目前事件营销或者活动营销已经成为地产营销的一大利器，开发企业一般会开展开盘庆典、商业街开街庆典、卖场开业庆典、公益活动、地产论坛、年末嘉年华会等。围绕这些活动挖掘其社会意义和影响力，其新闻价值自然也就体现出来了。

需要注意的是，从新闻宣传的角度考量，我们就会发现，一切活动的宗旨和目的其实都是围绕新闻宣传而展开。新闻宣传效果简直就是衡量活动营销的一杆标尺。活动如果举办得再盛大，自己搭台自己唱戏，没有引起新闻媒体的关注，没有引起社会的反响，那么几乎可以肯定地说，这样的活动就是不成功的。因此，在活动策划时，应该多考量新闻价值，尽量掩盖和淡化其商业性和功利性，能够凭借较好的主题吸引市场和媒体。

三、新闻策划的三重境界

（一）一重境界：有事说事

"有事说事"的境界主要表现在开发商的新闻推广还停留在"就事论事"的阶段，对开发项目和公司的情况进行基本宣传表达。这种宣传很多时候会以所谓"软文"的形式出现，可读性较差，在很多时候就像做广告，在自吹自擂，宣传效果也就非常有限了。

（二）二重境界：没事找事

许多开发商在新闻推广的时候都有一个很大的困惑：项目开发一般周期都很长，常常达数年之久；而项目和公司宣传点毕竟有限，开展一段时间的宣传后就有种"江郎才尽"的感慨，落到无东西可宣传的地步。

在这个时候，新闻策划就显得尤为重要了。这时候的新闻策划应该有更开阔的视野，需要借势和造势，寻找和创造新闻机遇。我把它称为"没事找事"或者"无事生非"。"风乍起，吹皱一湖春水"。房地产市场很多时候犹如一湖春水，本来一团平静，这时候需要把它搅动起来，而一旦动起来后就是另一番气象了。

2005 年和 2006 年，湖南卫视"超级女声"红遍大江南北。借此东风，地产界也闻风而动，纷纷借船出海，大力塑造"娱乐地产"，一时之间地产界好不热闹。

案例一　冯仑反省：房地产商高举学习"超女"大旗

有人说，2005 年"超女"的胜利是一场庶民的胜利，这意味着社会时代的变革已经通过一种偶然的方式不期而至，然而，这种偶然的到来或许早已蕴涵着必然，那就是随着市场的开放，许多行业都必然从卖方市场转化为买方市场，"超女"如此，房地产业也如此。

2005 年这个夏天，"超女"风暴席卷整个中国。虽然超级女声的比赛已经落幕，但其影响还远未结束，"超女"已然成为 2005 年最热门的话题。有人说，"超女"的胜利是一场庶民的胜利，这意味着社会时代的变革已经通过一种偶然的方式不期而至，其影响已渗透至社会各个领域。作为最需要策划、最需要走在时代前沿的行业，房地产商们率先发起了"向超女学习"的运动。

房地产商向"超女"学习，听起来似乎不可思议。然而，在 9 月份例行的"反省会"上，身为万通集团董事局主席的冯仑竟谈到了"超女"，并将其运作理念延展至地产营销及企业内部管理的层面上。"超女"火爆背后的商业逻辑让地产商们开始反思自身一贯的卖方心态。

从营销这个角度来说，营销能否成功关键是看消费者对你是否认同。随着市场的开放，大多数行业都已从卖方市场转化为买方市场。然而，房地产业仍固守着卖方市场，一切唯我独尊，还是"老子说了算"。房价高，房地产暴利，早已成为老百姓的"心腹大患"。房地产商当然还想以"权威"自居，但是如今"超女"的胜利已让他们开始低头思考，毕竟天下是老百姓的天下，是消费者的天下，房地产由房地产商一统天下的历史终究要结束。

房地产商们向"超女"学习，这是好事，但是学什么呢？"超女"的胜利最关键的是市场化运作，"超女"不由评委说了算，而是"粉丝"说了算，只要我喜欢我就投票。"粉丝"们没有评委们的理论水平，但是"喜欢"自有喜欢的道理，或许这就是"超女"评选的规则。同样的道理，只有让消费者喜欢的房子消费者才会购买，从这个意义上说，房地产商应当明白，房地产市场也应是消费者说了算。可能会有人说仅凭一个喜欢哪能就决定市场？

然而，房地产商们向"超女"学习，笔者以为就应该学学"喜欢"也是硬道理。当然，房地产商们不可能一下子转过弯来。但是，面对"超女"所展现的商业逻辑，房地产商们应该思考一下，将来的房地产市场是"精英意识"左右还是"百姓意识"左右？笔者认为将来的房地产市场应该由百姓说了算，因为盖房是让百姓住的，房地产市场不向百姓靠拢，老百姓不喜欢还能有什么前景？

房地产商们向"超女"学习，我以为还应该学学为消费者着想。"超女"是由"粉丝"投票产生的，如果"粉丝"投票的成本高，"粉丝"无法承受，即使有喜欢的"超女"也没有投票的自由。做房地产也要有这种忧患意识。比如，老百姓也喜欢超大超豪华的房子，但是腰里的人民币不允许他有非分之想。要做房地产，就要让老百姓买得起房子，如果房地产商只盖房不让老百姓买房，那房地产市场终究不会真正火起来。

资料来源：《中国经济周刊》。

案例二　商业地产也超女　摩尔PK特色商业

摩尔（MALL）

此"超女"为舶来品，洋妞，所以需要解释一下：MALL全称SHOPPING-MALL意为大型购物中心，它集购物、餐饮、娱乐、休闲、旅游、社交、商务等功能于一体，为一种新型的复合型商业业态，在20世纪80年代风靡全球。其主要特征是：占地面积大、绿化面积大、停车场地大、建筑规模大、涉及行业多、开设店铺多、服务功能多。

近几年，MALL在重庆遍地开花，主城各个商圈都以MALL为领头羊，如观音桥的北城天街、解放碑新兴消费区的美美百货、南岸的帝景摩尔、沙区的华联购物广场等。而在北京修建的MALL创下世界单体商业建筑之最的世纪金源来到重庆，在北滨路上开发体量达60万平方米的金源时代购物广场，号称西南最大的SHOPPINGMALL。

随着人们不断增长的物质欲望和体验消费的综合需求，MALL成为人们现代消费的主要需求。它不但是时尚，据说还是品位和高效经济实力的见证。但是，大量MALL的涌现和同质化的趋势，使这个"超女"在大量商业项目中显得有些慌乱。

摩尔粉丝：金源时代购物广场、北城天街、杨家坪斌鑫世纪城等。

特色商业

今年六、七月，低迷了相当一段时间的重庆商业地产迎来了一股"特色"浪潮，一个个主题明确的商业项目纷纷跃上前台，吊脚楼特色的洪崖洞巴渝民俗风貌区、奥林匹克花园的运动特色街区畅谷、英伦风情的东方港湾·约克风情街、徽派建筑特色的金科·盛宴十二坊……风头甚健的特色商业得到业界人士的较高评价，甚至认为它可以解救重庆商业高空置率的危难。

这是跟世界潮流接轨了。目前，建高标准特色商业街在全世界是一种趋势。专家认为，它是市场发展的必然产物，也是目前重庆新增商业项目回避中低端、同质化的一个有效手段。

特色商业粉丝：洪崖洞、金科·盛宴十二坊、金阳骑龙山庄·重庆映像、高山流水·普罗旺斯风情街、奥林匹克花园·畅谷、东方港湾·约克风情街。

PK台

同为商业地产，但摩尔和特色商业的差异化比较明显，犹如李宇春和张靓颖，都是唱歌的超女，但一个是青春期男孩的模样，一个是风情万种的女人味，风格截然不同，所以粉丝的差异化也很大，甚至有性别之分。

因为各自的定位差异，摩尔和特色商业在建筑特色、选址、经营模式上都有差别。中国或者重庆的摩尔已经改变了欧美国家本土的做法，选址倾向于繁华的闹市，以透明感强、现代时尚的建筑主体，布局、经营讲究人性化、个性化和消费者的体验感；特色商业既有本土的，也有舶来的，讲究针对性经营，讲究景观与商业的结合，一般建在居民社区或交通便捷的景观场所。以特色的建筑、无敌的景观和特色的经营给消费者一种全新的消费体验。

摩尔和特色商业两种项目各有所长，所以它们一同站在重庆商业地产的风口浪尖上，接受广大消费者的检阅。

资料来源：《重庆晚报》。

案例三 程咬金切苹果：炫

程咬金们大闹 CBD 区

如今的程咬金很多，虽然不一定是姓程，但一定是咬住就不放。

最早当属现代城，那会儿 CBD 刚刚热，潘石屹便弄出一个精装修的现代城，然后是一番人事变动，潘邓大战，然后又一番 SOHO 登场，潘任口角。几年间弄出好大一番市场来，白手起家暴富，还要在美国、中国香港上市。这个"程咬金"当属第一，故玩足了花样。

在这个过程中，程咬金的几板斧引发了全北京发展商的不满，更让全中国的发展商嗅出点味道，所以，珠江来了，一开始是在南城活动活动手脚，然后就直逼 CBD，在两三公里外紧紧围着现代城，南边一个珠江帝景，北边一个珠江罗马嘉园，两大欧洲城齐齐地闹将上来。可就在其活动手脚之时，斜路上又杀出几个程咬金来，小的如金港国际，直抵珠江帝景前门，见钱就卖；大的如广州同乡富力，不仅在圈地上以高价挖了珠江墙角，而且还高价"挖了"珠江人，将谢强及其左右手弄到富力。但珠江这个程咬金是轻易不服输的，又在外围弄成了珠江绿洲、珠江国际城，准备本年厚积薄发，再战三百回合（不想后来又从侧路上冒出一个风度柏林，此为后话）。

就在富力与珠江形成潜势竞争时，潘石屹手下跑出去的几员大将，又演了一回程咬金，姚军在蓝堡国际公寓大喊一声：拒绝商住。潘石屹刚一抬头，就发现另一角上冒出一个后程咬金，操盘手又是自己的旧部吴江。这个后现代城厉害，一声不响地咬定现代城不放松，不仅上演一通抢案名、抢定位、抢时间的帽子戏法，一气卖了上千套，而且继续咬定 SOHO 现代城不放，不仅继续推出后 OFFICE 时代，而且还差点在朝外大街推出一个朝外 SOHO。气得老潘直叹气：吴江这小子！……不过，建外 SOHO 早超越了现代城，当然不怕后现代城，更不惧朝外 SOHO，你小子有什么招数，都使出来吧。

但真正的程咬金这才刚刚登场。号称楼市解放军的张宝全同志，因与富力合作谈判失败，一怒之下，拿了百子湾路朝日啤酒厂的地，哇呀呀一路大喊着就杀进了场。苹果社区招标才喊了那么几声，就吓退了 CBD 区域几个没有冒出来的程咬金，纷纷卸装退场，去异地改唱别出戏去了。台上这几个程咬金也着实吓跑了三分魂，定了定神，这才又锣鼓声再响，重新再战。

结果富力城尽管当时花了 32 亿元高价拿地，但开盘价出来却低至 7180 元/平方米（精装均价），而且谢强确实也下决心在东三环边做了一个巨大的彩蛋（售楼中心），一幅与苹果社区斗争到底的气势。这边潘石屹底子好，在短短月余，一口气玩了五套花样，一是东拍拍西拍拍，二是 SOHO 疯狂都市，三是撕碎头皮做广告，四是标榜自己再创销售纪录 23 亿元，五是来一个合纵连横，与谢强联手工程招标 80 亿元。但可谓越花哨越心虚也。不过，在看了富力城的方案后，潘石屹不由得大笑几声：天无绝人之路，谢强这哥们够意思，放我SOHO 一条生路。

但这一切都没有逃过程苹果的眼皮。张宝全以 6000 元/平方米的起价，不仅搅乱市场诸侯的几路方案，而且这回更玩起社区规划方案招标、业主投票的大把戏来：一个青苹果规划，直逼后现代城；一个红苹果方案，直逼富力城；一个转基因苹果，直逼建外 SOHO。除了拿产品说话，还必须拿房价说话，所以，无论青苹果、红苹果还是转基因苹果，这些苹果除了可口，还有就是便宜。

张宝全这一身杀气很奇怪，近观一团和气，但远隔几公里躲在家里，都分明感觉到其刀锋上咄咄逼人的寒气。所以，后现代城先跑了，原来后现代城有个预案，说热烈庆祝苹果社区加入战场（后现代城一期售完转移到商务战场），后来也放弃了；富力城想跑也来不及了，硬着头拼品质、拼速度、拼综合社区；老潘干脆跑到青藏高原去放松去了，来一个眼不见心不烦。张宝全好一阵得意，胜券在握，看着数千人排队待购，这才放出风来，说要限购某某套，然后就涨价。

殊不知，就在这时，又杀出一个更狠的程咬金，这个程咬金不仅咬定了苹果社区，而且还是张氏同门，而且还与珠江、富力都有瓜葛。

炫特区突然北路杀出

围绕 CBD 中心区的国贸中心，这些程咬金们的分布很有意思：如果现代城属东程，那么，珠江帝景、金港国际、风度柏林都属西程，富力城和苹果社区属南程，偏偏就没有北程。这就给炫特区留下一个巨大的玩闹空间。

大家都知道玩闹的本质还是商战，所以，要想玩出花样来还必须知己知彼也。这正是炫特区总经理张卫克的打法。与谢强早期在鲁能做同事的张卫克，不仅随谢强先后到了珠江投资，后去了富力集团，而且在近十年房地产操盘生涯中，也早摸透了潘石屹和张宝全的打法，更在炫特区预案时，摸透了后现代城的招数，更看清了苹果社区可能出现的种种变化……如果还没有被他们的气势吓退的话，那么，我们就应该果断地、以最快的速度切入市场中，张卫克说，无论如何，我们有我们的优势与劣势，但无论如何，我们都应该知道如何宣战。

论拿地，张卫克承认，炫特区最初是他在富力工作期间为富力集团谈的诸多地块之一，但富力觉得贵，这才给他一个自己找投资做项目的机会。也就是说，炫特区的土地并不比任何项目便宜，这属内在的劣势。

论品牌，广厦京都虽然是一个品牌，但在这个眼球社会，广厦再有实力，也无法与潘石屹、张宝全、谢强的名气相提并论，这又是外显上的一个劣势。

论操盘，无论在新闻事件、项目炒作和广告推广方面，张卫克也都无法与诸位江湖大佬一比高下，至少要得到京城各大记者的追踪采访和免费报道，估计还需时日，至少要等到炫特区成功之后再想了。

论区位，东四环外的炫特区，虽然占据北路，有上风上水的好感觉，也有周边成熟大居住区的先天条件，可以跟大多数项目一比高下，但平心而论，也绝对占不了富力城和苹果社区的先。

论规模，炫特区30万平方米，更与60万平方米的苹果社区和数百万平方米的富力城有差距。

……

这个程咬金有如此多的劣势，为什么就没有被吓倒在地？而且，不仅没有退却，反而以不顾一切的声势，以迅雷不及掩耳的速度冲将进来，杀得市场昏天黑地？

炫特区玩的是什么样的板斧？

炫特区五板斧切苹果

既然敢与苹果社区分庭抗礼，当然就不能只练三板斧就敢杀出江湖来，怎么说苹果社区也已经比别人多练了那么一板斧，所以，炫特区必须有五板斧，否则还真切不动这个大苹果。

第一招，上三路。炫特区必须先盖起来，现房入住要封在苹果社区之前。这方面，不仅是因为炫特区位于北区，在整个东区有更大的市场，或者炫特区本身只有30万平方米，施工进展更可能实现，而且更主要是因为炫特区出手快。

据了解，炫特区自正式谈地那天起，用了两个半月的时间，不仅重新修改了规划方案，而且确定了户型与装修方案、家具送配方案，签订了青鸟健身俱乐部，并同期完成了售楼大厅、广告路牌，相关的策划方、广告方、销售组也同期完成，在工程同期全面展开的同时，全面的推广计划按分按秒地进行，就在 2002 年年底炫特区"70 炫一族"预热高潮之时，五证终于齐全，立刻就进入了开盘期。张卫克称，这样的速度，是任何一个业界高手都不会相信的奇迹。

这个奇迹，足以封在苹果社区之前半年，当炫特区封顶时，苹果社区估计刚出地面。

第二招，左三路。炫特区嘴上不玩小资情调，不讲精神文化，不谈城市情绪，但却实实在在地去做了。第一是炫，就足够有力量；第二是"70 新生代炫一族"活动，第一个将萦绕在城市上空数十年的 70 情绪融入项目的灵魂中；第三是不仅精装修、配送全套宜家家居、首推高品位成品屋，而且将情调直接固化在产品本身之中，让消费者不仅听得见、看得到、摸得着，更搬得动；第四是青鸟健身俱乐部，炫特区全面引入的青鸟健身俱乐部不仅是东区最大的，而且也是目前青鸟在北京现有俱乐部面积的总和，是一个实实在在可以活动的情调空间；第五是国际青年主题社区，虽然可以被称为更俗，但却正是市场需要的东西。此小五招，步步为营，招招引人，所以，炫特区说，炫是本质，而非情调。

第三招，右三路。炫特区知道，光有情调是不够的，光左不右更不对，还必须有更物质的支持。所以，炫特区首家推出社区食堂，炫特区将在日后的社区中推出大型社区食堂，这个炫食区不仅要有写字楼员工食堂的规模、中西餐厅的档次、食街文化的多样性，而且还必须与高校食堂的价格看齐。一句话，在炫特区，厨房将退化成厨艺的摆设，成为生活个性的景观，而非累赘。

第四招，下三路。如果上三路、左三路和右三路都不足以引爆市场，那么，炫特区就要靠其下三路了。别无选择，真正的下三路除了房价就是房价，除了总价还有单价。所以，炫特区小户型不仅有足够舒适的小空间，而且单价直落 6000 元/平方米以下，在 5600 元/平方米的均价中，不仅送配全套精装修，包括厨房用具，而且送配有全套宜家家居，部分送配户式空调，另外，首批购房者还已经享受到可转让的青鸟健身卡和部分家电送配。如此强大的性价比让业界惊呼：房地产还有没有利润？让消费者惊叹：简单不敢相信自己的眼睛！

第五招，正是炫特区的本质。别小看了粗汉程咬金，对着那个大苹果，左右上下来各一斧后，不仅没有把苹果切烂，反而顺利地切了皮，留下一个真正的苹果。炫特区与苹果社区最大的不同就是，炫特区尽管不能被称为真正的小户型社区，但却是一个真正的青年社区，这里没有中产阶级，更没有三代同堂，当然还要拒绝商务办公。张卫克称，炫是一种纯粹的情绪，一个纯粹的社区，也许户型有大小差异，但精神应该是同质的，所以，炫特区必须是一个同质社区。而实际上，这种炫的情绪，也会与保守的中产阶级、自我感觉良好的财富阶层，以及忙来忙去的大小商务公司本质相冲。一句话，社区只有一种纯粹的东西才可以炫，社区里有了三五种混杂的东西，就炫不起来了。

尽管炫特区这五板斧没有完全使出来，但奇迹已经出现了。炫特区开盘广告一出，三天之内，接了近万人次咨询电话，炫特区现场一开盘，尽管雨雪纷纷，还是有人提前一天一夜排队，当天认购1261余套，立刻就进入了换签合同程序。张卫克称，市场的眼睛是雪亮的，炫还是不炫，拿出来就知道。

炫特区不仅是程咬金，更有拼命三郎的感觉。

市场足够大，胜负皆英雄

到此，我们不能不意识到，炫特区不仅在切苹果，而且更有切苹果的巨大市场。

如果我们考虑到张宝全是在炫特区之后推出的三大苹果方案，就不难发现，苹果社区多少有点避其锋芒的感觉。但真实的一面却是，张宝全原就是程咬金打法，所以，既然潘石屹没有小户型，富力城也是部分小户型，而且没有做商住，为什么就他一个人在小户型市场独玩，为什么就不可以在更高的层面上玩玩？这才应该是三大苹果的初衷。

这就将巨大的青年小户型市场留给了炫特区。

但张卫克认为，他确实没有想到苹果社区会有三大苹果，这样，竞争项目青苹果就锐减三分之一，而他原来的方案是针对苹果社区60万小户型和青年社区去的。所以，大有出手太快动作太大的失落感。不过，这样也好，张卫克称，炫特区少了拼杀的压力，就有更多的时间与空间来打造出精品。

但实际上，我们发现，发展商之间的程咬金式打法确实太比拼了，如果市场足够大，难道不是胜负皆英雄吗？大家台上唱戏，你方唱罢我登场，你抬我举，不就正是造就了这个繁荣的市场吗？豪宅不敢说，写字楼不敢比，难道小户型青年社区还怕竞争过激，供应过大吗？非也，未来三五年，必将是青年人的市场，可以相信，在炫特区之后，还会有更多的青年社区、青年城推出，依然会再度繁荣，这不是一个板斧招法的问题，而只是一个时间问题。只要发展商都如张宝全或张卫克们，不要太黑，大家都会将他们视为真正的英雄和风云人物的。

（三）最高境界：我即新闻

地产界的少数知名人物，如潘石屹、王石之类，所到之处无不是众目所归、闪光灯聚焦之点。他们是国内顶尖的地产明星级人物，其社会影响力有时已经远远超出了地产的范畴了。这种时候，往往是新闻媒体围绕在他们的周遭，他们已经成为了新闻的代名词。毫无疑问，他们由于本身的新闻关注度，为公司和项目节省了大批广告费。潘石屹就曾多次声明，他 SOHO 中国旗下的项目投入的广告费用都很有限，其地产明星效应可见一斑！这可算臻于地产新闻策划的最高境界了吧？

当然达到以上这种境界远非一日之功，乃是长期修炼积累的结果，其间离不开其公司长期以来的良好市场表现、开发实力与个人魅力。但是，长期坚持、精心的新闻策划包装亦起着至关重要的作用！

四、新闻推广原则

第一，全程性原则。

新闻推广可以涵盖项目开发的全过程，其间可以按照项目进度有节奏地展开。推广流程可以包括：

理念——新商业模式、开发模式

↓

性价比——地段、区位、产品、价格

↓

产品质量——规划、户型、配套、装修、园林、智能化

↓

热销——市场反响、热点新闻（新闻宣传的永恒主题）

↓

活动——聚集现场人气和新闻报道

↓

开业（入住）——物管的人性化服务、市场繁荣、工程管理质量过硬。

第二，立体性原则。

每一种媒体均有其优势，同时也存在其无法避免的劣势。整合营销要求我们必须相对应地进行整合推广，实现跨媒体合作，结合使用多种推广工具，产生单一媒体无法实现的效果，做到快速强势地进行推广。

第三，集中性原则。

整个推广过程中应该始终坚持其公司和项目的核心概念和核心价值，树立项目和公司个性，通过个性宣传确立其市场形象标签，进而树立公司品牌，防止在宣传中迷失自我。

第四，互动性原则。

所有的宣传最后都必须落脚到销售上面来，不能带来销售业绩的宣传是毫

无意义的。因此，新闻宣传必须考虑和项目客户以及销售工作的互动，讲究集团配合作战，切不可独自天马行空。

第五节　整合推广案例

案例一　某购物中心开盘及销售期营销推广媒体计划

在本项目正式对外销售时，除了前期楼盘的包装及在营销中心的销售气氛之外，需要更多的推广方式来加大对外的知名度。同时，为配合项目开盘及更好的销售及招商，媒介的炒作、SP营销以及事件营销，都离不开与人们息息相关的各类媒体。根据前期对温州各媒体的电话调查、媒体的上门拜访以及平常对各媒体的观察，结合本项目的实际情况，以7月1日开盘为准，在本项目开盘及销售、招商期的媒体投放如下。

《温州商报》：温州市投资类最大的平面媒体。以开盘日期、诱导式的硬性广告来提高本项目在地区的知名度；同时辅以适量的软件来导入新的商业地产模式以及项目在地区的首创的六个第一来煽动投资者的情绪；投放量：全版1次（赠送投资者组团参观项目发布会），1/2版3次，外加4次软文宣传（赠送）。投放周期：6月16日~7月10日。费用：需和报社深入细谈。

《温州都市报》：仅次于《温州商报》的平面媒体。其投放模式与《温州商报》一样，加大宣传人群的覆盖率及曝光率。投放量：全版1次，1/2版3次，外加4次软文（要求报社赠送）。投放周期：6月16日~7月10日。费用：需和报社深入细谈。

《温州晚报》：温州市唯一的晚报，也是温州主流平面媒体之一。投放模式与《温州商报》和《温州都市报》一样。加强宣传意识和投资的印象，进一步扩大宣传人群的覆盖率。投放量：1/2版3次，外加3次软文（要求报社赠送或投资论坛）。投放周期：6月16日~7月10日。费用：需和报社深入细谈。

温州电视台：多媒体动态的宣传平台。投放模式以电视广告及滚动字幕形式为主，以图文并茂的动态形式全面宣传项目定位、销售、招商等，字幕为宣告其他事件等各类及时信息。投放量：15秒的专题广告每天5次，15天左右。投放周期：6月16日~7月10日；滚动字幕每天20次，30天左右。费用：需和电视台深入细谈。

出租车后窗广告：本地流动广告媒体。从开车到步行经常可以看到出租车后窗的广告，主要宣传群体以开车一族为主，以宣传形象及投资回报为主。投放量：80辆出租车后窗广告。投放周期：6月16日~8月30日。费用：需和运输公司细谈。

公交车身广告：本地流动广告媒体。从开车到步行经常可以看到公交车车身的广告，主要宣传群体以开车一族为主，以宣传形象及投资回报为主。投放量：2路、9路、13路各2辆。投放周期：6月20日~9月16日。费用：需和公交公司细谈。

路旗广告：户外广告媒体，同时又分路灯杆挂旗和路边彩旗为主。投放模式主要是宣传销售及招商为主，同时也是道路指引及销售气氛主要手段指引。投放量：路灯杆挂旗计划从清远路的东方广场至罗马假日酒店，双雁路和清远路交会处东西各延伸200米左右。预计200组左右，中途需更换画面，投放周期：6月16日至商场开业；路边彩旗、路线和路灯挂旗一样，配合营销各段时间更换画面。预计200组左右。投放周期：6月15日至商场开业之间大型活动中。费用：需和广告公司详谈。

户外牌广告：人流车流量比较大的路段边户外广告。投放模式以品牌宣传及配合销售方式来更新画面。投放量：从温州至乐清路段选择一块，在乐清市内选择一块，乐清市内可以选择人流量比较集中的道路边上，如南大街等。投放周期：6月18日~9月18日。费用：需和广告公司详谈。

楼盘包装：在前期所有广告启动之前，将项目施工及时包装起来，来调动整个营销气氛。投放量：①围墙广告；②广告牌制作；③墙体包装；④工地上空包装。投放周期：至项目施工结束。费用：见设计稿效果图后与广告公司详谈。

营销中心的包装：在有投资者前来参观项目时的接待室，需布置出相当的销售气氛来调动投资者的欲望。如布置如下：项目介绍、销控图、各楼功能图等。投放周期：至项目结束。费用：见设计稿效果图后与广告公司详谈。

招商折页、楼书及宣传单：来参观投资者所需的资料如直邮媒介。投放量：一楼农贸市场招商折面3000份、楼书5000册和后补宣传单（预计）3000份。费用：定稿后与印刷厂谈价。

现场活动：在楼盘现场礼仪活动以及在温州等地的招商会。投放量：现在开盘的销售以及封顶的礼仪活动，温州市内招商会，共计三场。费用：活动确定后再与各方会谈。

以上媒体的投放及其他的SP活动中，需与销售过程中出现的各突发事件相结合，配合楼盘在销售过程中出现的各种不可预见性问题，来达到最佳楼盘销售效果。

案例二　某购物中心招商酒会执行方案

一、酒会举行目的

为让各商户知道大商户五星电器和一家体育用品的入驻，且改变观望中商户的看法，加强他们对××购物中心的信心；对外宣布购物中心 2006 年元旦正式开业；答谢已签署入驻合同的商户。

二、酒会举行时间

2005 年 10 月 12 日（具体日期待发展商确定）。

三、酒会发布地点

某酒店大厅，要求可容纳 200 人左右（具体地点待定）。

四、酒会发布方式

请柬邀请相关人员；通过媒体邀请想参加人员，报名后通过资格审核亦可参加。

五、酒会邀请人员

政府相关人员。

各预租商户（招商部确定）。

购铺商户代表（销售部确定）。

媒体邀请（企划部和发展商共同确定）。

六、酒会发布流程

15:45~16:00　邀请人员的入场。

16:00~16:10　主持对各位来宾的介绍。

16:10~16:20　××购物中心总经理致欢迎词。

16:20~16:25　五星电器代表致辞。

16:25~16:30　一家体育用品代表致辞。

16:30~17:15　××购物中心代表及波特公司各负责人现场解答各商户及记者问。

17:15~17:20　休息及开宴前的准备。

17:20　招待酒会开始，各负责人需接待自己邀请的人员。

七、酒会场地布置

礼仪接待区。

来宾休息区（需根据来宾分类）。

主席台。

礼品区（赠送给各来宾礼品）。

招商政策及销售政策公布区（可利用墙体）。

八、酒会准备工作

场地落实。

会场布置。

主持人。

礼仪。

接待。

新闻通稿撰写。

新闻发布稿撰写。

领导讲话稿撰写。

九、酒会费用预算

1. 场地加酒会用餐费用：30000 元（以 15 桌人员初步预算）。

2. 礼品费用：10000 元。

3. 媒体记者打点费用：5000 元。

4. 场地装饰费用：2000 元。

5. 其他费用：5000 元。

费用总计：52000 元。

附：各部门所需做协助工作（以下仅为企划部考虑到的内容，各部门工作还请补充）。

A. 企划部

（1）企划部拟邀请媒体及记者：

报纸：《温州都市报》、《温州商报》、《温州晚报》、《乐清日报》、《乐清生活》

电视台：温州电视台、乐清电视台

杂志：乐清都市生活

具体邀请名单确定之后再与各媒体联系后制定。

（2）场地布置。

（3）新闻通稿以及新闻发布稿撰写。

（4）礼品的准备。

B. 招商部

招商优惠政策的确定。

人员邀请的确定。

招商部客户接待人员的确定。

接待前本部门的准备工作。

C. 销售部

销售优惠政策的确定。

人员邀请的确定。

销售部客户接待人员的确定。

接待前本部门的准备工作。

D. 发展商

政府部门人员的邀请。

场地及招待酒宴的落实。

礼品的落实。

其他审批工作及时落实。

注：前期的准备工作充分，才能保证酒会的成功执行。

第六章　部分城市商业调查报告

第一节　西安商业市场业种调研报告

西安市商业简介

　　西安，古称长安，又曾称西都、西京、大兴城、京兆城、奉元城等，是中国历史上建都朝代最多、历史最久的城市，也是世界四大古都之一。西安是中国陕西省的省会，中国西北的经济中心，地处陕西省关中平原，总面积9983平方千米，全市辖9个区（新城、碑林、莲湖、灞桥、未央、雁塔、阎良、临潼、长安），4个县（蓝田、周至、户县、高陵），总人口数674万人。

　　近几年来，西安市在加快发展中，铺开了以城市供水、道路、供气、旧城

西安商业的业种布局在西北城市中的典型意义

改造和通信为重点的改善城市功能和环境的一批重点建设工程，新建、改（扩）建了一批市政公用设施，新建了一批档次高、规模大的商业网点和居民住宅。特别是大力加强了交通、通信等基础设施建设，作为中西部的交通枢纽，西安已形成以航空、铁路、公路为主的四通八达的交通网络。

全市各种商业服务网点发展到 7 万多个，集贸市场总数达到 433 个，批发商业、企业 2100 多家，贸易中心 80 多个，是辐射西北及晋、豫、川、鄂等相邻省区的重要的商品集散地。1994 年全市社会消费品零售总额 144.3 亿元。

首先，西安是中国西北部最大的经济中心城市之一，其商业经济在西部城市中相对比较发达，也是中国西部较为重要的商品集散地之一。其规模较大，具有典型代表意义。

其次，西安相对于西部其他城市，商业经济比较发达，具有一定的领导作用，其现实的商业状态，在一定程度上代表了其他西部城市今后几年内的发展方向，可以为西北地区商业地产项目提供参考和借鉴意义！

西安开元商城

一、经营公司介绍

经营公司：西安开元商城有限公司

西安开元商城有限公司的控股公司为西安解放集团股份有限公司（以下简称：公司），前身是西安市解放百货商场，始建于 1956 年，为西安市大型商业企业。1984 年率先在公司内部试行股份制改造，1986 年 12 月，公司经西安市第一商业局市一商集字（1986）398 号文件批准改制为股份有限公司，西安市经济体制改革委员会 1989 年 10 月市体改字（1989）024 号文件、1992 年 6 月市体改字（1992）032 号文件同意公司继续进行股份制试点，是西安市第一批股份制试点企业，也是陕西省和西安市第一家公开发行股票的股份有限公司。1992 年 11 月国家经济体制改革委员会体改生（1992）892 号文件同意公司继续进行规范化的股份制企业试点，成为全国首批 13 家向社会公开发行股票的试点企业之一。1993 年 7 月经国家证监会证监发审字（1993）13 号文和深圳证券交易所深证市字（1993）第 31 号文批准，公司股票于 1993 年 8 月 9 日在深圳证券交易所挂牌上市，股票简称"陕解放"，股票代码：000516，是陕西省乃至西北地区第一家上市公司。

随着公司经济效益的持续、稳步增长，公司的资产实力逐年壮大，截止到 2002 年 9 月 30 日，公司资产总额为 7.8 亿元，净资产为 3.78 亿元，资产质量和财务状况良好，整体抵御风险的能力得以增强，股东的投资得以较大增值，公司呈现健康、稳步、良好的发展态势。2001 年，著名杂志《新财富》对中国目前 1000 个上市公司成长性排序，公司名列第 208 位，在全国 61 家同行业上市公司中排列第五位，在西安市同行业中排序第一。

二、开元商城简介

西安开元商城是由西北首家上市公司西安解放集团股份有限公司经营的一座集商贸、房地产、物业租赁、车辆停泊、餐饮服务、文化娱乐为一体的多功能、高档次、智能化的大型综合性商城。

商城位于西安市中心繁华区黄金段——钟鼓楼东南角。北邻被誉为"西安南京路"的东大街，西邻古城迎宾大门，金融业集聚的南大街，营业正门与钟楼遥相呼应。占地面积 33.136 亩，建筑面积 10.3 万平方米。总投资约 4.5 亿元人民币。

开元商城设计独特、气势宏伟庞大，五、六、八层退台式建筑结构，融古典与现代化风格为一体。内部装饰富有时代气息，外部造型别具一格，楼内经营设施达到国内外先进水准。设有中央空调、双向自动扶梯、观光客梯、消防喷淋、电视监控、大屏幕导购、银行结算专柜等，力求为消费者营造一个方便安全的、优美舒适的购物场所和游客旅游观光新的景观。营业收银、商品存销、财务核算、人事管理等实行计算机网络自动化管理。

1996年6月15日一期工程——开元商城购物中心开业，就向世人展现出其特有的商业价值和社会价值，在不足两万平方米的营业场上，五年累计完成商品销售38.59亿元，实现利税2.83亿元，连年跨入全国商业百强行列，先后荣获全国"百城万店无假货"活动示范店、陕西省文明服务示范单位市级文明企业等称号。

2003年公司秉承品牌化、高档化、国际化经营战略，销售突飞猛进，实现单月最高销售2.3亿元，单日最高销售2180万元的良好业绩。

三、业种分布详情

西安开元商城位于西安市中心繁华区黄金段——钟鼓楼东南角，是西安市最为重要的商业项目之一。

西安开元商城的业态为综合性大型百货公司，主要经营产品档次为中高档。目前营业面积为六层，其中一层实为地下一层，经营范围实际到达地上五层。

商城内拥有一个大型广场，备有观光电梯，与银川商城的布局有类似之处，整体风格显得比较高档。

在业种布局方面显得非常有序，其中一部分业种，如通信类，则引入专业公司入场销售。

一层业种分布（地下一层）

经营的商品有

烟酒茶叶	糖果糕点	副食饮料	速冻食品
家居饰品	日用百货	中西药品	保健用品
体育用品	健身器材	中西乐器	办公用品
厨浴电器	生活小电器	工艺礼品	电视购物
照相器材	电料灯具	玻璃器皿	不锈钢制品

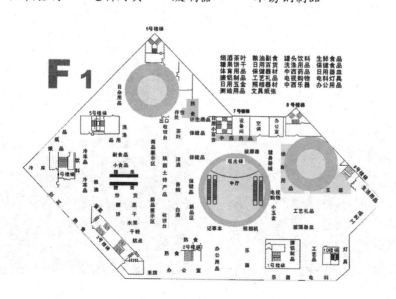

二层业种分布

经营的商品有

珠宝首饰　　足金饰品　　铂金饰品

手表闹钟　　验光配镜　　男女皮鞋

箱包皮件　　男女手袋

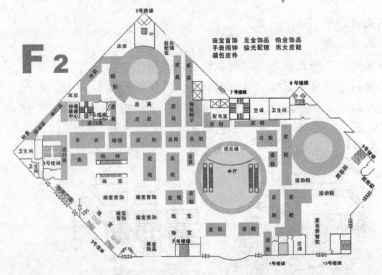

三层业种分布

经营的商品有

电 视 机	摄 像 机	影 碟 机	音像制品
通讯器材	收录音机	广播器材	计 算 机
软件工具	电 冰 箱	空 调 器	洗 衣 机
洗涤用品	化妆用品	护肤用品	蜂星通讯广场

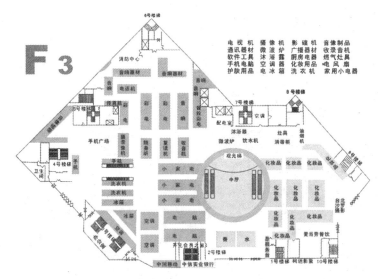

四层业种分布

经营的商品有

西装领带	男式西裤	男式衬衣	男式休闲
男防寒服	男夹克衫	裘皮服装	棉毛内衣
运动服饰	羊毛衫裤	羊线衫裤	男女袜子
男女泳衣	T恤衫		

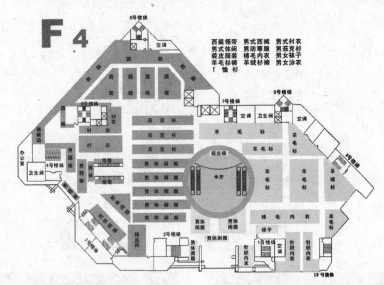

五层业种分布

经营的商品有

女士西装	女职业装	女士时装	女休闲装
文胸睡衣	休闲内衣	女士风衣	女士衬衣
女士裤裙	女士防寒服	女子健美中心	
女士大衣			

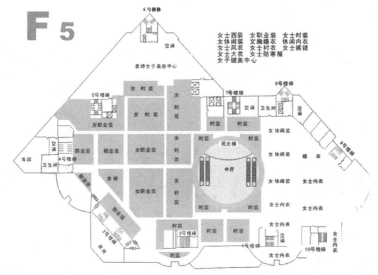

六层业种分布

经营的商品有

女休闲装	女职业装	图书	西服衬衣
童装童鞋	童车	儿童乐园	呢绒丝绸
床上用品	纺织面料	男休闲装	儿童玩具
学生用品	婴儿用品		

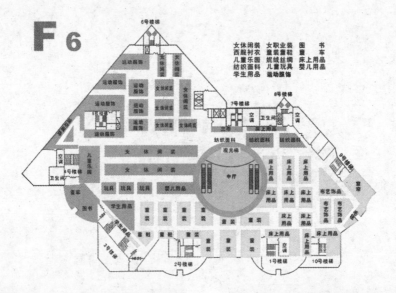

四、分析评述

根据开元商城的实际业种规划，我们可以根据其实际楼层做一个简单的分析。

地下一层：百货和市场容量较小的业种。

地上一层：鞋类箱包，配以珠宝、饰品和钟表、眼镜等。

地上二层：家用电器、化妆品和通信类产品为主。

地上三层：以男式服装和针织产品为主。

地上四层：女性服装和服务为主。

地上五层：童装、女性休闲、床上用品和运动系列为主。

通过楼层业种分布我们可以发现：

1. 业种布局规划较为科学合理。由于服装靠上，尤其是女装放置在较高的楼层，对吸引人潮能够起到极大的作用。

2. 市场容量比较少的业种或与临近业种互相搭配组成一层，或与百货放在一楼。

3. 需要展现形象的位置，配以形象比较好的业种。

西安世纪金花购物中心

一、经营公司介绍

金花企业集团成立于 1991 年，是一家涉足投资、开发、制药、商贸、交通、房地产、酒店及高尔夫等领域，拥有国内及香港两家上市公司，员工 5000 多名，总资产 80 亿元（净资产 48 亿元）人民币的大型企业集团。

作为集团核心企业的金花投资有限公司经过十多年的发展，逐步将投资由最初的房地产开发、建设转向以高科技项目、商贸、事业投资为主的发展方向。目前控股企业有以生物制药为主业的在上海证券交易所上市的金花企业（集团）股份有限公司、高档次的商贸零售企业世纪金花股份有限公司、在香港主办上市以旅游交通为主业的金花国际控股有限公司、西北一流的西安亚建国际高尔夫俱乐部、金花高速公路投资管理中心和五星级的商务酒店金花豪生国际大酒店等数十家企业。

二、世纪金花简介

世纪金花购物中心是由金花企业集团投资 3.2 亿元兴建的集休闲、娱乐、购物为一体，以经营高档品牌商品为主的大型商贸企业，它位于西安市中心的钟鼓楼广场。1998 年 5 月 18 日全面竣工并正式启用，年销售 3 亿余元。其商业建筑面积为 31386 平方米，另附 380 平方米的地面停车场，购物中心现有员工 1576 人，其中厂方员工 429 人，自有员工 1147 人，下岗再就业者超过 500 人，占到了 30% 以上。

1998 年 5 月 18 日世纪金花购物中心正式建成营业，购物中心定位于社会

中、高层消费群体，坚持走品牌经营之路，在商品引入上汇集了中外名品精华；服装有杰尼亚、BOSS、都彭、纪梵希等；化妆品有资生堂、CD、兰蔻、SK-Ⅱ等；饰品有万宝龙、劳力士、帝舵等近 60 个世界顶级品牌以及香港周生生、周大福、谢瑞麟，法国奥德臣等近百个世界知名品牌以及近万种国内著名品牌商品，被誉为经典商品的购物天堂。在服务上，世纪金花将酒店式管理运用于繁杂多变的商业系统，成为其创新和特长，商场内设有会员中心，超市实行无障碍购物；在经营上，世纪金花推出主题营销、变传统的物物交易为文化交流，注重发掘各类商品的文化内涵，积极塑造一种文化氛围。因此，世纪金花以其高雅的购物环境、优良的服务水准和先进的企业管理赢得了广大消费者的肯定。1998 年开业以来，当年 7 个月实现销售 7800 万元，2001 年实现销售 3.3 亿元，实现利税 3700 万元，预计到今年年底可实现销售 3.5 亿元。

三、业种规划详情

地下一层业种分布

主要是以珠宝、饰品、化妆品、名鞋为主进行业种规划。

地下二层业种分布

主要以品牌服装为主进行业种分布。

四、分析评述

西安世纪金花购物中心其业态定位为以高档名牌商品的零售为主的购物中心。因此，在业种的规划上需要充分考虑业种的形象问题，同样业种的商品也只有属于高档品牌的才可以进入，这样就不可避免地缩小了单个业种的经营规模。同时，项目规划为二层结构，也限制了业种的单一区域的规划布局。

而西安世纪金花购物中心非常巧妙地将所有的业种分为两个部分：服装和精品。利用其业种之间的关联性进行了巧妙的布局。

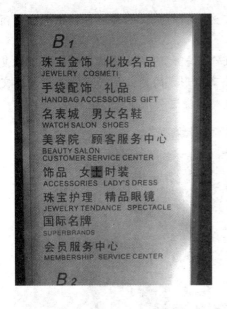

康复路商圈

一、康复路商圈简介

康复路商圈实际上是在康复路和长乐路交会处形成的一个大型商圈。主要经营中低档服装、鞋帽箱包、百货、童装等需求量巨大的业种，形式以批发为主，零售为辅。主要商业目标是为以西安为中心的广大西部地区提供充分的商品货源。在西北地区有着重要的影响力。

西安的康复路批发市场实际上是由几个比较大的商业体构成的，除了康复路批发市场是步行街外，主要来讲有两个商城形式的商业体，一个是康复路交易广场；另一个是丹尼尔商城。我们将主要围绕这两个商业体进行业种分析。

二、康复路交易广场

康复路交易广场位于康复路西侧，整体建筑结构为地下一层、地上五层。规模较为庞大，约有 2000 位业主在此经营。

康复路交易广场以服装作为主要业态形式，具体如下：

楼 层	业 种	备 注
地下一层	服装	女装85%，男装15%
地上一层	服装	女装70%，男装30%
地上二层	服装	流行女装为主
地上三层	服装	男装为主
地上四层	鞋类箱包	
地上五层	品牌服装	多为国产中档品牌
地上六层	品牌服装	多为国产中档品牌

三、丹尼尔商城

丹尼尔商城位于康复路东侧，整体建筑为4层条形结构，与康复路同向，层高比较高，达到4米多高，商铺面积在10~30平方米，沿一条主通道分布。

一层业种为百货类。主要包括各种小百货、钟表、办公用品、化妆品、小家电、内衣针织等产品。标准铺位在 10~15 平方米，租金在每年 4 万~7 万元。

二层业种主要为文体用品、饰品、床上用品、部分百货等。租金在每年 4 万~5 万元。

三、四层和地下一层都为儿童主题区。三层和四层主要为儿童服装、鞋袜和被服用品，商铺面积在 25~30 平方米，租金 3 万元/年；地下一层则主要为儿童的玩具和学习用品。

四、分析评述

1. 该商圈是西安历史比较悠久的一个商业区域，且康复路批发市场是自发形成的，具有一定的市场自主形成的概念。

2. 该区域的业种多且经营较为集中统一，形成大规模经营的特点。如康复路交易广场以服装作为主要业种，占到了七个楼层的六个；就是鞋类箱包也比较集中地占满了四楼一层。而丹尼尔的童装及相关业种也是比较集中地占满了五个楼层的三个。

3. 比较小的业种则组成一个楼层混合经营，如丹尼尔的一层和二层，形成了百货的格局。

4. 品牌服装放在顶层的层面，体现在康复路交易广场，将最上面的五楼和六楼作为品牌服装区域。

5. 该商圈所经营的商品档次相对比较低，且建筑比较落后，多为改建。由于历史的原因，该区域已经成为一个比较兴旺的批发市场。

李家村服装市场

一、市场介绍

李家村是位于西安城南文艺路、雁塔路交会处的一个城中村。从20世纪90年代开始逐渐聚集形成了一个大型的服装批发区域，成为与康复路齐名的批发市场。

目前，在康复路不断发展开发的时候，李家村由于改造困难，仍然保持着原有的商业规模。通过我们的调查发现，李家村目前由大大小小28家市场组成，沿几条纵横交错的道路，形成了一个区域性批发市场，市场内总经营户在2300~2500个。

由于是城中村的性质，绝大部分东区的批发市场都是利用住宅楼的第一层作为商业空间，环境比较差，只有西部的浙江村和西区市场环境比较好些，局部为二层布局。商铺多为营业门面房，面积多在10~20平方米。租金价格除门口等较好位置（1.5万元/月）外，多在4万~7万元。除了这些费用外，还要交纳不多的水电、卫生和管理费用。

该区域内主要以批发为主，且浙江人占到了80%以上。

二、李家村业种布局

李家村是一个以批发为主的大型服装市场区。95%的商品都是服装，且没有进行具体的划分，多为各种服装混合经营。同时，在一部分地区也集中经营鞋类和针织百货类商品。

1.李家村的东区由两条主要街道构成，沿两条主要街道向两侧住宅区的一层商业空间纵深处延伸出了许多专业服装市场。主要经营服装，且各服装细分业种相互混合经营。

2. 李家村的西区主要由浙江村和西区市场构成。西区市场仍然是服装批发市场；浙江村也是服装批发市场，但其中间通道比较宽敞，所以中间位置也经营了一些针织百货的摊位。

3. 李家村的鞋类市场位于西区市场与浙江村连接的北部，在服装市场的二楼和浙江村的部分沿街店面，60余户。另外，在浙江村外面的文艺路上，沿街分布了50户左右的鞋类经营户，稍具规模。

三、分析评述

李家村服装批发市场是一个主要以服装批发为主的大型商业市场集中区。主要经营方向还是集中在服装上，由于业务的逐渐扩大，市场面积也逐渐扩大，而逐渐无规划地形成了28个市场，所以在业种布局上比较混乱。李家村的其他业种不是很多，只有少数的鞋业，因此，在业种的布局上对银川商城的借鉴意义不大。

第二节　沈阳商业市场调研报告

沈阳市简介

沈阳是辽宁省的省会，是中国特大城市和重要工业基地之一，又是东北地区经济、文化、科技、商贸、金融、交通的中心。具有地理位置优越，资源丰富，交通发达，城市功能完备等优势。2000 年沈阳 GDP 生产总值 1116.1 亿元人民币。1998 年据国家有关部门对中国 219 个城市的评估，沈阳综合实力排名第 5 位，1999 年又与京津沪等城市一起被世界银行列入全球最具竞争力的 53 个城市之中。

沈阳市地处中国东北地区的南部，辽宁省的中部，东西长 115 公里，南北长 205 公里，国土总面积为 12980 平方公里，其中城区面积 185 平方公里。

沈阳市是多民族居住的地区，除汉族外，还有满族、朝鲜族、回族、锡伯族、蒙古族等 32 个少数民族。其中汉族人口最多，占 92%，少数民族中以满、朝、回等民族人口最多。总人口 685.1 万（市区 485 万），人口密度 528 人/平方公里（市区 1373 人/平方公里）。

沈阳市下设辖 1 市 3 县 9 区，设有 4 个开发区。有和平、沈河、大东、皇姑、铁西、东陵、新城子、于洪、苏家屯 9 个区，新民 1 个县级市，辽中、康平、法库 3 个县。下设 113 个行政街道，85 个乡，55 个镇。

在以沈阳为中心的 150 公里的半径内，有中国著名的钢都鞍山、煤都抚顺、煤铁之城本溪、煤电之城阜新、石油之城盘锦、轻纺之城丹东、化纤之城辽阳和粮煤基地铁岭，构成以沈阳为核心的共有 2400 万人口的辽宁中部城市群和经济区。

沈阳是中国东北地区重要的交通通信枢纽。桃仙国际航空港欲建成中国第四大航空港。目前 78 条航线可以直飞国内各主要城市，国际航班可直飞日本、韩国、朝鲜、俄罗斯、新加坡、泰国、中国香港等。民航年运输起降 2.43 万架次。铁路网密度堪称中国之首，拥有全国一流的现代化客运站和铁路编组站，是连接中国各地最重要的铁路客货运枢纽。全市公路总长度 5230 公里，其中高速公路 236 公里，绕城高速公路与沈大、沈抚、沈本、沈铁、沈山线，构成

"一环五射"高速公路网。水道运输从沈大高速公路出发，2小时可到营口港，4小时可到大连港。

市区道路总长度1653.7公里，面积2830.8万平方米，永久性桥梁162座，大二环城市快速干道，形成了道路功能较完备的城市道路系统。

1999年，沈阳市城市居民人均年可支配收入达到5364元，平均每人消费品零售额7635元，平均每人储蓄额13317元，市区万人拥有零售商业网点166个。

沈阳的商贸流通体系十分完备。拥有生产资料市场56处、集贸市场457处，年成交额超亿元的市场达48处。著名的五爱市场、中国鞋城、中国家具城和沈阳钢材市场已成为辐射中国北方地区的大市场；以沈阳东亚广场、中兴—沈阳商业大厦、沈阳商业城为代表的5000平方米以上的大型商业网点80个，销售额超亿元的商场13家。商流、物流堪称东北之冠。

中兴—沈阳商业大厦

中兴—沈阳商业大厦位于沈阳三大商业圈的太原街商圈内。与百盛、新世界百货等商业体共同组成了一个以中高档商品销售的大型百货商圈。中兴—沈

阳商业大厦的业态定位为百货公司。七层结构设置，定位为百货、服装等大小业种的集合体。

中兴—沈阳商业大厦业种布局表

楼　层	经营业种
一　层	中兴金店、化妆品商场、国际名品广场、钟表眼镜商场
二　层	通信文化商场、皮具商场、中兴超市、麦当劳、药店、干洗店等
三　层	家电商场、鞋帽商场
四　层	服装商场
五　层	居室用品商场、针织商场
六　层	精品服装商场、运动休闲商场
七　层	儿童世界、风味广场、美容美发、电影院

业种分布分析说明：

1. 该项目定位为大型百货公司，以经营中高档品牌为主。整体布局沿袭百货公司目前比较常见的基本布局方式。

2. 在业种定位过程中，中兴将各个业种作单独处理，分别冠以单个类别商场的名称，有序地分布在各个楼层，如国际名品广场、运动休闲商场等。

3. 该商场五层和六层的商业布局和档次吸引客人流量比较少，不利于人潮的分流。但同时也利用七层的风味广场和电影院等设施提升上层空间的人气和档次。

4. 中兴一层为精品布局，客流比较少，二层由于加入了超市，使二层到四层服装层的客流量比较大。

5. 中兴将服装分布在四层和六层，虽然利用其档次进行区分，但仍然不免将单一业种进行分割。

沈阳新世界百货

沈阳新世界百货位于中兴—沈阳商业大厦的附近，和中兴与百盛构成了一个比较完整的商业圈。沈阳新世界百货相对于中兴和百盛面积较小，虽然如此，其业态分布却比较全面。

新世界百货业种布局表

楼层	经营业种
一层	国际名品、化妆品、皮具及配饰
二层	男士服装、男士配饰、男士内衣
三层	女士服装、女士配饰、女士内衣、家居服、床品
四层	珠宝首饰、名表、眼镜、健身器材、男女皮鞋、皮具

业种分布分析说明：

1. 新世纪百货的楼层本身规划就比较少，只有一层到四层，因此它选择了中高档的男女服装、皮具、鞋类和珠宝、化妆品等常见的百货类别进行楼层填充。

2. 服装占用了二层和三层的两个层面，其中三层为女装，起到了很好的引导客流向上走的作用。

3. 由于单层面积比较小，所以该项目很奇怪地将皮具分开放在一层和四层，且一层和四层的其他业种在百货公司中均有放置在一层的习惯。珠宝首饰、鞋类、钟表、眼镜放在四层是比较罕见的布局。

4. 该项目客流量比较少，归结其原因，业种布局的失误偏差占了很大的比例。该项目规模比较小，比较适合采用单一业种规划，形成规模效应，吸引细分后的目标客层。而现在的业种定位与中兴、百盛这样的大百货公司抗争，实是无力之极。

沈阳五爱批发市场

五爱市场因坐落于沈阳市沈河区的五爱街而得名。五爱市场于1983年由几十名商贩在马路旁经营开始形成，至今已发展成为中国北方最大的商品集散地，全中国第二大的小商品批发市场。2001年总成交额138亿元人民币，日均客流量25万人次。

五爱市场占地面积13.9万平方米，经营面积22万平方米，设置经营摊位（档口）2万余个。市场整体规划分为东区（小百货批发市场）、西区（五爱针纺城）、南区（五爱购物城）和五爱服装城4个部分。整个五爱市场共有16000个经营业户，市场从业人员6万余人。

五爱市场属于流转型批发市场，市场经销的产品中，沈阳当地产品占30%，外埠商品占70%，主要来自山东、江浙、上海、广东、福建等沿海地区。商品销售辐射范围主要为东北三省、内蒙古、河北、山东及独联体各国。

经营品种有服装、小百货、针织品、毛线、鞋帽、布料、箱包、礼品、手套、床上用品、家用电器、美容美发品、日用杂品、小食品14大类2万多个品种。

服装占五爱市场总体年销售的份额最大，约60%，其余最多为小百货。经营小百货的商户约3000个，从业人员在15000人左右。现在市场内经销的小百货商品绝大部分为中低档产品，但据市场管理人士介绍，3000个小百货经营业户中，约30%的业户已具备相当实力，有能力代理中高档品牌产品。

东区（小百货批发市场）

该区域主要经营小百货、鞋帽、箱包、礼品、日用杂品等较为凌乱的商品。该区域还未进行大规模的开发动作，仍然为露天搭建的市场，是除了服装城以外，年销售份额最大的商业业种。

西区（五爱针纺城）

五爱针纺城是沈阳五爱市场的重要组成部分，主要经营针织类产品。共有三个楼层，其中一层为服装、裤子、毛线；二层为床上用品、花卉；三层为工艺礼品、花卉等。其中，一层 5~8 平方米的铺位租金为 4 万元/年；二层 5~8 平方米的铺位租金为 3.5 万元/年；三层 12~38 平方米的铺位在 3 万~5 万元/年。水电费用根据使用情况实收；而物业管理费用为 2 元/平方米/天。

南区（五爱购物城）

五爱批发市场南区（五爱购物城）是新建不久的大型商业设施，经营档次稍高一些。业种方面一方面与其他市场重叠；另一方面也拥有一些独立的业种与布局。主要经营业种有：一层和二层的内衣、背心、泳装、短裤等；三层的袜子、文胸、背心、短裤；四层的床上用品；五层的小食品、布料。其标准铺位为6~8平方米。其中一层租金4万元/年；二层租金3.5万元/年；三层租金3.3万元/年；四层租金2.5万~2.7万元/年；五层租金2万元/年。水电费用按实收取，物业费用为1.2元/平方米/天。

沈阳五爱市场服装城

沈阳五爱市场服装城是沈阳五爱市场主体组成部分，位于五爱市场东侧，于 1997 年 4 月 28 日建成投入使用，占地面积 1.7 万平方米，总建筑面积 12.7 万平方米，经营面积 10.7 万平方米；主体建筑七层，地下二层，地上五层，地下二层为仓储区、停车场和大型设备装备区，地下一层至地上五层为经营区，局部六层为集中办公区。

经营格局的基本划分：地下一层集中经营童装、衬衫、牛仔服和裤子；地上一层至地上三层采用销售产权的形式出售，主要经营时装、针织、毛衫、运动服、睡衣、皮衣等；地上四层为精品广场，集中经营各种品牌的精品服装；地上五层为名牌广场。市场为普通档口和精品店铺组合格局，地下一层至地上三层主体平面为普通档口和精品店铺组合格局，地下一层至地上三层主体平面为普通档口趟式排列，有普通档口 4800 余个；地下一层至地上三层的周边和四层整层为精品店铺，精品店铺总数达 1000 余个；五层有 204 户品牌商家。另有约 4000 平方米的室外停车场和近 10000 平方米的地下停车场，以及 6000 多平方米的仓储面积。

服装城进场经营的业户达 6000 多户，各类从业人员达 25000 多人，基本属二级销售市场，以批发为主，兼零售，销售辐射东三省、河北、内蒙古东部地区，远到俄罗斯和独联体、东欧的一些国家，日平均客流量 10 万人次以上，最高达 30 万人次，年交易额约 80 亿元人民币，是目前全国超大服装专业批发（兼零售）市场之一。

一层到三层普通营业房

四楼精品广场

五楼品牌商家

租金情况说明：

标准铺位 10 平方米。

一层：6~9 万元/年；

二层：5~7 万元/年；

三层：3~5 万元/年；

四层：6~8 万元/年（30~70 平方米）；

五层：7~10 万元/年（40~120 平方米）；

水电费用按实收取，物业费用为 2 元/平方米/天。

业种分布分析说明：

1. 五爱批发市场准确来讲是一个大型的批发区域。在改造之前，就对每个区域进行了科学的业种定位，将几个大业种分为几个区域来进行管理和销售。

这对于市场来讲是比较明智的，但需要控制每个业种的具体规模。防止过大或过小。

2. 五爱服装市场在业种已经确定的情况下，在档次上下了工夫，利用档次和品牌来进行楼层的划分，并将高的楼层用于做精品。

3. 业种在进行分化的时候，专门针对部分业种，如鞋类、内衣、小百货等业种进行针对性的场馆布局，防止过大或过小。

兴隆大家庭

兴隆大家庭位于沈阳故宫北侧，步行街东侧，是沈阳比较著名的大型购物中心，主要以零售为主。兴隆大家庭不同于普通的购物中心，其价格档次约为中档。业种规划比较混乱，是一个比较失败的案例。

业种分布分析说明：

1. 兴隆大家庭的业态定位实际上为大型 SHOPPING MALL。里面由百货公司和购物中心构成。但其业种布局混乱，实为败笔。

2. 许多业种没有固定的分布，如在已经有书城的基础上，还在别的区域有图书销售。

3. 业种指示也不明确，不容易发现目标。

4. 但兴隆大家庭把一些小的业种独立经营或发包经营，取得了一些比较好的效果。

第三节　北京商业市场调研报告

北京市简介

中华人民共和国简称京。中华人民共和国首都。北京是世界闻名的历史古城、文化名城。是全国的政治、经济、交通和文化中心。位于华北平原西北边缘，东南距渤海约 150 千米。面积 16800 多平方千米。全市总人口为 1381.9 万人。北有军都山，西有西山，山地占全市面积的 62%；东南是永定河、潮白河等河流冲积而成的、缓缓向渤海倾斜的平原。

北京全市土地面积 16807.8 平方千米。其中平原面积 6390.3 平方千米，占 38%。山区面积 10417.5 平方千米，占 62%。城区面积 87.1 平方千米。近郊区面积 1282.8 平方千米，远郊区面积 3198 平方千米。县面积 12239.9 平方千米。市区规划范围：东至定福庄，西至石景山，南至南苑，北至清河，面积 750 平方千米。市中心地区（即旧城区，东西以二环路中心线为界，南北以护城河中心线为界）·面积 62.5 平方千米。

截至 2004 年年底，全市共有户籍人口 1159.5 万人，其中男性 5853824 人，女性 5741161 人。非农业人口 849.5 万人，农业人口 310 万人。近郊区人口为 704 万人，远郊区县人口为 455.5 万人。每年北京新生儿约 5 万人，外地来京入户人口约 16 万人。2004 年本市自然增长 8000 人，机械增长 11.4 万人。另外，据公安机关统计，目前全市暂住 3 日以上在公安机关办理暂住证登记手续的流动人口已达到 364.9 万人。

东方新天地

"东方广场"位于东长安街一号，是北京市的中心地带。占地100万平方尺，"东方广场"划分为"东方经贸城"和"东方新天地"两部分。"东方经贸城"拥有八幢办公大楼、一幢五星级豪华酒店及四幢酒店式服务公寓。"东方新天地"包括五个不同风格的商场和一个中央喷水泉广场、多个四季常绿的花园和一个庞大的三层室内停车场。

东方新天地商业空间分为五个主题区

缤纷新天地：时尚主题馆，为青年人所打造的主题消费区。

都市新天地：主要经营珠宝饰品和时尚休闲品牌。

庭苑新天地：配以宽敞幽雅的园林景致，这里是美食主题区。

寰宇新天地：会聚世界潮流精品，拥有豪华尊贵的高档服装店。

活力新天地：体育用品、多厅影院、儿童乐园、名车展示和音像展厅。

实景照片：

评论：

1. 东方新天地是典型的购物中心，集高档消费为一体，包括购物、休闲、娱乐等一系列服务。

2. 五个主题中有根据业种来分的，也有根据目标群不同而分的，因此各个区域的业种还是比较混乱的。但是由于其已经定位五个新天地的原因，所以在整体上显得比较完整。

新东安市场简介

新东安市场坐落于北京心脏地区王府井，是一座超大型集购物、餐饮、娱乐、旅游、写字楼多功能于一体的现代化综合性商业服务设施。新东安市场尽享地利优势，是零售商开展业务的新焦点。王府井则是国际知名的购物区，预计于地铁之线启用后，每天人流将达百万人次以上。新东安市场位处其中，是中外零售商在京开设旗舰商店的最佳选址。

新东安市场商场共七层，总面积12万平方米，商户行业组合多元化，包括各式零售店，两家面积分别约为30000平方米及10000平方米的百货公司，

8 家影院组成的电影城、美食广场、餐饮及娱乐中心等内部运输设施完备，地库设有 500 个汽车车位及 3500 个自行车车位的停车场、卸货区、公共机电设施及仓储等，令商户尽享便利。

业种规划：

楼 层	经营业种
地下一层	新东安邮电所
地下二层	小家电、老字号、茶叶、烟酒（新东安市场） 图书、音像、餐饮、食品、药品
一层	运动休闲、钟表眼镜、鞋类、精品世界
二层	品牌女装、品牌男装
三层	品牌女装
四层	鞋帽
五层	影城、游艺、餐厅、美容美发、音像
六层	品牌餐饮

评论:

1. 新东安市场实际上也是集百货、休闲、娱乐、餐饮为一体的 SHOPPING–MALL。

2. 新东安市场的改造是在原东安市场的基础上进行的，一方面保留了新东安市场原经营的业种，同时也引入了许多品牌商店和精品商店。

木樨园打造第五商圈

木樨园商圈的发展历史大致分为三个阶段。最早是从 1984 年开始，浙江人开始拥入木樨园从事服装生意，因为是采用露天的集贸市场作为交易场所，故称做"大棚式"经济。直到 1994 年京温市场开始运作，"大棚式"经济才开始向"商城式"经济转化。其后，天海、新世纪、龙湫、大红门商贸城等 20 个大型服装批发市场陆续建立，木樨园也发展成为享誉京城的八大商圈之一。至今，全区域内共有各类商户 1 万多个，从业人员 5 万人，总营业面积 50 万平方米，年总交易额 400 多亿元，年总交易额占北京市同类商品的 54.5%。去年 9 月份，南苑乡政府借首届大红门服装商务节的契机，确立了 CBC（Clothing Bussiness Center）的发展规划，提升该地区整体档次，形成面向全国的服装、面料交易中心和功能配套的特色区。

去年 9 月，木樨园 CBC（服装商业核心区）规划正式面世。与 CBC 仅有南三环一条马路之隔的百荣世贸商城基本上同期推进。木樨园 CBC 属于丰台区商业项目，而百荣世贸商城则属于崇文区商业项目。建筑面积 46 万平方米的百荣世贸是亚洲单体规模最大的综合性商品批发交易中心。据了解，百荣世贸商城的营业面积可以与目前木樨园CBC服装市场的总面积相抗衡。除了上述两个超大商业项目外，由珠江地产打造的3.8万平方米的商业项目"千针街"也在今年投放市场。按CBC服装商业核心区的规划，除已有的大红门服装城、新世纪商城、京温市场、天雅大厦外，预计今年还将启动鑫福海大厦、木樨园购物广场、福成布艺等商业项目。

北京大红门服装商贸城简介

北京大红门服装批发商圈，是被公认的北方最大、实力最强的服装批发集散地，同时也是服装批发商业业态向规范化经济发展的典型楷模。

北京大红门地区，在十几平方千米内坐落大小近二十家专业化服装服饰、面料辅料批发、零售市场，据北京市商委的不完全统计，仅每年该地区的商品交易总额就达到了400亿元人民币，这足以证明北京大红门商圈所具有的巨大商机以及潜在的商业契机。而大红门服装商贸城是其中的代表项目。

大红门价格基本调研
商城整体结构为地下两层，地上五层，铺位在6~8平方米。
租金价格为
地下二层：3万元/年；　　　　　地下一层：4~5万元/年；
一层：12万元/年；　　　　　　　二层：10万元/年；
三层：8~9万元/年；　　　　　　四层：6~7万元/年；
五层：5万元/年。
水电费用，每铺平均费用在300元，物业费用为1.2元/平方米/天。

业种规划：

楼层	经营业种
地下二层	北区：内衣、鞋、童装系列；中区、南区：日用小商品
地下一层	北区、中区：羊毛衫系列；南区：西服系列
一层	男式服装、休闲夹克
二层	女式时装、休闲系列
三层	男女西裤、休闲系列
四层	名品广场、男女装精品
五层	名品广场、女装精品（D段风味小吃、美容美发、茶馆戏楼）

评论：

1. 以服装批发为主；

2. 规划上女装在上，男装在下；

3. 规划上精品名品在上，普通服装在下。

百荣世贸商城

百荣世贸商城地处北京南城木樨园服装商圈，总投资额约为 22 亿元人民币，是亚洲单体规模最大的综合性商品批发交易中心。在百荣的规划中，这里会建成亚洲最大的服装市场，亚洲最大的图书市场，交易商品要超过 10 万种。商城还预计，这里的日人流量会达到 21 万人次，年交易额要超过 300 亿元人民币，能够成为称雄亚洲的商业航母。

目前百荣世贸内商铺的套内面积物业费用为 30 元/平方米/月。

百荣世贸商城基本调研：

整体规划为地上六层、地下三层，分为三个相对独立的区域。

地下二、三层为停车场，地下一层为童装和超市。内部铺位为 25~40 平方米，分为产权和租赁两种形式。

1. 租赁统一交纳押金 30 万元（不论楼层）

地下一层租金为 3~6 万元/年；

一楼租金为 16~18 万元/年；

二楼租金为 12~13 万元/年；

三楼租金为 10 万元/年；

四楼租金为 6~7 万元/年；

五楼租金为 5 万元/年；

六楼租金为 3~4 万元/年。

2. 产权形式中一楼比较好的位置为 3 万元/平方米。

评论：

楼层	经营业种		
	A 区	B 区	C 区
地下一层	童装	童装	美廉美超市
一层	男装	男装	羽绒服
二层	女装	女装	女装、医务室
三层	品牌女装	品牌男装	牛仔系列、香港品牌、国地税
四层	裤子	裤子	羊毛衫、大针织、工商所、运动休闲
五层	文体用品、美容院、五金、灯具、床上用品、家电、眼镜、鞋帽、钟表、通信器材、箱包皮具	工艺品、小百货、床上用品、邮局、银行	化妆品、玩具、床上用品、小针织、饰品、女士内衣
六层	品牌展示厅	餐饮	办公室

1. 项目规模过大，没有分清楚具体各业种的比例再进行分配。

2. 三大区没有好好地利用，如果各区统一或类似业种会更好。

3. 比较吸引人潮的业种都放在下面，不容易搞活整个商城。

4. 百荣世贸商城的开发商对项目业种规划负有责任。

● 百荣世贸商城的开发商对服装行业和整个市场不够熟悉，对商城的操作力度不够。

● 开发商在项目开始时将整个商城定位为亚洲第一，太理想化，失去了很多商机。

● 在项目运作前，没有采用专业人士的建议。

● 百荣世贸商城所在地沙子口是以童装批发所闻名的，可以和大红门的服装相媲美。但百荣世贸商城放弃了具有北京历史的童装。因此导致后期必须进行调整。

第四节　兰州商业市场调研报告

兰州市简介

兰州位于甘肃省中部，是甘肃省政治、经济、文化和商贸中心，也是西北地区的交通枢纽和旅客集散地。现辖城关区、七里河区、安宁区、西固区、红固区五区，及皋兰、榆中、永登三县，总面积 13086 平方千米，有人口 283 万人，其中城市人口 148 万人。

兰州市交通相对便利。中川机场辟有通往全国主要城市的二十多条航线；312 国道穿境而过；陇海、兰新、兰青、包兰四大铁路干线交会于此。兰州也是西北重要的工业基地、科研教育中心和商贸中心。

其中，城关区地处兰州盆地东部，依山傍水，气候宜人，属中温带半干旱型气候。全区总面积 220 平方千米，其中城区面积 60 平方千米，行政管辖 5个乡、20 个街道办事处，居住着汉、回、满、蒙古、藏、维吾尔等 36 个民族，总人口 72 万人，其中城市人口 67 万人。

城关区是甘肃省省会兰州市的政治、经济、文化、科研、交通、商贸中心，区位优势得天独厚。区内已形成亚欧、民百、工贸、金轮、金达、锦华等大中型商厦为中心的商业服务体系，有张苏滩蔬菜瓜果批发市场，雁滩建材、家具市场，光辉布料批发市场，兰州西部丝绸商贸市场，东部批发市场等二十多个大型专业批发市场，其中，全国 50 强市场 3 个，全省十大市场 4 个，（均排名前 4 位），1997 年全区市场交易额达 87 亿元。

兰州东部批发市场

西北地区最大的小商品批发市场——兰州东部市场，在 2001 年，市场成交额就已经突破 50 亿元大关，同时该市场仍在实施"东扩"工程。市场主办方有意将发展的触角伸向历来商品批发商并不看好的餐饮、休闲产业，将在其东边建成具有异国情调和仿中国古建筑的餐饮园、儿童乐园、休闲园，此间还将建成能提供 4 万人居住的东部花园，并将大力开拓兰州商业史上罕见的纵横贸易区——五条路和六个停车场与广场。据透露，此次新拓展的项目都为该市场东扩、兴建东部商品贸易区的大型可行性计划，具体概括为："十城二区三园、五路六场"工程，即妇女、儿童用品批发城、服装城、五金工具城、小商品城、赠品工艺品城、装饰材料城、洗涤化妆品城、箱包城、衬衣城；建成统一管理的商品加工区和发货配送区。这项引起业界震动的扩展计划已于近日开工，到2006年年底，打造一新的东部贸易区即可全部建成，这个贸易区全部建成后需要投入资金约12亿元。东部商品贸易区建成后，将成为西北商业的中心。

目前，东部市场就已经形成了一个以东部批发市场、品牌服饰广场、兰新电器市场三位一体的大商贸东部市场圈。

一、兰州东部综合批发市场

兰州东部综合批发市场位于市区东部繁华地带东岗东路，总投资8100万元，占地面积100亩，建筑面积8万平方米。主营服装、鞋帽、针织、日用品、小五金、百货、家电等15大类商品，上万个花色品种，云集全国二十多个省市客商9000余人来市场经营。1997年成交额达35亿元，名列甘肃省十大市场榜首，跻身全国50强大市场，先后被市、省和国家工商行政管理局评为

文明市场。

业种分布情况说明：

东部综合批发市场是一个老市场，经营服装、鞋帽、箱包、百货、五金、文化用品、体育用品等多个业种。目前由于市场改造问题，服装和鞋类已经进入新的建筑设施销售，而其他类别的业种却仍然在简易大棚内进行销售，不过业种的规划比较有序。东部综合批发市场将逐步地进行完善和改建。

但由于东部品牌服装广场业种规划实施的逐步进行越来越旺，东部综合批发市场的服装、箱包和牛仔等业种将受到极大影响。

不过，目前随着东部批发市场的逐渐规范，其将逐渐规划为由业种单一的多个市场构成的大型批发区域。存在如服装城、鞋城、箱包城等多个大型单一业种的批发市场。

二、东部品牌服饰广场

东部品牌服饰广场是根据国务院将兰州建设为西部商贸中心的有关精神，由兰州市政府统一部署、整体规划而开发建设的大商贸、大流通的建设项目。

东部品牌广场由兰州贤友集团创办，2002年3月开工，建筑面积7.2万平方米，总投资4.4亿元，设有18部自动电梯、5部客货直梯，并配有空调、电信宽带等硬件设施，是西北目前最大的品牌服装市场。现已入驻1000多户商

户，经营 1.5 万多个品牌服装。

兰州东部品牌服装市场价格及管理费用市调情况：

标准铺位是 10 平方米左右，一层至二层标准铺位 10 平方米左右，一层及二层是产权旺铺，土地使用年限为 50 年，地下及三层至五层为租赁，整体地下一层，地上五层。

一层：2.7 万元/平方米（内部商铺）建筑面积销售。

4 万元/平方米（沿街营业房）。

转租价格：根据位置好坏，年租金 10 万~18 万元。

国税：300 元/月/铺　　地税：200 元/月/铺　　　工商：143 元/月/铺

水电：157 元/月/铺　　物业：4 元/平方米/天

业种：男装（85%）　　裤装（8%）　　百货、皮具（7%）

二层：2.3~2.5 万元/平方米。

一般铺位为 15~20 平方米。

转租价格根据位置不同 9500~130000 元/年。

二层其余费用与一层相同。业种：女装（90%），针织、内衣（10%）：也属于女性。

三层：为租赁式，一般铺位为 18~30 平方米，现租金价为 6~8 万元/年。税费同上。

水电：300 元/月/铺。

物业：2 元/平方米/天。

业种：精品屋（中档品牌，低档品牌）。

四层：租赁形式，面积为 18~40 平方米

95% 租赁户大都是一年前从公司租到，租赁合同 3 年一签，租金 3 万~5 万元/年，其他费用同三层一样。

业种：同三层一样。

五层：租赁形式，铺位面积为 40~130 平方米。

40 平方米：3.5 万元/年。

110 平方米：4 万~5 万元/年。

130 平方米：6 万元/年。

国税、地税、工商：100 平方米以上的铺位是交双位。水电实用多少就收多少。

物业：1 元/天/平方米。

业种：品牌服装（50%）；童装（50%）。

地下：租赁面积 22~30 平方米。

年租金 5 万~6 万元。

税费同层相同。

物业：1.5 元/平方米·天。

业种：箱包（50%）；牛仔（50%）。

业种规划及分析：

楼层	经营业种
地下一层	箱包（50%）　牛仔（50%）
一层	男装（85%）　裤装（8%）　百货　皮具（7%）
二层	女装（90%）针织　内衣（10%）　（也属于女性）
三层	精品屋（中档品牌，低档品牌）
四层	精品屋（中档品牌，低档品牌）
五层	品牌服装（50%）　童装（50%）

东部品牌服饰广场，从名称我们就可以得出结论，它主要的经营业种就是服装，而且是品牌服装。其规划都放在了投资成本比较低的、大面积的上层商铺上。

在规划中，也有类似的业种配合加入：如箱包、牛仔、童装、针织等，且面积巨大，适合单独规划。

特别关注：在东部品牌服饰广场，乃至整个东部批发区域内，我们发现大部分的国内品牌，均为甘青宁三省总代理。这就意味着以后银川商城的客户再代理这些品牌，将只能做其下面的二级代理。将使银川商城的辐射力和影响力大大降低。

兰州义乌商贸城

余汉平，来自浙江省义乌市的商贸城董事长、甘肃省第九届政协委员。当年在义乌市政府的支持下，筹资 1 亿元，千里迢迢跑到兰州来建市场。

兰州市政府把兰州义乌商贸城当做商贸中心建设的一个重点项目。

商贸城共有七个楼层，其中地下一层，地上六层。分两期开发，主要业种都是中低档小百货。

一期图片示意：

业种规划：

楼　　层	经营业种
地下一层	副食品、干鲜、调味品
一层	洗涤、化妆用品
二层	日用百货
三层	玩具、文体用品
四层	五金、家电
五层	服装、针织、鞋帽
六层	礼品、音像制品、图书电脑城

二期图片示意：

业种规划：

楼　　层	经营业种
一层	义乌鞋城
二层	精品百货、工艺品、礼品、内衣
三层	玩具、文体用品、音像制品
四层	男女服装、床上用品、童装
五层	国美电器

业种分析说明：

1. 根据市场差异化原理。义乌商贸城为了避免和东部市场竞争，选择了东部比较少的小百货商品来进行销售，取得了成功。

2. 由于二期建成后增加了面积，对原有业态的调整就显得规模过大或重复。

3. 例如国美电器这样的厂商被引入市场，对整个市场的盘活起到一定作用。

4. 同时，该项目一期和二期是相互连通的，存在一定的缺陷，造成东西长，南北窄，造成一期老市场面积更大，更容易形成规模效应，加上先开发的原因，使东部二期生意比较冷淡。

国芳百盛名品广场

国芳百盛名品广场是甘肃国芳工贸集团与马来西亚金狮集团中国百盛事业部联合开办的大型购物场所。位于兰州市黄金地段，目前共开放有六个楼层。主要经营一些高档品牌。

业种规划：

楼层	经营业种
一层	珠宝金饰区、化妆时尚区、箱包名品区、新潮鞋品区
二层	个性少淑区、时尚少淑区、休闲少淑区
三层	时尚女内区、经典正装区、流行时装区
四层	绅士精品区、商务休闲区、男式衫裤区、运动休闲区、高尔夫休闲区
五层	精品毛织区、针织用品区、儿童用品区、文化健身区、家纺工艺区
六层	大家电区、小家电区、电信区手机超市、数码音响广场

业种分析：

1. 该项目是定位在中高档的百货公司，地处中心广场，人气较旺。

2. 单层的业种布局比较合理，整体业种布局缺乏科学性，如女装都在二、三楼，四、五、六楼的业态供应不足，人潮不容易向上走。

百安购物中心有限公司

百安购物中心有限公司属于甘肃世纪春天有限责任公司，其前身是成立于2000年9月29日的世纪春天百货，2002年伊始，企业在经过全方位的重新整合、调整后，遂更名为百安购物中心，是市内大型综合性百货商场，经营数十种品种、千种品牌的商品。

购物中心获得了"商贸流通十佳商场"、"最佳企业"、"营销创意最佳商场"、"消费者信得过商场"等许多荣誉，并荣获了"金城百货三甲"的头衔。

业种规划：

楼　层	经营业种
一层	化妆品
二层	女装、休闲装
三层	箱包皮具、男女鞋、运动区
四层	商务休闲、男装、裤区、领带
五层	床上用品、内衣区

铜锣湾百货兰州开盛店

该店位于兰州市城关区酒泉路南关什字的中匈友好国际大厦（又名开盛大厦），地下一层至地上六层，总面积3万平方米，处于庆阳路与酒泉路的交会处，为兰州最繁华的商业街。其中地下一层、地上一层至四层为铜锣湾百货主卖场。

业种规划：

楼　层	经营业种
一层	化妆品、箱包皮具
二层	女装、休闲装
三层	男女鞋、男装

第五节　杭州商圈调查报告

杭州商业概括

杭州商业的规划目标是建成一个现代化、多功能、世界级的商业服务中心，到2010年杭州将打造成为一个现代、开放、繁荣的休闲购物天堂。今后杭州的商业网点将形成一个市级商业中心、三个市级商业副中心、四个区域商业中心和十二个区域商业副中心。

一个市级商业中心：领袖杭州商业。

这是最有投资价值的一个市级商业中心，主要指以延安路为中心轴，涵盖武林、湖滨、吴山3个商圈，东至中山路，西至湖滨路、环城路，南至吴山广场，北至西湖文化广场的范围，是杭州市至2010年间唯一的市级商业中心。

据了解，此商业中心建设的总体目标为继续提高商业聚集程度，推进网点布局战略调整，提升商业设施品位，提高新型业态比重，完善服务功能，增强现代气息，形成高度繁华的现代大都市商业中心。

三个市级商业副中心：升值潜力无限。

三个市级商业副中心分别位于萧山、余杭、下沙三地。据介绍，将形成以萧山为核心的高品位商圈和以市心路北端为核心的商业群，形成以购物为主、商务为辅的新商圈；余杭的商业中心以北大街为轴，北到邱山大街，南到东西大街，以购物为主；下沙商业中心位于下沙镇，北到德胜路延伸段，南到艮山路延伸段，将形成与下沙城相协调的现代都市商业中心。

目前，这三个板块商业发展势头良好，加之三大板块为杭州的三大副城，升值潜力巨大。萧山、余杭区中心已经培育出一定的商业氛围，而下沙的商业还没有形成气候。

四个区域商业中心：秀满东南西北。

庆春东路、滨江、翠苑、拱宸桥东南西北四个区域将构建区域商业中心。据了解，庆春东路区域商业中心位于庆春东路以北，秋涛北路以东，新塘路以西，凤起东路以南，将形成以购物为主、休闲为辅，与钱江新城品位相匹配的区域商业中心；滨江区域商业中心主要集中在沿钱塘江南岸的滨江大道中段，从高起点出发，形成目标消费层次以高中档为主，集购物、餐饮、休闲、娱乐于一体的区域商业中心；翠苑区域商业中心处于文一路与文三路之间，东至教工路，西至古翠路，规划为以购物餐饮为主的区域商业中心；拱宸桥区域商业中心西跨运河至小河路，东至上塘路，南至登云路，北至定海路，是拱墅区行政中心所在地，规划功能比较齐全，业态结构合理，以购物为主、休闲为辅的区域商业中心。

十二个区域商业副中心：商机近在眼前。

城站广场、之江大道南段新居区、德胜东路地区、半山地区、卖鱼桥地区、黄龙地区、西城广场、钱江新城区、下沙高教园区、滨江高教园区、小和山高教园区和三墩地区要构建商业适当集聚，功能比较完备，业态相对先进的十二个区域商业副中心。业内人士表示，规划中的区域商业副中心目前总价较低，从长远看来，这些区域中心或以学院为依托或以大量住宅区为依托，升值潜力相当大。

十一条商业特色街区：各有风情万种。

规划中的十一条商业特色街区分别是：湖滨旅游商贸特色街区、清河坊历史文化特色街区、南山路艺术休闲特色街区、武林路时尚女装街区、四季青服装特色街区、丝绸特色街区（杭州中国丝绸城）、信义坊商业步行街、梅家坞茶文化村、文三路电子信息街区、延安路时尚购物街、解放路时代商业街。这些街区都定位一种独特的业态，具有一定的专业性，并且这些街区大多都有了一定的商业基础，人气旺盛，必将会得到更多的关注和商机。

此外，一批区级商业特色街，如江干区的天成路休闲服务一条街、上城区的中山中路传统商业街、拱墅区的台州路商业步行街、滨江区的滨江餐饮商业步行街、萧山区的市心路商业街和余杭区临平的九曲营路步行街等，也将成为投资者关注的焦点。

杭州城市规划要点：

快速路为未来杭城道路交通主骨架。

杭州市总体规划提出"以快速路为主骨架，结合主次干路，组成以方格网为基础，环路加放射线，功能明确、级配合理的城市道路网系统"。

"一环三纵五横"城市快速路系统：

一环：绕城公路，全长123千米，采用高速公路标准，主要疏解过境车流并对入城交通起分配作用。

三纵：由南北向的上塘路—中河路—复兴大桥—四季大道，320国道（杭枫线）—石桥路—秋涛路—西兴大桥—风情大道，东湖路延伸线—九堡大桥—通惠路组成三纵。

五横：由东西向的石祥路—石大线—海宁东西大道，文一路—德胜路，天目山路—环城北路—艮山路，中兴路—机场快速路，原320国道（杭富段）—之江大桥—彩虹大道组成五横。

"十"字骨干贯通城市主要干道：

以东西线和南北线组成的"十"字线为骨干，形成一个贯通城市各主要客运交通集散点的城市轨道交通网络。

代表商圈介绍如下：

武林商圈：新商业热点的兴起

业态特征：

武林商圈北跨运河至文晖路，与朝晖大型居住区相邻，南至凤起路，东至中山北路，西与武林路时尚女装街相接，商业业态布置格局就是典型的"U"字形坐北朝南布局。它的朝南开口像一个袋口，也像一个聚宝盆口，既可以吸纳来自东西两端的诸如环城北路、体育场路东西两端的人流量，也很容易容纳来自朝南方向的延安路来的客流量。因此，一直以来武林商圈就是杭州最繁华的商业核心圈，它是杭州商业繁荣的一个象征，也是各大商家的必争之地。

经过多年的发展，现在的武林商圈不仅有相当好的人气基础，还具有非常成熟的商业形态，商业集中、交通便捷、基础设施完善。商圈内居民多具备较强的经济实力，能够形成有效的消费。武林商圈内的包容性非常强，涉及的业态也非常广。高档购物中心、百货商场、专业市场、专卖店、便利店都有分布；商圈内还有很多品牌专卖店、特色餐饮连锁店、咖啡店以及各类饰品店、服装店。今后商圈内的经营业态将会增加休闲娱乐及时尚消费元素，所以，酒吧、咖啡吧、茶座以及高档精品店如家居用品店、香水店都比较适合这一商圈的商铺经营。

现状分析：

早前的武林商圈主要集中在武林门一带。杭州大厦、银泰、杭百等大型购物商厦雄踞武林广场，连卡佛又为武林商圈的购物档次提高一层；白马大厦、华浙广场、同方财富大厦等商务楼林立，电信、联通、移动总部也坐落在此，商贸业发达。而白鹿鞋城、华贸鞋城、武林鞋城、百姓鞋城、步步高鞋城等大型鞋城的集中，各大品牌手机专卖店的开放，使得武林门一带的市场更为繁荣。

近两年来，随着武林路时尚女装街两期工程的完工，武林路从一条普通的小马路一跃成为武林商圈中耀眼的明星。在武林路女装街，你既可以看到"哥弟"这样的大牌，又可以选择江南布衣这样的本地品牌服饰。当然，武林路更为吸引人的，是它的各具风格的林林总总的小店铺如假日帆船、太阳雨等，它们共同组成了武林路多姿多彩的流行世界。

由于生意红火，武林路的店铺开始向孩儿巷、龙游路等周边地区扩展。例如与武林路时尚女装街区紧密相连的孩儿巷，由于受武林路商业氛围和火热人气的带动，孩儿巷服饰店铺和其他小店的生意相当兴旺发达。现在，已有几家不错的服饰店在经营，如黎人坊、ICI、昔日重来、薰衣草、动静等店铺，颇有几分武林路的风格，俨然是武林路的有力延伸。所以，孩儿巷商铺所拥有的潜力在价值空间也越来越被市场看好，近两年很可能会成为投资的热点区域。

商铺行情：

目前，杭州的旺铺依然是围绕着武林商圈，并向外扩散的。由于武林商圈一带的人气一直很旺，所以附近旺铺的地位依旧牢固，而且供求极不平衡，基本处于卖方市场。商铺售价为 4 万~8 万元/平方米，年租金最高可达 7000 元/平方米左右，投资回报率为 6%~7%，方位稍逊的在 4%~5%。也有一些相对便宜的商铺，这些商铺或位于小马路或商业氛围相对较差。其中，孩儿巷商铺的售价约在 2.5 万元/平方米以上，百井坊商铺售价约为 2.2 万元/平方米，附近的白云大厦、同方财富大厦或越都商务大厦，它们的售价在 3 万~3.8 万元/平方米。而目前体育场路商铺的售价也多高于 3.5 万元/平方米，有的甚至超过 5 万元/平方米。

发展规划：

按照规划，作为武林中央商务区发展建设的武林商圈，其业态结构将由目前商业占 30%、商务占 30%、住宅占 40%的模式，转变为商业占 40%、商务占 40%、住宅占 20%的模式，商业发展前景更好，商铺经营更加有利可图。由于该地区大型百货店已相当密集，所以今后要鼓励发展品牌专卖店、专业店及中小型餐饮业，在西湖文化广场周边增加休闲、娱乐及时尚消费设施。规划期间，将结合地铁 1 号线站、地下车库及武林广场地下商城建设，以武林商圈为核心，打造武林中央商务区。

湖滨商圈：再现繁华

业态特征：

湖滨商圈紧邻西湖，是"一线三圈"市级商业中心的核心区块。以旅游休闲、高档购物为主要消费特色，走高档化和国际化的商业路线。它的商业定位起点高：国际名品街、特色连锁餐饮店、休闲消费带。以后，湖滨不仅专注于国内外知名品牌专卖店、专业店和特色店的经营，而且将引进老字号、茶吧、咖啡吧、酒吧业以及旅游纪念品、古玩、字画等，这些行业比较适合湖滨的整体商业业态。

现状分析：

自从两年前西湖南线开通，还有去年湖滨路商贸旅游特色街和南山路艺术休闲特色街的规划建立，湖滨的商业气氛正悄然改变，走向再度的繁华。

在新建的湖滨路旁，元华购物中心、解百新世纪、银泰·利星等高档购物场所纷纷建立，环境优越，又有必胜客、蔡家食谱、肯德基等店的入驻，购物休闲两相宜。而且，湖滨商圈最独特的一点是，它既具有商业氛围，又有着浓郁的艺术气息。在杭州规划的11条特色街中，湖滨商贸旅游特色街区被定位为杭州最主要的标志性商业街，集聚国际知名品牌、旅游商品、高档休闲餐饮等行业，是以露天茶吧、西式酒吧、咖啡屋、娱乐房、休闲角和宾馆为主的沿湖休闲观光区。南山路独有的艺术文化品位是其最吸引人的地方，中国美院皮影馆、名家作品展示、啤酒文化艺术展、书画作品展、茶吧、酒吧、咖啡吧、美术欣赏，应有尽有，十分具有休闲文化的特色。目前已有多家字苑，南山路上的酒吧、咖啡吧也是一大特色，德纳咖啡吧、八度空间咖啡酒廊、卡卡酒吧充满视觉效果。现在，南山路正力求通过突出"酒吧茶楼、艺术字画、中西快餐、休闲娱乐"四大功能，体现"悠然南山、艺术情怀"的主题，营造满足人们的时尚和夜间消费、文化休闲需要。

平海路将形成以开设中式酒楼、国内风味小吃、中西快餐店，会聚中国饮食、法国西餐、日本料理、韩国烧烤等为一体的中西风味美食区，延安路则以中高档消费层为主体，除现有大型百货店外，到处可见国内知名品牌、国际著名品牌，是专卖店、专业店、老字号商店高度集聚的时尚购物区。

商铺行情：

湖滨商圈的商铺供出售的量非常少，不少商铺仅出售其经营权，其中有些沿西湖的商铺10年的经营权平均每平方米最高售价13万元，很多取得经营权的买家多为自营，再出租的很少。虽然价高难求，但有实力的投资者对这里的商铺还是趋之若鹜。湖滨商铺的投资回报率为6%~7%。在目前可以购买的商铺中，西湖国贸中心商铺售价达到6.8万元/平方米，元华商城商铺售价为4.58万~6万元/平方米，新湖滨景区的商铺一般只出售其经营权，拥有此地商铺的人很少再出手转让。

发展规划：

根据"山水风光，历史文化，时尚购物，休闲娱乐，观光旅游"融为一体的要求，作为市级商业中心的核心区块，湖滨占尽地段及环境之优势，它的商业发展是大气的、开放的，市场发展空间非常大。抛开大众化、共性产品，做具有独特性的产品经营，湖滨的商铺才能以特色巩固其商业基础，所以，湖滨商圈要积极拓展服务领域，完善服务功能，提升业态品位，将其打造成为领导杭州市场新潮流、新方向的现代都市商业圈。

随着快速轨道交通建设进程的加快，新侨饭店西侧，湖滨路与吴山路之间还将出现一个 2.5 万平方米以上的地下商业中心，并结合地铁车站的建设，形成一条集商贸、交通为一体的湖滨地下商业街。可以想象，未来的湖滨商圈，是大型百货店、国际国内著名品牌专卖店、专业店、"老字号"高度集聚的时尚购物区，同时也是茶吧、酒吧、咖啡屋林立的沿湖休闲观光区。

吴山商圈：发展前景广阔

业态特征：

吴山商圈沿延安南路北至解放路，与湖滨商圈相连，南至吴山广场，东接清河坊街，西邻南山路艺术休闲特色街区，与武林商圈位居延安路两头，遥相呼应。由于靠吴山、近西湖，又具有历史文化特色，所以它是五大商圈中较有特色的一个。吴山商圈的主要商业特色是旅游购物和休闲娱乐，以老杭州的历史商业文化内涵为重点，吸引外来旅游人群和本地市民。商圈内有众多知名品牌专卖店、专业店、特色餐饮店、咖啡吧、酒吧、茶吧等休闲娱乐业以及画廊、古玩字画店、旅游纪念品和老字号等业态也比较适合吴山商圈的商业氛围。它不仅拥有一条仿古商街——清河坊历史文化特色街区，而且商圈内写字楼也很密集：涌金广场、清波商厦、耀江广厦、元华广场、西湖定安名都等商务楼相邻而立，既有传统的商业文化，又有现代的商务办公，有一种古今交融的感觉。

现状分析：

清河坊街位于吴山广场，是一条极具历史传统特色的商业街。这里百年老字号多，如王星记、张小泉、蒋同顺等。清河坊街也是寻求工艺品、古玩的好地方，茶社众多，还有许多民间艺术品、工艺品、旅游纪念品店铺和一些饮食店、茶座。在清河坊街，这些店铺无疑是最符合其商业特色的。

吴山广场周围有许多旅游纪念品、工艺品小店，饮食店、茶座也很多，吴山花鸟城客源旺盛。吴山路将形成以旅游纪念品、珠宝饰品为主，字画、古玩、雕刻、工艺品等为辅的特色购物区。吴山商城以及太平洋商业中心等大型商业场则体现了商圈的商贸特色。

与清河坊及吴山名吃广场相应，延安南路上的商铺经营也多以餐饮、画廊为主，如加勒比海餐厅、港湾大酒店、杭州人家大酒店及金彩画廊、印象画廊、珍艺苑古玩等，有一种整体呼应的气势感，业态相对比较集中。比较起来，延安南路的商铺经营显得更加现代、大气。而家乐福涌进广场店，也为吴山商圈积聚了不少的人气。

商铺行情：

吴山商圈内的商铺总体来说售价较高，供应量不多，总价低则近200万元，一般都要500万元左右，高则近千万元，愿意投资的客户虽多，但实力要强。河坊街商铺多为1~2层联售，售价为3万~4万元/平方米，年租金2000元/平方米左右，投资回报率为4%~6%。

而商圈内其他类型商铺出售均价亦在3万元/平方米左右，投资回报率低于河坊街商铺。比如吴山广场旁华光巷的商铺售价约为2.6万元/平方米，高银街的商铺售价约为2.8万元/平方米。目前可供选择的有西湖定安名都、吴山名楼、太平洋商业中心等物业和清河坊街的部分新建商铺以及西湖大道的少量沿街底铺。

发展前景：

商铺最重要的价值在于它有优越的地理环境和强大的消费资源，吴山商圈兼具地理环境及旅游交通等优势，今后商铺经营档次的提高和大量人气的聚集又会增加商铺的发展潜力，它依然属于好地段的好商铺，前景看好。所以依托杭州经济发展的大环境，在定位准确的基础上，商圈内商铺增值的潜力较大。

大器晚成——城站商圈

城站商圈在五大商圈中较为特别，城站是交通枢纽中心，客流量大。1995城站因为整体改造而备受市场关注，但其后大规模的拆迁造成了3万多人口的疏散，导致了"该旺而不旺"的局面。但目前城站的建设速度明显在加快，商业活力趋于旺盛，广宇服饰城在招商中，利群大厦正在建设中。

业态布局：

目前已建成和在建的商业网点有铁道大厦、中铭大厦、西湖国贸大厦、利群大厦、红楼饭店等，总面积30万平方米，初步形成以中高档商务写字楼为主体，餐饮、娱乐、购物为辅，汇集国内外大公司、金融财团、旅游集散中心等机构的商务中心特色街区。

消费对象：

总的来说，城站商圈的消费特色是以吃、住和商务消费为主。消费人群多为外地来杭的商人或游客，也有一部分写字楼内办公人员和区域居民。附近的四季青服装特色街区，人流量非常大，而金隆花园、义井巷小区等社区居民也是相对稳定的消费群体。在整个商圈内，高档酒店、咖啡吧、火锅、小吃等餐饮店、超市、各式便利店分布各处。

商铺行情：

城站商圈商铺供给量较少，周边商铺资源相对稀缺。向东一带由于靠近一些社区，附近的清泰街、西湖大道、建国南路等商铺售价为 3 万~4.5 万元/平方米，年租金为 2300~2700 元/平方米，平均回报率在 5%~6%。目前可供选择的有金达苑、新东方大厦等物业和西湖大道与佑圣观路相交处的少量沿街底铺。从目前情况来看，西湖大道的商业发展还不错。道路宽阔、通畅，两旁高档商务楼众多。沿街中西餐厅、咖啡馆、酒店旅馆、户外用品店等商铺，经营得比较好，其中西湖大道与佑圣观路相交处的商铺经营尤为热闹，售价在 3.6 万元/平方米左右，呈上升趋势。城站一带，商铺量不太多，江城路商铺售价为 2.45 万元/平方米左右，中闽大厦一楼商铺的售价在 3 万元/平方米以上，不过面积偏大，总价要千万元以上。

重点路段——西湖大道：

城站商圈的日渐兴旺，西湖大道功不可没。西湖大道宽阔通畅，两旁高档楼宇多，有效地连接了城站商圈、吴山商圈和湖滨商圈，一头是商业氛围浓厚的城站广场，一头与南山路相接通向西湖风景区，还与延安路相交连接着吴山商圈，占尽了得天独厚的天时、地利、人和资源。

从总体来看，西湖大道的商业格局较为现代、时尚、大气，像一个快速发展中的新兴城市，以后的商业发展潜力不可估量。西湖大道两侧写字楼多，城站广场附近是集中地，香榭商务楼、金泰商务大厦、利群大厦都是比较高档的商务楼，蕴藏着较大的消费需求。

从细部来看，与西湖大道相交的建国南路附近，中西餐厅较多，如醉爱餐厅、辣妹子火锅店、广利贝贝等，城站广场的来往客源、写字楼内的工作人员以及附近居民都是较大的消费群体。中部与佑圣观路相交处，生活气息浓厚，受老食品市场商业气氛的感染，店铺经营类型丰富，比较热闹。在延安南路与南山路中间的这一段，西湖大道的商业布局就显得更加开放和气派，耀江广厦的写字楼及沿街婚纱、服装等商业店铺、清波商厦的婚纱摄影店和咖啡馆以及涌金广场的浙江东方大酒店、索菲特西湖大酒店、两岸咖啡等，体现了西湖大道商铺向高档化发展的这一趋势。

西湖大道商铺的价格目前处于攀升的状态中，一般商铺售价在 3.6 万元/平方米左右或更高，投资回报率在 5%~6%。以后道路两旁的一些高档商务楼建成后，商铺供应量会加大，而根据市场行情估计，价格还会上升，比较有投资价值和经营前景。

后起之秀——信义坊商圈

信义坊商圈的魅力在于它的"新",在于它所拥有的商业潜力,它的形成得益于信义坊商业步行街的建立。它的两端分别与莫干山路和湖墅路相连,湖墅一带曾是一派商贾云集、百货登市的繁荣景象,107家店铺遍布京杭大运河两岸。去信义坊寻觅"十里银湖墅"的繁华盛景吧,沿河而逛,登楼而望,水乡的韵味细细品来,慢慢咀嚼。

业态布局:

信义坊商圈以莫干山路和湖墅路这两条商业道路为主要轴线,与武林商圈和湖滨商圈连接起来。商圈内有中环大厦、之江饭店、敦煌饭店等商用建筑,信义坊小区、湖墅新村等高档住宅和华润超市、景福百货、知味观、肯德基等商业设施。

消费对象:

信义坊定位于综合性的时尚休闲娱乐场所,欲打造一条集"吃、逛、玩、购、赏"于一体,以"小而精,多而全"的经营业态,满足都市人的时尚休闲需求。

信义坊将餐饮放在了首位,以异国餐饮为主,另外还有全国各地颇具名气的特色美食,使信义坊商街异国风情美食街的个性特色愈加明显。服饰保留在香积园低层商铺,心旷神怡轩则主要用于布置经营工艺品。由于居民较多,所以各类专卖店、特色小店也很多。消费者多为本商圈内居民和杭州本地人,因靠近北站,也有部分慕名而来的外地游客。

商铺行情:

信义坊商圈内的商铺售价在2.5万~3.5万元/平方米,出租回报率为3%~4%,随着发展今后会有所增长。作为一个新兴商圈,信义坊商圈依托莫干山路和湖墅路的商业优势,一旦与武林商圈和湖滨商圈形成联动,后起之秀的力量不容忽视。目前可供选择的有湖墅嘉园、红石中央花园、浅水湾花园等楼宇的部分商铺和莫干山路与文一路相交处的少量沿街底铺。

重点路段——莫干山路:

信义坊商圈的成名得益于信义坊商业步行街和莫干山路与湖墅路两条商业道路所形成的商业联动效应,莫干山路作为一条交通大动脉,贯通了杭州的南北。它跨度大、宽阔通畅、交通四通八达,从北向南分别与石祥路、大关路、教工路、文一路、德胜路、文二路、文三路以及天目山路等市区主要道路相连,整体优势明显,在商业发展上容易形成大气、开放的格局。

莫干山路南接环城西路、湖滨路，通向西湖风景区，北通汽车北站，与湖墅路几乎近于平行状态，商业配套设施齐全。从大环境来看，莫干山路两侧有浙江新世纪大酒店、天鸿饭店、之江饭店、梅苑宾馆、敦煌饭店、祥和假日大酒店等酒店、宾馆；周围的高档住宅区有华海园、华立金顶苑、信义坊小区、墨香苑、白荡海人家等；使这一带的居住氛围浓厚，人流密集。另外，华润超级市场、景福百货，各类专卖店、特色店等商业设施极易凝集人气，营造商机。

莫干山路商铺现在的售价比较实在，平均售价约为 2.8 万元/平方米，而与其平行的湖墅路商铺的售价则要 3 万元/平方米以上，价格优势非常明显。近两年来杭州交通网络规划的实施和完善，给莫干山路两侧的物业带来了发展的良机，又非常有利于其商铺价值的提升。

莫干山路是今年杭州重点美化的道路之一，以后街景会更加美丽，商铺投资及经营的环境更好。大环境改善后，莫干山路两侧的住宅建设必然会有所发展，继而带动相应的商业配套、生活服务等设施的建设和完善，给莫干山路带来了新的商机，其沿街商铺也具有较大的增值潜力。

商铺举例：

湖墅嘉园坐落于杭州市大运河沿线新兴生活走廊内，北靠哑巴弄、西接和睦路、南邻婆婆桥弄、小区东贴湖墅路面临京杭大运河，从杭州的城市平面上看优势领地——湖墅嘉园处于城市北部，从传统风水角度而言属于风生水起的龙胜宝地。

（1）未来杭州新兴居住生活区"大运河居住文化圈的经典力作"。

（2）一个代表新世纪居住标准的现代生活特区，一座全视野水岸双景的智能生态绿洲。

（3）一座雄踞杭州城北大运河水岸居住带重要坐标、傲视杭州人居新时代辉煌岁月的未来之城。

黄龙商圈：以高档商住区为依托

黄龙商圈以黄龙体育中心为轴向四周辐射扩散，主要覆盖南北走向的保俶路、杭大路、黄龙路和东西走向的西溪路、曙光路、天目山路。黄龙区域一直是杭州集生态、人文、旅游、会展、运动的重要区域。近年来，商业也随着各项组成的完善而取得了一定的发展，构成了区域的商业体系。从现状来看，黄龙区块已经确立为杭州城内的高尚商务圈。

业态现状：

黄龙体育中心靠近黄龙洞圆俗园，游客非常多，聚集了大量的人气，2000

年，大型商场——好又多的入驻，使人气不停飙升。目前，体育中心商铺以酒吧、餐饮为主。

杭大路一带伫立着黄龙饭店、世贸大酒店、紫云饭店、新宇商务宾馆等杭城知名饭店。餐饮以龙门大酒店、喜乐酒店、石浦海鲜城、好阳光、至尊鲨鱼等大型酒店为主，回报率都很高，适合工薪消费。

保俶路南端与西湖相接，商业业态主要为娱乐城及酒吧，其中蓝堡、花样年华、同至酒吧等在杭城小有名气，夜幕一降临，这一带便车水马龙，好不热闹。这条街的餐饮店在杭州也同样颇有名气，刘家香辣馆、粤浙会、片儿川、九百碗、牛哥等特色餐馆人气都很不错，生意非常红火。

曙光路东侧浙江音乐厅一带，不知从什么时候起，开出了许多服饰店，店内服装大多特具风情，时尚亮丽，价位在100~200元，逛的人较多。曙光路靠近西湖一带，开着一片茶楼，都是仿古建筑，灯笼高悬，在绿树掩映中泛出丝丝幽雅的味道，一到夜晚，每座茶楼门口便停满了轿车，看来生意很是不错。

西溪路也有许多特色的服饰店，但与曙光路相比，西溪路的服饰店相对价位低廉多了，大多在100元以下，消费群大多为学生。

后市展望：

总的说来，保俶路、曙光路的商铺基础较为深厚，而杭大路、黄龙体育中心附近一带，因近年来的改造，商铺大多都是新建的，发展势头良好。特别值得一提的是，黄龙商圈的购买力十分强，因为这一带相继建出了世贸中心、黄龙世纪广场、嘉华国际、国际花园、求是大厦、中田大厦等高档写字楼，还有世贸丽晶、丁香公寓、黄龙雅苑等高档住宅楼，是城市高收入者的聚集地，其消费能力普遍较高，构成了该区域的固定消费人群。而百年浙大除了拥有深厚的历史人文沉淀外，数万学子生活其中，其消费面广泛，生活、学习、娱乐俱囊括在内，更拥有庞大的教师队伍与专属企业，包括众多外教、品牌企业及工作人员，均属于高端消费人群。

文教区商圈：学院相继郊移去 商铺能否笑春风

文教区商圈主要是指由东西走向的文一路、文二路、文三路和南北走向的教工路、学院路所构筑的区域范围。文教区商圈有着多年的发展基础，商业业态比较成熟，是服饰、餐饮、理容、电子信息类商铺的聚集地。

业态现状：

文一路西端伫立着一家大型超市——物美，人气超旺。其附近多为服饰店和餐饮店，错落有致地分布着。文一路的服饰店大多定位为中低档水平，以休闲类服饰为主，如邦威、唐狮、蓝色天空、哎呀呀等，适合学生族消费。餐饮类店铺档次也为中低档，但大多都较有特色，颇受欢迎，如太一、我爱我家、一品沙锅等，夜夜爆满。文一路理发店之多，在杭城的街道上也是少见的，它们主要分布在文一路耀江文萃苑附近，会聚了情丝、天方等理容广场，价格实惠、生意兴隆。

文二路和文一路相似，业态以餐饮、服饰类为主。文二路的服饰店，小铺子里头的服饰大多风格奇特，颇具特色，价格也优惠，特受年轻人喜爱；新驻的大铺子，以中档品牌为主，如ELE、FUN等。文二路人气不如文一路，服饰类店铺相对冷清。但文二路西侧的餐饮店，生意却是很红火，像广合缘、老东北菜馆、方太太等，口味都很不错，适合大众消费。除图书大厦外，文二路上还有几家比较有名的书店，如枫林晚、席殊，还有学院路文二路口的淘金，都很受欢迎。

文三路为电子信息特色街区，顾名思义，这条街的店铺以数码类、电子类信息为主，杭州人买电脑都会往这赶。自东向西，文三路有西溪数码港、百老汇电脑城、高新电脑城、颐高电脑城等大型电子信息类市场，沿街还有许多此类的小店铺。

后市展望：

自2002年开始，文教区内的许多大中专院校，浙江理工大学、中国计量学院、杭州电子工业学院等都相继搬出，郊移至下沙大学城。就此，文教区商铺的前景不被许多业内人士看好，许多店主也反映生意不如从前。但也有专家指出，此处的商业已形成一定的气候，同时虽然有许多学院已经搬出，但也有不少学院仍然停留在此，并且这里还有翠苑、花园新村、文三新村等小区的住户。因此，文教区商铺不可小视。

商铺举例：

楼盘名称：华海园。

地址：文一路保俶北路。

点评：位于繁华城区，周边配套设施完善，交通便利，所在道路及相邻道路商铺经营红火。

楼盘名称：龙门公寓。

价格：待定地址：教工路。

点评：周围商业氛围好，所凝聚的消费人群素质较高，具有一定的消费能力，极易延伸文三路电脑、数码产品或相关配套行业的经营。

楼盘名称：华都·兰庭国际。

价格：待定地址：文二路。

点评：位于文二路，交通便利，地理位置及商业环境优越。

楼盘名称：浪琴翠园。

地址：余杭塘路学院路。

点评：所在区域居住氛围浓厚，有很多大大小小的店铺经营，周边配套设施齐全，交通方便。

城西商圈：伴随着浙江大学崛起

城西商圈是近些年新兴的商圈，主要是指东西走向的文苑路、文新路、文华路和南北走向的紫荆花路、古墩路、丰潭路，其中以文苑路、文新路、古墩路商业街为代表。

业态现状：

经过这些年的发展，城西的商业越来越受关注，不少投资客都看好这块沃土。目前城西商圈内的文苑路、古墩路商业氛围比较浓厚，也比较有特色。

文苑路是文三路的延伸段，五年前，还处于地段比较偏僻、商铺较少、颇为凌乱的局面，而今却大为改观。在康乐新村附近，中介门面特别多，21世纪不动产、我爱我家、公众房网、月新房产等，几乎包括了杭城所有的中介公司。在这些中介门面之间散布着不少服装店、餐饮店。而家友超市也在这一带开了一家分店，聚集了不少人气。

古墩路上餐饮店的名气，近几年也逐渐响亮起来，市民逐渐了解到在城西原来也有一个美食的会聚地。所以走在古墩路上，不禁会为众多的餐馆迷花了眼。长安居、一席地鸡窝、四川火锅城、百笋宴……都各有特色，让人不知应该选择哪家进去撮一顿，真想一家一家都吃过去。

此外在文新路上会聚着不少高档健身中心、美容中心，但据了解，这些店铺生意并不如想象中红火。

江南岸的中心——萧山商圈

业态分布：

杭州城市的扩展，钱江世纪城的规划以及房地产开发力度的不断加大，使得萧山越来越大气，商业也呈现整体综合发展的趋势。目前这里商业氛围比较浓厚，人流量大，百货店、专卖店、服饰店、餐饮店较多。另外，特色小店、茶吧、酒吧、餐饮店以及休闲娱乐等行业，都是不错的店铺经营方向。由萧山老城区的市心南路商业群组和规划建设中的新区市心北路商业群组联结而成的江南城商业中心，该中心规划人口 15 万，东至市中心北路，西至工人路，南至山阴路，北至金城路，可开设百货店、大型综合超市各一家，以及一批品位较高的专卖店、专业店。

消费对象：

根据杭州城市的总体规划，萧山将成为江南岸的中心城区，是开发的热点所在，城市建设带来的人口增多将为这里的商业发展提供更大的消费市场，区域内商铺的发展潜力非常大。

商铺行情：

这里的商铺呈现供不应求的状况，市中心广场是萧山的旺铺集中地，很难买到。市中心北路东侧的御庭园小区商铺售价为 7500 元/平方米，绿都百瑞广场及泰富广场等的商铺都采取定向招租的形式，无法购得。

商铺举例：

杭州萧山国际商务中心：位于萧山经济开发区的金城路，总建筑面积60624 平方米，由两栋 28 层的对称双塔形现代高层建筑物组成。其中一层至四层为裙房，五层以上为标准层，地下一层为车库。大型精品购物中心、纯现代商务写字楼构成了杭州萧山国际商务中心。360 度全景看风景，弧形的建筑立面，大型落地窗，造就了全方位观赏城市各个角度的宽阔视野。标准层挑高3.2 米，带给你仰之弥高的居室气度。156 个停车位，充足宽敞的泊车空间呵护您的爱车。

杭城发展最具潜力的延伸力量——临平商圈

业态分布：

临平城主要的商业中心位于北大街一带，商业形态相对成熟，商业格局紧凑。既有购物商城、百货商场等大型购物场所，又有品牌专卖店、服饰店、餐饮店、咖啡吧、酒吧、美容美发店等行业，购物、休闲、娱乐的氛围浓厚。目前城区商铺经营红火，夜生活丰富，很多投资及经营者都比较青睐这一区域。

消费对象：

临平城所在的余杭区，是杭州城市发展最有潜力的延伸力量。配套设施的日益完善，一定会酝酿出新的商机。

商铺行情：

目前供应量较大，价位不高，购买的多为本地投资经营者或其他省内投资客。目前市中心商业街如中都广场商铺，售价逾 1 万元/平方米，碧天假日休闲街商铺一层至二层联售，售价为 7800 元/平方米。新住宅区的沿街或社区内商铺也有一定的供应量，如东海水漾人家的商铺售价在 4000~6000 元/平方米，大洋新月花园商铺约为 4500 元/平方米。

大学城中的黄金屋——下沙商圈

业态分布：

区域面积内预计 2010 年将达到 40 万人，目前的商业网点集中在 4 号、5 号路交叉地段，规划中的商业中心北至德胜路延伸段，南至艮山东路延伸段，东近 1 号路，西邻正在筹建中的杭州市客运中心，该中心以高品位、高起点来规划，要建设成一个与下沙城相协调的现代都市商业中心，将严格限制开设经营雷同、低档次的各类综合性网点。下沙目前还处于待完善状态，随着"城市东扩"进程的加快，这里的商业发展档次和经营格局会走上正轨，发展潜力较大。

消费对象：

集中于公司职员和在校学生，餐饮小店、便利店、服饰店等较多，较少有中高档的休闲消费及购物场所，与居民生活相配套的服务行业也有待发展，这些消费场所的暂时缺少正孕育了下沙商铺的发展商机。

商铺行情：

下沙城的商铺供应可分高教园区和开发区两部分：高教园区的商铺售价在 9000~11000 元/平方米，如大都文苑风情的商铺售价约为 1 万元/平方米，由于有一定的客源保证，买来自营的人占多数；杭州经济技术开发区的商铺售价在 7800~9500 元/平方米，如东海未名园的商铺起售价为 7985 元/平方米，商宇香榭里花园的商铺出售均价为 8500 元/平方米。随着人口的增多和环境的日益成熟，会使商铺的需求量增加。

商铺举例：

下沙·文汇苑：楼盘的底楼商铺总量为 6000 多平方米，到去年基本上已全数售完。小区开发适合做超市的商铺面积约 2000 平方米，目前开发商手里自留 1000 多平方米。

大北·四季风景：楼盘总建筑面积 13.5 万平方米，商铺总建筑面积 1.15 万平方米，一期商铺面积约 8200 平方米，现已售出 4200 平方米，2003 年中捆绑销售单价约为 8000 元/平方米。目前准备销售的商铺约 4000 平方米，价格未定，预计沿马路的商铺单价在 15000~16000 元/平方米。

星星港湾花园：星星港湾花园总占地面积近 1700 亩，规划总建筑面积约 90 万平方米，拥有居住、文化、商业、休闲、运动、娱乐 6 大功能区，9 大围合式组团，排屋、别墅、公寓等多种建筑形态，近 300 亩观潮、湿地及由星星港湾投资建设的江滨等三大生态主题公园，约7万平方米完整的社区级大型配套设施；它以营造最适宜现代人居住的生活空间为目标，将形成一个集居住、休闲、娱乐、旅游于一体的远郊城市复合体，是一个休闲的、生态的、健康的、开放的、人文化的社区。星星港湾花园东临钱塘江延展近2.5公里，坐视3公里宽的江面，大堤河、东堤河环绕东、西两侧；这里拥有开阔的江景视野，水远天高，景色宜人；这里气候宜人，适于居住，最高记录气温只有36.5摄氏度；这里有回头潮、乾隆御笔亲题的观潮御碑和有"水上长城"之称的具300年历史的古鱼鳞石塘等，有着浓厚的历史文化积淀。

星星港湾花园位于杭州下沙大学城东北部、钱塘江回头潮观景胜地；紧邻杭州经济技术开发区，距浙江省最大的高教园区仅6公里，车行至杭州市中心（武林广场）仅半小时；杭州公交523路直达基地，3层交通体系与杭州主城及周边城市紧密相连。

第一层交通网　基地4条大道直达下沙：海杭路、沿江大道、春澜西路（建设中）、安澜路（规划中）。

第二层交通网　基地与杭州市中心接轨：下沙世纪大道、01省道、东西大道、德胜快速路（建设中）、九沙路（规划中）。杭州公交523路直达基地。

第三层交通网　高速干道直通周边地区：杭州绕城高速、沪杭甬高速、杭金衢高速。

钱塘岸边的繁华——滨江商圈

业态分布：

现今的滨江由原来的滨江区和高新开发区合并组成。商业设置上也分成了两块。北面的滨江核心区目前最令人瞩目的商业规划便是沿江4.2公里的闻涛路及路北的区域规划中的商业步行街。步行街边上往西将聚集锦绣江南、香溢·白金海岸、同人·春江时代、旅游·水印城等众多沿江楼盘。滨江的另一重要配套项目——公建中心位于火炬大道、信诚路、北环路与中心大道的北面，该区域是钱江南岸开发最早、开发量最大的一个住宅区域，江滨花园、彩虹城、国信嘉园、太阳国际公寓、银色港湾等楼盘均位于附近。公建中心的区域中心是1.8万平方米的生态绿地，商业步行街区环绕于绿地，将容纳百货、超市、专卖店等大型商业设施。除此以外，麦德龙超市在杭州的第二家店面，亦已择址滨江区域。除滨江工业园区外，滨江最有特色的应该是滨江高教园区了。高校资源的共享融合，浓郁的读书氛围一定会使杭州成为名副其实的大学城。

消费对象:

据杭州市政府的规划,滨江区块既是杭州的城市副中心,又是大杭州格局中城区产业、居住等功能的分流中心。而滨江高教园区的学生以及庞大的滨江住宅区域的居住人群将会带来勃勃商机。

商铺行情:

住在江对岸的"瓶颈"就是交通,钱江北岸风景这边独好,而钱江南岸看好而不看热的主要原因就是钱塘江带来的交通距离,地铁则将把这一距离缩短到几分钟。因此,该商圈是一个极具投资价值的地带。

商铺举例:

旅游·水印城:位于钱江四桥与三桥之间,为今年新推楼盘,总建筑面积约 28 万平方米。楼盘的商铺面积约为 1645.7 平方米,分别分布于楼盘的南侧、西侧及北侧。南面商铺规划为大框架结构,可引进大型超市满足园区住户的日常生活所需;西侧为小型休闲商铺;北侧为观江休闲娱乐商铺,商铺前面建有一条高档休闲特色街。

贺田·尚城:楼盘位于钱江南岸一桥西面,小区配套设施是该楼盘的一个重要卖点。楼盘商铺总配置面积约 2.5 万平方米,其中有一规划为超市用途的 2200 平方米商铺。

彩虹城:位于钱江四桥与一桥之间最大的楼盘。其商业设施配置相当可观。一期商业街及综合楼东翼,计有 7000 平方米左右的商铺。其中用于配套餐饮与大型超市的商铺位于综合楼东翼,规划中的超市面积约为 3000 平方米。其余小商铺都为 60 平方米左右,销售方目前的想法是只租不卖。除一期以外,楼盘二期、三期还有 10000 平方米左右的商铺。

規划篇

第一章　开发企业设计管理

第一节　设计管理总流程

一、设计管理的目的

把控全程设计工作，建立规范的流程、科学的方法和系统的资源。

二、设计管理的适用范围

公司意向开发项目从获取土地信息到项目竣工这一过程中的各个环节的建筑、装饰、景观设计工作。

三、术语和定义

独立卖场：在待售项目建筑物以外设立的销售大厅、示范单位等销售场所。
现楼卖场：在待售项目建筑物内设立的销售大厅、示范单位等销售场所。
投资分析阶段：对未获得开发权新项目的投资开发的可行性，进行综合评价的阶段。
设计前期阶段：对已获得开发权新项目的规划设计及技术经济指标，进行初步优化、确认的设计阶段。
实施方案阶段：对项目的规划及建筑单体进行方案确认的设计阶段。
施工图设计阶段：进行施工图纸的设计阶段。
建筑方案设计：建筑方案设计是依据设计任务书而编制的文件。它由设计说明书、设计图纸、投资估算、透视图四部分组成，一些大型或重要的建筑，根据工程的需要可加做建筑模型。建筑方案设计必须贯彻国家及地方有关工程建设的政策和法令，应符合国家现行的建筑工程建设标准、设计规范和制图标准以及确定投资的有关指标、定额和费用标准规定。建筑方案设计的内容和深度应符合有关规定的要求。建筑方案设计一般应包括总平面、建筑、结构、给水排水、电气、采暖通风及空调、动力和投资估算等专业，除总平面和建筑专业应绘制图纸外，其他专业以设计说明简述设计内容，但当仅以设计说明还难以表达设计意图时，可以用设计简图进行表示。建筑方案设计可以由业主直接委托有资格的设计单位进行设计，也可以采取竞选的方式进行设计。方案设计竞选可以采用公开竞选和邀请竞选两种方式。建筑方案设计竞选应按有关管理办法执行。

初步设计：初步设计是根据批准的可行性研究报告或设计任务书而编制的初步设计文件。初步设计文件由设计说明书（包括设计总说明和各专业的设计说明书）、设计图纸、主要设备及材料表和工程概算书四部分内容组成。初步设计文件的编排顺序为：①封面。②扉页。③初步设计文件目录。④设计说明书。⑤图纸。⑥主要设备及材料表。⑦工程概算书。在初步设计阶段，各专业应对本专业内容的设计方案或重大技术问题的解决方案进行综合技术经济分析，论证技术上的适用性、可靠性和经济上的合理性，并将其主要内容写进本专业初步设计说明书中。设计总负责人对工程项目的总体设计在设计总说明中予以论述。为编制初步设计文件，应进行必要的内部作业，有关的计算书、计算机辅助设计的计算资料、方案比较资料、内部作业草图、编制概算所依据的补充资料等，均须妥善保存。初步设计文件深度应满足审批要求：①应符合已审定的设计方案。②能据以确定土地征用范围。③能据以准备主要设备及材料。④应提供工程设计概算，作为审批确定项目投资的依据。⑤能据以进行施工图设计。⑥能据以进行施工准备。初步设计文件编制深度可执行中华人民共和国建设部1992年3月2日（建设〔1992〕102号）《建筑工程设计文件编制深度的规定》。

施工图设计：施工图设计是根据已批准的初步设计或设计方案而编制的可供进行施工和安装的设计文件。施工图设计内容以图纸为主，应包括封面、图纸目录、设计说明（或首页）、图纸、工程预算等。施工图设计文件编制深度应按中华人民共和国建设部1992年3月2日（建设〔1992〕102号）文批准的《建筑工程设计文件编制深度的规定》有关部分执行。设计文件要求齐全、完整，内容、深度应符合规定，文字说明、图纸要准确清晰，整个设计文件应经过严格的校审，经各级设计人员签字后，方能提出。施工图设计文件的深度应满足以下要求：①能据以编制施工图预算。②能据以安排材料、设备订货和非标准设备的制作。③能据以进行施工和安装。④能据以进行工程验收。

设计周期：根据有关设计深度和设计质量标准所规定的各项基本要求完成设计文件所需要的时间称为设计周期。设计周期是工程项目建设总周期的一部分。根据有关建筑工程设计法规、基本建设程序及有关规定和建筑工程设计文件深度的规定制定设计周期定额。设计周期定额考虑了各项设计任务一般需要投入的力量。对于技术上复杂而又缺乏设计经验的重要工程，经主管部门批准，在初步设计审批后可以增加技术设计阶段。技术设计阶段的设计周期根据工程特点具体议定。设计周期定额一般划分为方案设计、初步设计、施工图设计三个阶段，每个阶段的周期可在总设计周期的控制范围内进行调整。

四、部门职责

（一）研发中心

1. 建筑设计部。

（1）组织编制《项目设计指导书》。

（2）制定建筑设计各阶段《设计任务书》。

（3）组织项目建筑设计供对方选择。

（4）组织编制《实施方案》。

（5）现场施工配合。

（6）组织各阶段设计成果评审。

（7）提供销售资料、销售合同所需的建筑图纸。

（8）提交有效的设计技术经济指标、设计方案、产品参数及说明。

2. 景观设计部。

（1）制定景观设计各阶段《设计任务书》。

（2）组织项目景观设计供对方选择。

（3）编制《实施方案》。

（4）现场施工配合。

（5）提交有效的设计技术经济指标、设计方案、产品参数及说明。

3. 装饰设计部。

（1）编制装饰《设计任务书》。

（2）组织项目装饰设计供对方选择，参与装饰施工招标工作。

（3）监控装饰设计工作进度和质量。

（二）成本管理部

提供《成本指导书》；

编制《项目设计指导书》的成本部分。

（三）营销策划部

提供投资分析阶段《项目基础资料》竞争楼盘部分；

提供《产品建议书》；

编制《项目设计指导书》市场部分；

提供销售包装方案。

（四）项目经理

提供由设计中心负责施工管理的符合装修施工条件的施工现场；

提供项目地质初勘、详勘报告；

提供《项目设计指导书》中经营计划及开发节奏部分。

（五）项目发展部

提供投资分析阶段《项目基础资料》；

提供政府部门对设计方案、初步设计、施工图设计的消防、环保、民防、规划的审批意见；

提供《预售丈量报告》、《竣工丈量报告》。

（六）财务管理部

提供《项目设计指导书》财务部分。

五、设计单位职责

受设计中心委托后完成以下工作：

项目会所、销售大厅装饰方案；

景观方案、景观实施方案和景观施工图；

项目招投标方案；

规划方案和建筑单体方案；

建筑施工图；

独立卖场销售大厅、示范单位方案及施工图。

六、工作程序

（一）投资分析阶段

设计中心根据项目发展部提供的《项目基础资料》，完成规划设计草案及项目技术经济指标。

(二) 设计前期阶段

营销策划部向设计中心提交《产品建议书（初稿)》。

设计中心根据《产品建议书（初稿)》完成以下工作：

编制《概念设计任务书》，选择设计供方；

组织设计单位完成概念设计；

组织《项目设计指导书》的编制及确认。

(三) 实施方案阶段

1. 设计中心完成以下设计准备工作：

根据项目发展部提交的《建设用地规划许可证》、销售经营部提交的《产品建议书》，编制《设计任务书——景观方案》；

编制《设计招标书》，并发标；

组织投标方案评审，确定中标方案。

2. 设计中心负责对中标方案进行调整，并按顺序完成以下工作：

组织设计单位完成规划方案；

组织确定规划方案，并报集团设计部评审；

组织设计单位完成建筑单体方案；

组织确定建筑单体设计方案，并报集团设计部评审；

配合项目发展部进行建筑方案报建；

组织编制并确认建筑《实施方案》，交集团备案。

3. 如确定该项目需要设立独立卖场，则需在本阶段完成以下工作：

营销策划部提交销售包装《协办单》；

设计中心装饰专业设计师编制《设计任务书》，并选择设计供方；

组织设计单位完成独立卖场装修方案；

组织独立卖场装修方案评审。

4. 设计中心本阶段景观设计专业工作：

依据《规划设计方案》，编制《设计任务书——景观方案》，并选择设计供方；

组织设计单位完成景观方案；

组织景观方案评审。

5. 成本管理部依据设计中心提供的建筑《实施方案》完成《项目成本指导书》。

(四) 施工图设计阶段

1. 项目发展部提交规划、国土、消防、环保、民防部门批文，成本管理部提交《项目成本指导书》。

2. 对于采用小高层或高层建筑的项目，本阶段首先要进行建筑初步设计，设计中心负责组织设计单位完成建筑初步设计。

编制《设计任务书——初步设计》，并选择设计供方；

组织设计单位进行初步设计；

组织初步设计审核。

3. 设计中心负责组织设计单位完成建筑施工图。

编制《设计任务书——施工图》，并确定施工图设计供方。

组织设计单位完成建造施工图。建筑施工图分"基础施工图"和"主体施工图"两次提交，提交时间按照合同约定执行。

组织项目经理部及工程管理部进行建筑施工图审核。

4. 设计中心负责组织设计单位完成景观实施方案。

编制《设计任务书——景观方案》，并选择设计供方；

组织设计单位完成景观实施方案；

组织景观实施方案审核；

编制《设计任务书——景观施工图》，确定设计供方；

组织设计单位完成施工图设计；

组织景观施工图审核；

审核后景观施工图移交项目经理部。

5. 采用现楼卖场的项目由设计中心负责在本阶段进行装饰施工图设计。

编制《设计任务书》，选择设计供方；

组织设计单位完成现楼卖场销售厅、示范单位方案设计；

报总经理批准后，确定交楼标准设计定板；

组织设计单位完成现场卖场销售厅、示范单位施工图。

（五）施工阶段，设计中心负责以下工作

1. 建筑工程施工现场配合。

2. 景观工程施工招标及施工配合。

编制景观施工招标文件技术部分，提交项目经理部；

景观专业设计师参与景观施工招标定标；

施工过程中，建筑、景观专业设计师根据现场施工效果图的需要，提供技术支持；

参与景观工程验收。

3. 装饰工程施工招标及施工配合。

编制装饰施工招标文件技术部分，提交项目经理部；

装饰专业设计师参与装饰施工招标定标；

现场监控施工进度和质量；

工程竣工后，组织装饰工程验收。

第二节　规划设计管理规范

一、设计招标

1. 目前开发项目一般采用招标形式；开发商研发部门编制《项目规划设计招标函》，明确方案的设计要求和方案提交的时限、份数、计费和费用支付条件、未采用方案的处理、对设计单位的资质要求等内容。

2. 研发部门应在设计前对方案竞标单位进行资格审查，了解设计单位的规划和设计资质等级、工程业绩和综合设计能力，必要时应对设计单位进行考察。

二、合同管理

1. 设计单位确定后，研发部门起草设计合同，按公司规定的合同会签、审批程序，将起草的合同文本和成本费用报主管领导审核，总经理批准，合同报批通过后及时办理盖章手续，并将合同原件交财务部存档，将合同副本（复印件）交研发部和工程部。

2. 设计合同明确总费用、计费方式、委托人应提交的材料、设计人应提交的设计成果深度要求及数量和提交时间、费用支付时间、违约责任等。

三、设计费的支付

研发部按照设计进度节点和提交的设计资料办理各阶段的设计费用支付手续，设计费支付程序按公司相关规定执行。

四、设计程序的管理

1. 在设计过程中，研发部应保持与设计单位的日常联络，收发双方的往来函件、电子文件，按双方约定的进度催图，及时组织公司各部门对方案成果进行评审，整理评审记录，将评审信息以书面形式传递给设计单位签认，并将各阶段的初步方案传递给成本组进行经济分析，以确认方案的成本标准。

2. 设计过程的往来函件应明确专人管理、分类存档，对设计方案的修改意见以《设计工作联络单》的形式书面传递，并将签字确认的原件予以存档。

五、设计进度控制

设计文件的交付时间通过设计合同来约定，设计过程中发生的变更及设计问题明确由开发单位出具《设计工作联络单》，要求设计单位在规定时间内完成设计答复，研发部按照约定时间落实设计资料。

六、规划阶段的管理

1. 在进行规划设计前，研发部应该编制设计任务书，任务书应包含以下要求：

设计范围明确；

规划方案要求；

配套公建要求；

小区环境景观设计要求；

户型配置比例；

户型的位置控制；

小区的容积率、绿化率、停车率；

出图深度要求。

2. 初步设计方案和户型设计方案经公司各部门评审确认后，研发部应组织内部会签，参加会签的有客户服务部、研发部，并由主管副总批准确认。有关方案确认的书面资料由研发部负责传递给设计单位，由设计单位按照《项目规划设计任务书》和设计合同要求将满足深度要求的正式设计资料和方案文本提供给开发公司，必要时研发部应组织设计单位给公司各部门和销售人员就规划设计理念和设计方案进行讲解。

3. 方案阶段的设计成果（图纸、文本）由研发部按照合同和任务书要求进行审核，当设计资料不满足约定的要求时，由研发部负责要求设计单位限期提供，规划方案和初步设计文件的要求必须同施工图设计接轨，明确两个阶段的接口人物等具体要求。

七、施工图阶段的管理规范

1. 在进行施工图设计前，研发部应编制施工图设计任务书，任务书要包含以下要求：

设计任务明确；

设计依据明确；

各种户型的室内管线综合布置；

建筑设计要求；

结构设计要求；

给排水设计要求；

供暖设计要求；

电气设计要求；

安防设计要求。

2. 研发部编制完施工图设计要求草案后，应组织公司主管副总和相关各部门对施工图设计要求进行评审、确认，由研发部将设计标准、要求逐条进行讲解，提交评审会讨论通过，将修改意见汇总后对正式文件进行修改定稿，报主管副总批准后作为设计合同附件和施工图设计的重要依据传递给设计单位进行签字确认。

3. 施工图设计成果的提供与验证。

设计工作完成后，研发部应对设计单位提供的设计资料进行验证确认，按照设计任务书要求和规范标准对图纸进行内审核，并及时将图纸发放到工程部、成本组做图纸会审的准备和建委报批审查，并将有效图纸交档案中心存档。

第二章　规划设计任务书

一、规划设计任务书编制

规划任务书编制的基本要求：

（一）项目概况

宗地位置、规模、拟开发项目的产品概况等。

（二）设计范围

总体规划；

单体建筑规划；

景观概念规划；

其他要求，如综合管网方案、供电方案、竖向和道路设计等。

（三）规划方案要求

明确提供几套方案；

规划理念与设计风格、特点等；

用地平衡与小区交通：住宅用地、商业用地、公建用地、道路用地、绿化用地、居住空间、容积率、各种面积指标、绿地率、功能分区、道路分级等。

（四）配套公建要求

会所、运动场所、儿童乐园等设施；

教育设计（幼儿园、学校等）；

社区生活服务设计（商场、便利店、医疗服务等）；

物业管理设施；

环卫设施（垃圾站、公厕）；

车库、停车场。

（五）户型设计要求

户型配置比例（各户型面积控制和套数比例控制）；

户型方案要求（平面功能、设备功能和空间要求）；

各户型的分布区域。

（六）初步方案的出图要求

出图数量及出图深度。

（七）方案确定后出图深度要求

设计方案总要求；

经济技术指标统计表；

鸟瞰图、总平面图、单体效果图的数量、文件格式；

各部位和功能区域的效果图数量、文件格式；

日景、夜景效果图和文件格式；

各单体平面、立体、剖面及节点大样图或通用节点图的深度要求；

特殊做法的大样图；

单体建筑外立面用料、色彩、做法标准；

户型大样图；

方案文本的数量、规格、展板的数量、规格；

规划报批图的数量、出图深度要求。

二、设计任务书范例

范例一　多层住宅建筑设计

一、建设基地

见附图。

二、设计要求

1. 建筑层数七层，底层架空，用以停放自行车及物业管理用房。

2. 建筑不允许超出红线，自行设计住宅入口，并留有适当院落以停放车辆和人员疏散。

3. 充分考虑环境设计，合理组织建筑组团。

4. 户型要求：

四室二厅　建筑面积 150 平方米（可做跃层）占 20%

三室二厅　建筑面积 120 平方米　占 50%

二室一厅　建筑面积 70 平方米　占 10%

二室二厅　建筑面积 90 平方米　占 20%

户型设计在顺应市场的同时还要能够引导市场需求，指导人们的新生活、新思维。

5. 考虑到住宅间的遮挡问题，日照间距保证 1.1 小时，建筑密度 30% 左右。

6. 设计灵活，有新意，体现多层住宅发展趋势。宜采用现代建筑风格为主流的形式，线条流畅，富有诗意和个性。

7. 平面设计应充分考虑日照、通风、采光、节能等问题。在平面布置方面注意避开市场的常规思维，在实用和充分利用的前提下出奇、出新。

三、设计内容及图纸要求

（一）图纸规格

1. 图纸尺寸：590×420。

2. 表现方式：透视图可用硬笔淡彩或水彩渲染，其余一律用钢笔黑白表现。

3. 每套图纸须有统一的图名和图号。

（二）图纸内容

1. 总平面图：1:500。

要求：画出准确的屋顶平面并注明层数，注明各建筑出入口的性质和位置；画出详细的室外环境布置（包括道路、广场、绿化、小品等），正确表现建筑环境与道路的交接关系；注指北针。

2. 单幢住宅各层平面图：1:200。

要求：应注明各房间名称（禁用编号表示）；首层平面图应表现局部室外环境，画剖切标志；各层平面均应表面标高，同层中有高差变化时亦须注明。

（1）一层平面图。包括用地环境设计，室内家具、卫生设备布置。

（2）二层平面图。包括室内家具、卫生设备布置。

3. 立面图：1:200。

要求：不少于两个，至少一个应看到主入口，制图要求通过区分粗细线来表达建筑立面各部分的关系。

4. 剖面图：1:200。

要求：一个，应选在具有代表性之处，应注明室内外、各楼地面及檐口标高。

5. 元放大平面图（选四种户型）：1:50。

6. 透视图。

要求：一个，应看到主入口，可结合于图纸中。（附加：局部小透视　景观或室内 1~2 个）

7. 设计说明。

要求：所有字应用仿宋字或方块字整齐书写，禁用手写体。

（1）设计构思说明。

（2）技术经济指标。总建筑面积、总用地面积、建筑容积率、绿化率、建筑高度等。

（3）设计人和指导教师姓名（注于每页图纸右下角）。

四、设计进度安排

设计时间：7 周

（一）第一次草图阶段（2 周）

这一阶段之初，将进行住宅设计讲课，随后着手进行设计，本阶段设计的主要工作有两项，即正确理解住宅设计要求，分析任务书给予的条件；进行方案分析（功能、环境分析），作出初步方案。

1. 了解各房间的使用情况，所需面积，各房间之间的关系。

2. 分析地段条件，确定出入口的位置、朝向。

3. 建筑物的性格分析。

4. 对设计对象进行功能分区，闹、静分区。

5. 合理地组织人流流线。

6. 建筑形象符合建筑性格和地段要求，建筑物的体量组合符合功能要求，主次关系不违反基本构图规律。

该阶段应集中精力抓住方案性问题，其他细节问题可暂不顾及。可先作小比例方案 2~3 个，经分析比较，选出较优良者作进一步设计。一草应画出总图，平面及初步立面，比例尺可比正式图小，但要求完整反映其设计构思，并有一定表现力。

（二）第二次草图阶段（2 周）

这一阶段的主要工作是修改并确定方案进行细部设计。学生应根据自己的分析和教师的意见，弄清一草方案的优缺点，通过听课学习有关资料，扩大眼界、丰富知识、吸取其中的有益经验，修改并确定方案，修改一般宜在原方案基础上进行，不得再作重大改变。

方案确定后，即应将比例放大，进行细节设计，使方案日趋完善，要求如下：

1. 进行总图细节设计，考虑室外台阶、铺地、绿化及小品布置。

2. 根据功能和美观要求处理平面布局及空间组合的细节，如妥善处理楼梯设计、厕所设计等各种问题。

3. 确定结构布置方式，根据功能及技术要求确定开间和进深尺寸，通过设计了解建筑设计与结构布置关系。

4. 研究建筑造型，推敲立面细部，根据具体环境适当表现建筑的个性特点。

5. 对室内空间家具布置进行充分的设计。

在该过程中，能经常草拟局部室内外透视草图，随时掌握室内外建筑形象，进行较为完善的深入设计，计算房间使用面积和建筑总面积。

6.确定总平，及单栋住宅户型关系。

（三）第三次草图阶段（2周）

由于第二次草图设计的时间有限，不可避免会存在一定缺点，不能充分满足各项要求，学生应通过自己的分析、教师辅导、小组集体评图，弄清设计的优缺点、修改设计，使设计更加完善，其要求与第二次草图相仿，但应更加深入，较妥善地解决各项问题，满足教学要求。

三草图纸要求与正式图纸相同，细致程度也与正式图相仿，但其重复部分可适当省略，用工具绘制，图纸尺寸和图面布置也应和拟绘制的正式图相同。

（四）上版阶段（1周）

对第三次草图作少许必要的修改后，即行上版。正式图务须正确表达设计没有差错，无平立剖不符之处，并要求通过上版系统地掌握水彩渲染的方法，细致地绘制线条图，达到一定的制图表现能力。

范例二　概念设计任务书

一、项目地块基本特征概述

规模尺寸：占地338亩。北临子龙路，东临紫云大道，南临新105国道，西临规划中的八号路，地块被宽30米的孺子路分成大小不等的两半，其中南边地块较小，北边地块地界线均400~600米，两个地块大致呈现非规则型四方形。

区位：地块位于子龙路与105国道之间，就丰城市新城区局部区域现状而言，属于新城区的中心偏东南地带，因为开发时间不长，目前配套设施不太完善。但就未来大城区范围而言，将成为未来的中心区，具有突出的区位价值。

环境：丰城市政府早已将新城区列为科教文卫的重点发展区和高尚住宅区，位于新城区子龙路与105国道之间的本案，居住环境自然十分理想。随着周边多个现代住宅小区的陆续建成和众多政府机关的搬入，地块区域的居住生活环境在不久的将来会有更大的提升。

交通：地处新城区子龙路与紫云大道两大城市主干道大的交界点，路况很好，交通出行十分便利，因为开发时间不长，地块周边开通的公交线路不是太多，而且运作较不规范，但有望在年内得到改善。

生活配套：地块处于新城区，周边的生活配套较为缺乏，仅有的生活配套设施分布散乱，规划水平与层次比较滞后，故项目周边的生活配套的成熟度会是一个喜忧参半的大问题。

二、总体规划构想

(一) 规划布局基本原则

1. 与城市规划体系合理衔接。

2. 在保证较低成本的情况下将规划做得较好。

3. 分期分组团开发策略。

4. 尽量合理利用地块固有的景观生态及文化元素。

5. 将合理组织景观视线通廊。

6. 注重社区天际轮廓线的节奏与韵律设计。

7. 注重社区规划布局的层次感与梯度感设计,达成和谐统一。

(二) 首期建筑风格构想

◆ 以现代风格为主。

◆ 小高层建筑可采用一些欧陆的风格元素。

1. 建筑外立面设计。外立面应以"清新、活泼"为设计理念,体现本项目的"活力、健康"主题。重视第五立面(屋顶)的设计,使其在功能和景观上成为本地的唯一性。强调色彩的变化,要生动,富有跳跃感,创导时尚潮流。

单体设计建议"园中有盘、盘中有园"。

多层单体楼盘建议设计成板式,局部呈错齿状。少部分多层单体(如组团衔接处、对接处)让组团景观在实现上自然延伸进来,以弱化与组团联系不够紧密的感觉,但须注意的是:在与参与性、互动性景观衔接处,景观过渡不可太浓厚,不要产生视觉阻断性。

小高层单体楼型建议主要设计点式形,多层可设计成短板式,同时将部分单体错开,使其形成围合的空间。使组团景观的连续性增强,同时弱化人行走时建筑过密的压抑感,进一步提高整体均好性,同时考虑部分架空层作室外半封闭娱乐、活动空间及设备设施房之用。

尽量采用一梯二户。为提高容积率,局部小高层的单体可设计成一梯三户的品字形、一梯四户的风车形。

朝向:绝大多数要求南北向,但可有适当的偏角(10度以内),须注意丰城市常年风向与建筑朝向的关系。

关于会所、建筑单体、楼型设计,于此只建议要注重审美个性与独特品位的创新设计及与周围建筑景观的协调性。

2. 商业物业设计细则及建筑风格提示。建筑风格必须与小区的整体风格相吻合,但因其使用功能不同,建议其层高在4.5米左右,以便适应经营范围的变化。

商铺开间设计在4~5米,进深8~10米,丰乐大道和子龙路(府前路)的商铺进深可较大，府中路的商铺进深稍小，小区内商业街进深最小。

建议丰乐大道和子龙路（府前路）的商铺总面积可考虑大些，以便于大型商家入驻（一般在 6 米 × 12 米或 8 米 × 12 米）；起湾道上的商铺总面积可考虑小一些，以满足功能及小型投资者（包括小区内住户）的需要，面积可考虑在（4 米 × 10 米或 6 米 × 10 米）。

在南部地块丰乐大道入口处设置一集中式商用物业区，并且延伸进入小区内，成为一条特色商业街，既可在经营专业街时引进一龙头店，用来带动整条街的经营氛围，又可预留下来，招进诸如电信、金融、邮政等服务业单位，以完善该区域的社区配套。

两个集中式商用物业，均需考虑停车场的设置。开发期间，以门前广场停放车辆，招徕顾客。社区发展成熟后，车辆可停放于其下的地下停车库，建议其地下停车库可与小区内地下停车库连通，以便调剂使用。

3. 住宅物业户型设计要求（原则、户型面积及比例）。

（1）基本原则：动静分开、干湿分开，充分考虑空调、热水设备、管线布置的合理性及隐蔽性。

（2）所有户型均需考虑景观的不同视点，尽可能做到每个端头户型的创新设计，以便最大限度地提高销售单价。

（3）户型适当多样化，可适当设计部分错层、双复式等多种创新户型，兼顾各层面消费者的同时，试探市场的创新接受程度。

（4）卫生间、厨房及工作阳台北向布置，主卧南向布置。

（5）厨房的开间尺寸至关重要，建议设置工作阳台。

（6）建议每套均设置储物间。

（7）餐厅要有自然采光、通风，与客厅分开，且避免餐厅与过道的混合。

（8）避免暗卫、暗厨。

（9）建议客厅阳台设计成空中花园，或者直接由空中花园入户。

（10）如有可能，尽量设置一南向卧室阳台，以便单独晒晾衣物。

户型面积及比例：

户型类型	面积范围（平方米）	配比（%）	平面布局形式
二房二厅单卫单/双阳台	100	15	平层
二房二厅双卫单/双阳台	105~110	5	平层
（小三房）二房二厅单卫单/双阳台 + 小书房	110~120	10	平层
（中三房）三房二厅双卫双阳台	120~130	35	平:错=5:5
（大三房）三房二厅双卫双阳台 + 储藏间	150 左右	25	平:错=4:6
四房二厅双卫双/三阳台 + 储藏间	150~180	5	平:错=5:5
复式楼	180 以上	5	复式

4. 公共配套设施的设计建议。

室外运动设施：应方便业主运动，一部分尽量设置在建筑物的组团里，既能运动，又能达到共享环境空间。一部分设置在运动岛上。首期及核心启动区尽量多设置一些集中式的户外活动设施，至少保证：室外网球场 1 个，室外篮球场 1~2 个，室外羽毛球场 1~2 个。

生活配套设施：提供必要的购物、交通、教育、医疗、文化、娱乐等条件，达到不出社区便能满足日常生活需求。集中布置在首期入口两侧的商业街里。需统一装修风格，整体包装、整体招商。

（1）社区保健、文化活动站等集中布置在会所中。会所设计时要考虑今后的功能可变性。

（2）其他设计要求。

各种管线：合理利用丰乐大道、子龙路（府前路）上现有的水、电、气、电信等市政及专业管线的接口，处理好小区今后的智能化、供水、供电、排水、排污、排洪、电视等管线的布置问题，设计预留一定空间，便于今后施工接口。

环卫设施：充分考虑环卫设施（垃圾站、公厕等）的合理数量及位置，既便于小区内业主的日常生活及运动，又便于小区物业管理及相关部门的管理。

停车位：严格按照政府规定停车位的相关指标设计，把握好适度超前的原则，为今后小区业主购车数量的增多预留合理的空间。

智能化设施：遵循技术先进、经济适用的原则，建议设置周边防范报警系统、门禁及小区巡逻系统、有线电视系统、数据传输网络、停车库管理系统、电梯运行监控系统、物业管理系统、紧急求救装置等智能化子系统。

第三章 大型商业地产规划实用手册

第一节 一站式购物中心的整体规划

一、购物中心建筑的特征

购物中心建筑是其管理模式特征的具体体现。购物中心是百货商店和拱廊结合的产物，百货商店是购物中心的主要承租户和锚固点，商业拱廊的承租户组织方式为购物中心的步行街所继承，它们的建筑特征也在购物中心得到了体现。购物中心建筑的突出特色，体现在 MALL 通过商业空间步行化和室内化，为购物者营造了一个舒适、安全的环境，组织众多的商店和服务设施，以完善的功能和服务满足人们的多种社会需求，以社会化的公共开放空间充分融入社会生活，将商业活动和其他社会活动紧密结合起来。

（一）商业空间步行化

购物中心是商店群的组合，为了协调商店与商店、商店与购物者之间的联系，往往通过一条线性街道来串联商店和组织人流，基于安全考虑，街道完全排除车辆，实现步行化。购物中心试图通过建立步行化的商业区来协调人车关系，在周围提供大面积的停车场，把汽车限制在购物中心建筑的外围，这种方式对汽车来说是方便的，而内部的步行街至少在理论上对步行者也是舒适和方便的。

（二）商业空间室内化

室内化是利用屋顶的覆盖功能，将步行商业活动引入室内，并通过人工环境控制，减少恶劣的自然条件对步行活动的影响，创造舒适的环境，这正是购物中心建筑追求的目标。大跨结构和玻璃拱顶技术，为 20 世纪 50 年代环境工程技术的室内化打开了新局面。美国郊区购物中心率先采用空调技术来大面积控制温度，创造舒适的恒温室内环境。全封闭室内街突破了气候等自然条件的限制，维持持久舒适的环境。

（三）公共空间社会化

与百货商店和超级市场不同的是，购物中心把纯粹的零售商业活动场所开辟成商业活动和社会活动相结合的场所，给零售商业建筑带来了新的含义。

二、购物中心主要公共区间

购物中心平面设计的内容是确定店铺的形态，确定承租户单元的布局和面积大小，为所有承租户提供一个互利互惠的机会，最大限度地为每个承租户带来穿过人流，提供最多的购物机会，同时，平面设计也考虑为购物者提供舒适的购物环境和公共活动空间，提供便利的购物线路。购物中心是为出租而建造的，因此在大部分情况下平面设计需要提供多用途使用，符合多种出租需要。所谓的多用途的结构就是面积划分应当具有灵活性。对多层购物中心来说，剖面设计是购物中心三维设计的重要组成部分，内容包括层数确定、垂直结构选择、上下交通组织和空间交流以及屋顶设计等。

购物中心是一个复杂的多功能建筑综合体，承租户、步行街、中庭和吃喝庭院等是它的重要组成部分，也是建筑设计中值得重点考虑的元素。购物中心的承租户商店种类多样，包括百货商店、超级市场、食品店、时装店等以及一些货亭和货摊，它们有各自不同的内容和要求，在设计过程中既要贯彻统一的原则，同时又要避免标准化的设计，提供表现个性的机会。

（一）公共空间

购物中心的公共空间包括室外广场、内庭院、中庭和吃喝庭院以及步行街上的各种节点，它们在功能上不仅起着聚集和疏导人流、组织水平和垂直运动的作用，而且通过提供相应的设备和设施，还能够满足开展各种娱乐、展览、表演和促销活动的需要。

（二）步行街

步行街是购物中心的核心组成元素，是组织和联系承租户的纽带，购物中心可能包括一条单独的步行街，也可能包括一系列主次步行街，步行街的宽度和高度可能相同，也可能不同；可以是单层，也可以是多层；可以是露天的，也可以是室内的。购物中心步行街已经不再是简单的购物者通道，而是演变成了重要的公共活动空间，它通过提供良好的景观和设施，以优美的环境满足购物者逛街漫步、餐饮和交往的需要。

（三）中庭

中庭是购物中心最热闹的部分，也是步行街节点上的序列高潮，空间变化丰富，绿化植物密集，水体精心布置，玻璃顶投下的天光光影丰富而富有变化，展现了购物中心空间和景观设计的特色和精华。这里人流密集，上上下下动感强烈，配合坐椅和餐饮设施，给购物者驻足停留和休息交往提供了舒适的场所。

（四）吃喝庭院

如果想让购物者在购物中心长时间停留，需要为他们提供休息和餐饮设施，它的存在价值绝非自身获得的商业利益所能代表的。吃喝庭院包括食品亭和坐椅区，由独立经营的食品亭提供各种快餐食品和小吃，在食品亭周围布置公用坐椅。

（五）停车场与停车库

购物中心是汽车时代的产物，一次购足源自驾车购物者对于停车方便性的要求，因此，停车场的设计和管理对于购物中心至关重要。

（六）景观设计

景观分为硬质景观和软质景观，它们都是购物中心环境景观不可缺少的组成。室外硬质景观包括铺地、围墙、护栏、篱笆和各种小品，还包括各种雕塑、壁画等艺术装饰品。软质景观主要包括绿化和水体。软质景观中的绿化主要指树木和草地，它们是美化购物中心环境的重要组成。一些购物中心被当成公园来设计，让购物者感觉是在公园漫步。

三、购物中心建筑的设计要点

（一）区位优势和工程的联系

当然我们都知道好的位置是非常重要的，但是要充分把这些融合编制在整个环境中是更重要的。同样好的位置可以通过一些资源共享，比如酒店、写字楼或者其他的一些使用组合，包括便利的通道等。这些区位必须有很好的人行通道，有车流路线与公共交通的关系，包括一些公用建筑，公园、行政大楼等场所。举个大规模但是又非常简洁的综合建筑群做例子，我们通过在地铁站上面的设置建筑群，来创造新的人流通行和连接。通过写字楼、五星级酒店、服务式公寓和整个购物中心构成整个资源共享的发展中心，然后进行更详细的深化。把体育馆、宾馆、酒店、办公楼很好地整合在一起。类似的一个例子在上海南京路第一百货商店现在上升为一百商城，它是要把三个楼，包括一百的老楼和新的北楼组合在一起，在上海最繁华的南京路上。目标是要使所有的租户能够满意，能够有最好的回报率。

（二）有效的规划规模效益

如何进行零售规划，我们要考虑其要点。找准设计之前必须对这样的信息有很准确的了解。包括它的店铺，主力店的规模，餐饮配制，它的贡献，它的停车要求，在正式商业设计之前要对这些有非常精确的了解。有一个非常有趣的调查，上海去年整个零售品牌在百货店里和专业店里可以看到它们所占有的面积。这些品牌中， 288 个品牌占有小于 10 平方米的柜台或经营面积。在购物中心里所能看到的品牌和这些品牌占有的面积，占有 100 平方米以上的品牌只有 43 个。大多数最大的品牌还是集中在 10 平方米到 40 平方米这个区间。当然这个也一直在变化、一直在发展，总体来讲，上海的零售环境，65%的品牌面积是小于 10 平方米的。而且 20%以内是大于 10 平方米小于 20 平方米的。在上海百货商店里 90%的品牌面积小于 10 平方米。

通常在一个购物中心里，卖场的使用率是在 40%~50%，在百货公司里，因为比较紧凑可以达到 65%~70%，整个公共空间差不多占到整个建筑面积的 20%~30%，这是一个平衡的问题，如果有娱乐设施，场所占有的面积会更大，有中庭会占去更大的空间。这是一个平衡的问题，如果过分强调这种效率，往往会适得其反。停车是一个非常重要的要素，不但要考虑今天的需求，还要考虑到明天、后天的事，市场发展的情况。这会是一个非常有利的竞争优势。如果仅仅根据中国目前的停车规范，那可能把今后的发展给限制住了。

（三）能见度和曝光度

能见度和曝光度是租户考虑的重要点，一个成功的商品能够把它最大限度地暴露在购物者面前。同样一个成功的购物中心在最长时间里，把各种商店能够暴露在购物者面前。为什么要进行这样的设计，就是让顾客知道楼上有什么东西，有什么店。曝光度和能见度是非常重要的，如果看不见如何去购买。发展商或者是品牌经销商必须很好地规划他们的曝光度和能见度，包括在整个购物中心安排主力店、上层主力、店面以及商品的展示等。在百货商场里布局货架，中间尽量要低，让旁边的都能够被看见。

大型购物中心，要想办法创造一种视线能够直接看到顶楼上是什么东西的环境。当然能见度和曝光度需要空间和资金，这也是非常关键的一个平衡点。中国很多百货公司做很多的高墙，把整个商场都给破坏了。改造以后的效果比较开阔通透，重要的是经过这样的重新规划之后，它每一层的营业额平均提高 30%~70%。这就说明了视线的重要性。

零售业个性化的特征，是零售开发项目把城市虚拟的底部整合在一起，零售就变成一个城市的中心心脏。所以说零售空间设计的人必须以人为本，可以用文化和地域特征以及人性化的规模建筑，包括人们活动，包括标识来创造强有力的归属地。武汉购物中心，是与武汉地域文化特征有紧密联系的代表建筑，一楼是武汉湖北的编钟，二楼是武汉的蝴蝶，三楼是黄鹤楼代表旅游休闲，四楼代表竞技，五楼是武昌鱼，六楼是火凤凰高飞在上代表一种智慧。室内有中庭的设计，蓝色的马赛代表长江，这里可以看到武昌鱼，观光电梯上面火凤凰在高飞，整个建筑空间通过这样的设计让武汉市民了解到这是属于武汉人的空间。

再举个北京金融街世纪商城的例子，整个的概念购物中心坐落在大的公园里。然后就用这个公园的自然景观作为整个室内设计的主题。用橡树、银杏等树代表了世纪的意思，内部可以看到一些道具和自然的一些融合。包括一些挂幅，一些特殊的主题立柱，包括美食广场设计都是跟这些紧密联系在一起的。

四、购物中心中庭

在大型商业项目这样一个广阔的空间里，大型中庭空间的设计举足轻重。好的中庭设计应做到几点。

1. 流畅、明快。消费者购物图的是一个心情，能让他们最大限度地感受到舒适，激发其购物、浏览的兴奋点，是很重要的。

2. 体验式的环境空间。消费者走进 SHOPPING MALL 就是一种商业消费的体验，中庭空间设计作为大型 SHOPPING MALL 的标志，在很大程度上就是让消费者有一个巨大的环境体验氛围。

3. 中庭还具有引领消费者的功能。一个 SHOPPING MALL 的消费空间相当大，如何有效地吸引消费者，引领消费者到各处购物、游玩也是设计中很重要的一部分。

五、购物中心剖面设计

确定层数，垂直结构和形式，做好垂直交通组织。

1. 利用中庭空间的功能与作用。中庭是垂直交通组织的关键点，是步行空间序列的高潮，这里人流集中，流量大，最有可能鼓励层间运动。核心中庭可以搭建活动舞台，经常开展促销文化活动，吸引各层顾客驻足观看。

2. 中庭空间的造型与交流。中庭的设计形式可以多样化，具体根据购物中心总体形态来把握，对于面积比较大的购物中心，可以采用露天式表演舞台为核心的中庭设计，观赏人群可以从四周不同角度方便地观赏表演活动。在室内设计中庭，不要过分追求中庭的宽大豪华，力求地域文化特色与经济性相结合的原则。

3. 从不同的层面同时引入人流。注重竖向交通的易达性，市区内繁华地段所征得的黄金地块一般较为狭窄。在这种地块限定的条件下，应强化二层与地下一层及其他楼层的交通便利性，将二层、地下一层当做一楼，引导上行、下行人流。譬如利用地下一层直接连接室外街道的出入口，二层的直接引向人行道的自动扶梯，与其他商业物业直接相连的人行天桥等，创造临街便捷的多渠道垂直交通。在有高差的坡地地段，设计上可以有意在不同的外地平高度设立入口。如果购物中心上层的入口能够直接通向各层，对于组织引导人流非常有利。在多层购物中心中，每层都设立通向停车场的直接通路，将给购物者出入提供很大方面。

4. 垂直交通工具的作用。在有限的中庭空间，扶梯层层叠加常常会激发购物者的欲望。一些有趣的垂直交通设施例如观景玻璃电梯、螺旋自动扶梯也是吸引力的来源。

5. 景观的垂直吸引力。采用玻璃顶和天窗引入自然光线，不仅节能，而且让上层空间开阔敞亮，把人的视线吸引向上。

六、购物中心户外设计

SHOPPING MALL 的整体形象不单是依靠通常的建筑语言（如立面横竖线条的划分、开窗与实墙面的虚实对比等）来完成的，还包括光效、广告、媒体、特效工程的综合运用。比如，设计室外的景观电梯；在 SHOPPING MALL 大厅设计可伸展出来的平台，用于演出等商业活动；在 SHOPPING MALL 的显要位置预留悬挂大型广告条幅的空间；夜晚的灯光视觉效果设计等，这样才会形成最终成熟的大型综合商业项目。

第二节　大型商业的常规建筑要求

一、承重要求

卖场区：500 千克/平方米。

仓库及收货区：1000 千克/平方米。

办公室：150~200 千克/平方米。

一般百货公司：350 千克/平方米。

二、供电负荷的一般要求

商场照明：300 千瓦（事故照明 75 千瓦）。

商场户外照明：30 千瓦。

冷冻压缩机设备：250 千瓦（备用电 250 千瓦）。

生鲜设备：224 千瓦（备用 62 千瓦）。

商场空调通风：650 千瓦。

家电区插座：26 千瓦。

美食广场：86 千瓦（如肯德基、麦当劳 250 千瓦）。

商场排水设备：10 千瓦。

商场弱电电源：20 千瓦（备用电 20 千瓦）。

三、各行业经营面积及配套设施的基本要求

商业形态、业种的分布规划会影响购物中心的局部规划设计，也是购物中心持续经营、利润最大化的基本保障之一。购物中心的经营户较多，购物中心必须将承担租户的经营业态、业种进行统一商业规划，形成错位经营，这样也有利于购物中心内部个体经营户区域的建筑、结构、水电、暖通、装修等方面的设计与经营户的要求相配套。

各行业经营面积及配套设施之基本要求				
业 种		使用面积（平方米）	技术需求	其 他
餐饮	特色餐饮	1000 以上	上下水、电力、天然气、排烟、排风、隔电池、新风、广告位	营业时间较长，充足的停车位
	咖啡厅	80~200	上下水、电力、广告位	店铺外面有环境幽雅的庭院，可将座位散出来，增加气氛和吸引人流
	西餐吧	300 以上	上下水、电力、天然气、排烟、排风、隔电池、新风、广告位	
	酒吧	约 200	上下水、电力	24 小时营业

各行业经营面积及配套设施之基本要求

业　种		使用面积（平方米）	技术需求	其　他
服务配套行业	美容美发	150 以上	上下水（冷、热水）、电力	营业时间到晚 10 点
	美体	500 以上	上下水（冷、热水）、电力	营业时间到晚 10 点 最好提供停车位
	洗衣店	50~100	上下水、电力、房屋进深	
	便利店	150~500	电力	小储藏室，24 小时营业
	药店	100~200	电力、与同业相隔必须超过 300 米	24 小时营业
	花店	10~30	上下水	
	银行	100~1000	电力、独立出入口、前面柜台的营业面积在 100 平方米以上	租买并举，租赁年限需 10 年以上
	彩扩店	60	上下水、电力	
精品店	服装服饰、鞋帽、钟表、化妆品等	100 以上	电力	

注：①以上是各类型业种商户的基本需求，相关数据（如水、电、气等的用量以及下水管的管径等）要根据个别客户及现场情况再作决定。②很多主力店商家提出相对苛刻的建筑要求，从而带给建设单位较大的建设成本投入，而在实际的招商谈判过程中，并非没有回旋的余地，这些商家首要考虑的是经济效益，然后是建筑要求，所以除主力商家硬性要求的指标外（如电力方面），在层高、柱距等方面商家亦会做适当让步。

大型超市基本建筑要求：

楼层层高：卖场净高不小于 5.5 米，后仓净高不小于 9 米（看客户具体不同要求）。

柱距要求：柱网开间 10 米 × 10 米（9 米 × 9 米）。

楼板载荷：卖场 800 千克/平方米（生鲜 800 千克/平方米，以前一般要求 500 千克/平方米就好），后仓 1200 千克/平方米。

卸货区：考虑 2 辆或 3 辆 35 吨集卡（1 辆或 2 辆就够了）和 3~5 辆小卡车满载重量及回车空间。

停车位（根据面积来）：500~700 个汽车位（差不多），800~1000 个自行车位。

货梯：2 部 5 吨货梯（最好 3 部）。

发电机容量：2400~3200KVA。

建筑物长宽比例：（商家一般要求 10：8 最好）10：7（超市）或 10：6。

建筑占地面积：15000 平方米以上。

土地性质：国有商业用地。

消防：符合国家及当地标准并能通过验收。

其他要求：供水、供气、通信设施、空调到位。

百货基本建筑要求：

楼层层高：卖场净高 3.6 米以上。

柱距要求：柱网开间 9 米×9 米。

楼板载荷：500 千克/平方米。

卸货区：2~3 辆小卡车满载重量及回车空间。

停车位：若与超市在一起，就可减少车位量。

货梯：1 部大货梯，1 部人梯挨着，总共 2 部就好。

发电机容量：2400~3200KVA。

建筑占地面积：一般 8000~15000 平方米，现在有的也 8000~20000 平方米。

土地性质：国有商业用地。

消防：符合国家及当地标准并能通过验收。

其他要求：供水、供气、通信设施、空调到位。

第三节　产权式商铺（鸽子笼式）平面规划

产权式商铺（鸽子笼式）的人流规划不能简单等同于普通百货商场，因为大多数商业地产需要出售独立产权商铺来使资金迅速回收，在这种前提下，人流系统的规划设计就在很大的程度上要服从于商铺的规划设计并且最大限度地提升商铺的租金，所以将商铺和人流捆绑探讨。

一、物理因素：符合商场建筑本身结构

要求人流系统要符合建筑物本身的物理因素：楼层垂直系统设计、立柱间距、中庭、大堂设计、应急出口设计等基础上规划设计。通道宽度依据商场的档次而定，一般为 1.8 米、2.1 米、2.4 米、2.7 米、3.6 米或以地砖边长模数为准。入口处应留有适当的开敞空间，电梯前留有足够的缓冲空间。

二、租金因素：提升有效人流平方到达率、拉动商铺租金

1. 为了提高更多的商铺租金，人流动线设计以直线为主，根据经验，在人流视野范围内的商铺，具有高租金的价值，这与次级过道的铺面比主要过道铺面价格低的道理基本类似。但是在直线的人流动线中，可以规划几个类似于小中厅的前凸或后凹形式，以提升局部商铺的租金。

2. 为了有效拉动次级通道商铺的人流率，可将收银台、卫生间、楼层休息区等部分规律分布在次级通道，以拉升次级通道的人流光顾率，同时也可降低将其设立在主要通道旁占用黄金铺面的损失。

3. 如果商场面积过大，必须存在若干主次通道，那么除了设立若干通道间的正度经纬连接，还应该将商铺前后都设立入口，方便顾客快捷地往返于前后通道，有效地缓解人流的拥堵，提升人流平均到达率。

4. 人流通道尽量采用围绕中厅的双环回型结构，这种结构可以增加商场的通透感，最大化地增加顾客视线内的商铺数量，提高顾客的商铺到达率。

5. 在楼层之间设立的台阶式手扶电梯上下部分应分开设计，以增加人流上下楼时光顾店铺的数量。

6. 主力店对顾客的吸引力无疑是相当大的，如果将其设在入口附近，将损失后边的人流到达率，损失商铺的出租价值，但是将主力店放置在商场的中后端，在人流的影响下会极大地拉动前边商铺的租金收益。

7. 在多层建筑结构的商场，最理想的人流拉动策略是，将主力店设在高层。以三层的商场为例，主力店设在三层，一线品牌专卖店和散铺分布在一、二层，那么到主力店购物的人在上下时会顺道光顾一、二层的商铺，到一线品牌专卖店的人流同样会光临散设在其间的散铺，这样人流的良性循环可以最大程度地提升商铺的租价。但是一般情况下，主力店会要求选择最好的商铺，这就需要和主力店的协调、把握了。

三、顾客生理、心理因素：缓解顾客购物疲乏感和不适感

1. 每层楼的人流过道数量，一般一主二辅便可。简单易梳理的人流动线，可以使消费者更加轻松地行进，而不会产生晕头转向，不知身在何处的感觉，丧失了再次光顾的情绪。

2. 店铺要采用玻璃墙体，以增加商场的通透感，使顾客不产生压抑感和不适，可以在一定程度上增加人流光顾店铺的数量。

3. 在中厅小广场设立休息区域，对不同的顾客进行分流，同样，顾客短暂的休息可以提升人流的店铺光顾数量。

4. 应该在人流通道头尾端等地方给予显著的区域和功能标识，方便顾客辨认，避免了消费者认为商场像迷宫难逛，而产生下次不会再来的想法。

第四节 大型商业地产的选址要求

客观地说，影响大型商业物业兴衰成败的因素很多：国家和地区的客观经济形势和政策、当地商业贸易的繁荣程度及其影响力、商场所处区域（或商业圈）的商业环境、整个商场的经营管理模式、竞争对手的实力与策略等。在综合考虑此类因素系统决策的过程中，相信任何一个商业机构都会重视其商场地点的选择，并视之为重中之重。"商战胜于兵战"，抢占体现商业机构形象及内涵的战略要地是制胜的首要前提。

一、地区性选择在宏观意义上决定了投资的成败

通过对房地产市场地区性、片区性及区位性三个房地产市场区域性特征的分析，我们可以知道，全国各地的房地产市场因其地域的差异性决定了各地房地产市场的差异性。大型商业物业不仅与房地产市场的盛衰有关，更是着重要求当地商业贸易必须有相当的发展水平。因此，在进行大型商业物业的投资，特别是商业机构购买或承租（租期一般较长，达 20~30 年）商业场业物业时，一定要对当地的政治、经济、文化、消费水平及结构、同类物业的运营和竞争状况等商业环境作详细的分析和论证。特别是一些国外或非当地机构，更要做好相应的市场调查，以最终确定是否在该地投资运营。

二、商业圈选择在微观意义上决定了该地点商业物业的赢利效果

商业目的选择实质上是对商业物业运营环境的选择。牵涉的因素复杂和精致，极富技巧性，也是反映商业机构商业头脑的最佳表现舞台。关于对商业圈的核心圈层、中心圈层、次中心圈层、外圈层及影响圈层五个层次划分的理解，我们认为，这五个层次的商业圈均对大型商业物业发挥着作用不同且程度

不同的影响。

三、核心圈层的影响

对于大型商业物业来说，250~500 米之内的商业圈半径，也许还不及其门面开张的距离，因此，核心圈层的影响一般说来较弱。但是，在核心圈层的范围，要着重考虑的因素主要是周边小型店铺的购买力分散作用。

（一）中心圈层的影响

相对来说，半径为 1 公里左右的中心圈层商业圈的影响对大型商业物业地点选择最为重要。在此范围内，最接近在某一个特定城市消费认同的商业区概念，且往往一个商圈范围就是有限的几条商业街。可以想见，若干个大型商业物业同在一处，且若干中小型商铺分列其中，其凝聚的商气和人气是相当可观的。当然，在从本问题开始部分对北京大型商场的分析中可以得出经验：商业街应是商铺一条街。对于目前中国各大城市出现的大型商场规模过大，个别城市的中心商业区甚至成了百货商店一条街（或片区），这显然是不合规律的现象。对于投资者来说，仔细研究此类中心商业区的现有商业布局及其规划，有意识地规避大商场云集的商业圈，具有相当积极的决策意义。

此外，对中心圈层的影响，还应充分考虑该圈层内局部消费综合反映。对于以上分析的中心商业街空壳化问题，问题也就在于其表面的消费力大而实际的消费力很小。对于中国大城市普遍存在的住宅社区化、城市发展多中心化的趋势，越来越多的精明商家开始放弃对城市中心黄金地的争夺而进入社区或城市副中心，取得了意想不到的经营实绩。例如成都，这座号称中国西南商贸中心的城市，目前，除了市中心春熙路、盐市口、骡马市及顺城街四大市中心商业圈外，由于西门的国贸商场、东门的华联商场、北门的火车站商场、南门的华兴百货相继实现骄人经营实绩，对一环路东南西北路口的城市副中心的商业要地争夺已变得很有必要，且实惠。

（二）次中心圈层的影响

对于特定城市内公共交通线路可以伸达区域的影响也相对重要。这首先要考虑的是城市交通问题，特别是流动客流的抵达线路及分散线路，以及商场本身的上卸货线路。交通问题是中国内地目前尚未解决而必将在可以预见的时间内解决的问题。当前自行车和汽车沿街停放的局面迟早必将随着城市建设进度的加快而提上政府议事日程。公交汽车站及地铁站的设置也将影响到大型商场的客流量。

其次要考虑的重要因素是大型商场的品牌效应。拥有良好声誉且知名度较高的商场必然会吸引众多的品牌追随者。因此，旧有商场的投资者要考虑其品牌的含金量；新商场的投资者要考虑迅速提高其品牌知名度和完善度，只有这样，才能立于不败之地。

（三）外圈层及影响层的影响

对于特定城市四周郊区及卫星城镇区域范围以及与该城市有密切的地域和经济联系的城市带（或城市圈）区域因素的影响，对大型商业物业的宏观和微观商业环境有着重要的作用，一方面是依托城市的独特经济功能而得以生存和发展；另一方面各城市也要通过一定数量的高层次大中型商业物业增强其城市集聚功能和提升其城市影响力及其形象。

四、商业地产的选址原则

"天时"、"地利"、"人和"都会直接影响企业的经营。"天时"是指商家对投资时机的把握以及在经营过程中对时令性的把握；"人和"是在商品管理上的技巧，包括服务态度、促销手段、广告宣传等方面。而"地利"也是一个非常重要的因素，属于建筑策划的范畴。店址选择适当，占有"地利"之势，能广泛吸收消费者促进销售，实现更好的经济效益。城市商业活动是以追求最高利润为目的的，这是商业设计选址与布局的经济原则。同时，顾客是商业活动过程中不可缺少的重要组成部分，因此，建筑之布局与城市人口分布形态密切相关。城市商业中心的形成和发展是城市、社会、经济和科技等领域综合作用的产物，按其相互作用的规模和范围的层次来分，可分为宏观的社会经济影响，中观的空间区位条件和微观的空间模式三个不同的层次。商业设施选址的意义就在于它是一项长期性的投资，直接关系企业经营的战略决策，是零售企业贯彻以消费者为中心观点的重要体现，是影响企业效益的一个决定性因素，同时也是制定企业经营目标和经营策略的重要依据。商业设施的选址应该考虑以下因素。

（一）客流规划是选择店址的最重要的因素

商业中心是消费中心，从经济效益上讲，商业中心必须满足整个城市消费市场的要求，争取尽可能多的顾客；从成本效益上讲，要争取最大的聚集效益，要求最大限度地利用城市的各种基础设施。所以，城市人口分布的空间形态是商业中心形成发展的重要制约因素。在选择店址过程中要对以下因素进行实际调查，搜集资料，具体分析研究，了解建店的有利和不利条件，不仅要考虑现状，还要了解未来的发展变化，尤其要了解城市建设的长期规划，如所选地区的街道、交通市政、公共设施、居民住宅及其他建设或改造项目的规划，有的地点从当前分析是条件优越，而随着城市的改造将会出现新的变化，而不适合设店。反之，从当前分析不适合设店但从规划前景看又有发展前途。

1. 相同客流规模的不同地区，因客流的目的、速度、时间不同，对选址条件有不同差别。在商业集中的繁华地区客流目的一般是以购买商品为主流，或是与购买商品有联系的观光浏览，为以后购买做准备，这类地区的客流特点一般是速度缓慢，停留时间较长，流动时间相对分散。有些时候，除了人口的密度因素之外，人口的职业分布、收入状况、年龄也是影响购买能力、购买习惯的主要因素，必须加以考虑。前者可以作为商业规模的主要参考指标，后者则除影响规模之外，还决定了商业的特色和内容。

2. 选择店址需要调查分析街道两侧的客流量规模，选择客流较多的街道一侧。

3. 选择店址要分析街道特点与客流规模的关系，街道交叉路口客流最多，是选址的最好位置。对于大型的购物中心和商业街而言，除了被动适应客流规律之外，还可以在原有路网基础上加以改善开发，选择有开发前景的区域，开辟新的道路交通系统，主动地引导客流，制造客流，进而创造新的商业环境。

（二）交通状况

城市道路交通是联系顾客与商业设施的载体。因此，它是制约商业聚集与选址的又一个重要因素。商业活动的经济原则要求有尽可能大的吸引范围，保证尽可能多的顾客方便地到达商店。因此商业设施的选址必须是交通可达性最佳的地点。在商业的追求最大货物销售范围的原则下，选址应使交通费用达到最小。所以商业中心交通可达性最佳的实质是：所有购物出行者到达中心的出行时间总和最小。

（三）商业环境

选择店址应考虑设店地点附近的商店的规模和数量，如果在同一地区内已有过多的同行业商店，势必影响商店的经营效果，此为趋异性。另外，由于顾客希望就近广泛地比较选择商品，以及希望一次购足所需的商品，有些商店又有集中趋势，相邻而庙，此为趋同性。

1. 一般来说，比较专一的商品，顾客希望有广泛的比较和选择余地，希望有集中的专门店。这种顾客以购买一类商品为目的，对商业气氛、娱乐性、环境没有过多要求，把注意力全部集中在商品上，并比较其质量、价格等因素。

2. 另外一些顾客，购物的范围比较杂，也比较随意，或完全以休闲为主要目的，当然不会去逛上面提到的结构单一的商业区，而是希望到集购物、娱乐、休闲等需要为一体的综合商场。一般大商场就是以此为目标而设置的，尽可能丰富功能来满足这类顾客的要求。

3. 还有一种特性就是共生性，即指商店依赖于为其他原因而来的顾客，如商业中心区的小型商店设于大型商店附近，主要经营小商品，以品种齐全而取得优势。或开办大商场不能提供的小型服务业，有的经营连带消费商品的商店相互邻拦，互为补充，便利顾客。

（四）地形特点

选择店址还要分析地形特点，主要选择能见度高的地点，如选择在两面临街的地点能见度就最高，并且可以扩充橱窗面积，增辟出入口以减缓拥挤，这是最好的设址地点。位于街道的入口处、公共场所的迎面处都是能见度高的地点。有的地点如位于街道的凹进部位能见度就差。

（五）城市规划的要求

城市总体规划和详细规划，都根据城市现状和发展要求对商业中心的分布、商业建筑的布局等作出一系列的规定，商业建筑的选址应该符合城市规划的要求，服从城市总体发展的需要。

第五节　商家选址要求

一、代表性商业主力店的建筑要求

案例一　百安居选址要求

一、对商圈的要求

1. 在项目 5 公里范围内人口达 40 万以上。

2. 须临近城市交通主干道或快速干道，至少双向四车道，且无（绿化带、立交桥、河流、山川等）明显阻隔为佳。

3. 商圈内住宅及人口有快速增长趋势。

4. 项目周边人口畅旺，道路与项目的衔接性比较顺畅，车辆可以顺利地进出停车场。

二、对物业的要求

1. 物业纵深在 50 米以上，单层面积 1 万平方米左右。

2. 层高不低于 10 米，对于期楼的层高要求不低于 12 米，净高在 9 米以上

(空调排风口至地板的距离)。

3. 楼板承重在 1500 千克/平方米以上，对期楼的要求在 2000 千克/平方米以上。

4. 柱间距要求 10~12 米 (厦门明发商业广场的柱距是 8 米)。

5. 正门至少提供 2 个主出入口。

6. 每层有电动步道梯连接，地下车库与商场之间有步道梯连接。

7. 商场要有一定面积广场。

三、对停车场地的要求

1. 1000 个以上地上或地下的顾客免费停车位。

2. 必须为供货商提供 20 个以上的免费货车停车位。

3. 商场设计时要提供货物专用车辆掉头及转弯的场地，40 尺货柜转弯半径 18 米。

四、其他

1. 市政电源为双回路或环网供电 (或其他当地政府批准的供电方式)，总用电量应满足商场营运及司标广告等设备的用电需求，备用电源应满足应急照明、收银台、冷库、冷柜、监控、电脑主机等的用电需求，并提供商场独立使用的高低压配电系统、电表、变压器、备用发电机、强弱电井道及各回路独立开关箱。

2. 安装独立的中央空调系统。

3. 物业租赁期限一般为 20 年或 20 年以上，并提供一定的免租期。

案例二 国美电器选址要求

随着国美电器在全国的连锁扩张，在全国不同地区和级别的城市均需要符合开设商场条件的商业物业。具体区域要求如下：

国美电器连锁店选址标准如下：

市场类别	要 求	开店区位	店面规模
副省级以上城市	直辖市、省会城市、副省级城市	核心商圈	5000 平方米以上
		区域商圈	4000 平方米以上
		大型社区	3000 平方米以上
地级城市	市区人口 50 万以上，具有一定的购买能力	商业中心	3000 平方米以上
县级市场	江苏、浙江、广东等地的县级市 内陆省份发展较快的县级市 (百强县优先) 副省级以上城市的较发达的郊区县	核心商圈核心位置	3000 平方米以上

产权：独立、清晰的产权。

区位：位于城市或某区域的商业中心，人流量大，交通便利。

面积：3000 平方米以上。

楼层：从一楼开始，地级市场楼层不超过四楼，县级市场楼层不超过三楼。

广场：物业距街道的距离在 6 米以上，有开阔的停车场地和门前广场。

设施：合格并能正常使用的消防系统、合格并能正常使用的供水供电系统，空调系统、扶梯和货梯（两层以上）。

案例三　台湾迪诺选址要求

有合法齐全的营业牌照。

经营面积：3000~5000 平方米。

位置：位于购物中心内，有鼎盛的人气。

分布密度：一个城市一家。

基本商场层高要求：4 米以上。

其他：普通柱距。

案例四　美国时代华纳选址要求

层高：9 米以上。

数量：5 厅以上；5~8 个银幕。

座位：1000~1500 个。

造价：2000 元/平方米。

总投资：1000 万~2000 万元。

电梯：直达电梯。

其他：有小卖部。

案例五　新时代百货选址要求

层高：4 米（净高）。

柱距：8.5 米×8.5 米。

位置：繁华的路口或购物中心内。

停车场：800 个，最好有地上停车场。

面积：15000~20000 平方米。

二、主流业态选址要求

(一)连锁快餐店

连锁快餐业是一种工业化程度比较高的餐饮服务业态,设有中央厨房,其商品销售流程与其他连锁商业有所不同,管理经营难度高于其他连锁业态和传统餐饮业。与其他连锁业态、传统餐饮的差异情况如下:

连锁快餐店:原料→加工→配送→成品→销售。

其他连锁业态:商品→配送→销售。

传统餐饮业:原料→加工→成品→销售。

1. 商圈选择:客流繁忙之处,如繁华商业街市、车站、空港码头,以及消费水平中等以上的区域型商业街市或特别繁华的社区型街市。

2. 立店障碍:连锁快餐业也属餐饮业,需消防、环保、食品、卫生、治安等行政管理部门会审,离污染源 10 米之内不得立店,相邻居民、企业或其他单位提出立店异议而无法排除,也会形成立店障碍。2002 年起我国部分省市按《大气污染防治法》规定:禁止在居住区或居住建筑内立店。

3. 建筑要求:框架结构,层高不低于 4.5 米。配套设施:电力不少于 20 千瓦/100 平方米,有充足的自来水供应,有油烟气排放通道,有污水排放、生化处理装置,位置在地下室或一、二、三楼均可,但忌分布数个楼面。

4. 面积要求:200~500 平方米。

5. 租金承受:

大众化快餐店:2~4 元(平方米·天)。

消费型快餐店:6~30 元(平方米·天)。

6. 租期:一般不少于 5 年。

(二)餐饮业

1. 普通餐厅。

(1)商圈选择:普通餐厅分为商务型和大众型两种餐厅类型。商务型的普通餐厅以商务酬宾为销售对象,一般选址在商务区域或繁华街市附近,或其他有知名度的街市;大众餐厅以家庭、个人消费为主,一般选址在社区型或便利型商业街市。

(2)立店障碍:开设餐厅须经消防、环保、食品卫生、治安等行政管理部门会审后,方可颁照经营,周边邻居有异议而无法排除的也会成为立店障碍。餐厅必须离开污染源 10 米以上,对较大餐厅,消防部门会提出设置疏散通道要求。

商铺门前有封闭交通隔离栏、高于 1.8 米的绿化，以及直对大门的电线立杆均为选址所忌。

（3）面积要求：大众型餐厅 80~200 平方米，商务型餐厅 150~10000 平方米均可。

（4）建筑要求：因餐厅为个性化装饰、布置，各种建筑结构形式均适合开设餐厅，但剪力墙或承重墙挡门、挡窗除外。餐厅门前须有相应的停车场。餐饮还应具备厨房污水排放的生化处理装置以及油烟气排放的通道。

（5）租金承受：低层为 1.50 元/（平方米·天）以上，视地段、商圈确定租价。楼上餐厅租金略低。

（6）租期：一般不少于 3 年。

2. 面馆。

（1）商圈选择：面馆是中式普通快餐的经营形态，原料加工半工厂化，制面、和面、切面等工序在工厂里完成。面馆以切面半成品加工成商品，大大缩短了生产时间，满足人们速食的要求。面馆宜选择交通支道、行人不少于每分钟通过 10 人次的区域。

（2）立店障碍：与餐厅相同。

（3）面积要求：80~200 平方米。

（4）建筑要求：同餐厅。

（5）租金承受：2~5 元/（平方米·天）。

（6）租期：2 年以上。

3. 火锅店。

火锅店近 10 年来风靡全国，其原因是由于交通便利，人口流动管理放宽，各地饮食文化相融，饮食习惯互相影响。

（1）商圈选择：火锅店是以大众消费为主的餐饮业态形式，选址于人口不少于 5 万人的居住区域或社区型、区域型、都市型商圈。

（2）立店障碍：与餐厅相同。

（3）建筑要求：框架式建筑，厨房可小于餐厅营业面积的 1/3，其余同餐厅。楼上商铺亦可。

（4）面积要求：120~500 平方米。

（5）租金承受：视商圈、路段、位置而定，一般情况下不高于 4 元/（平方米·天）。

（6）租期：2 年以上。

4. 茶坊、酒吧、咖啡馆等。

（1）商圈选择：消费者进入茶坊、酒吧、咖啡馆的动机是休闲或是非正式的轻松谈话，这与进入其他餐饮业的动机不同。该业态是以文化、情调、特色，以及舒适和愉悦来吸引消费者的，其选址往往是高雅路段，具有清净、优雅的环境，消费对象具有一定的消费能力和文化修养。

（2）立店障碍：开设茶坊、酒吧、咖啡馆须经消防、治安、食品卫生等行政管理部门会审同意方可颁照经营，有噪声较大、邻里投诉时，环保部门也会介入加以管理。酒吧属于高档消费范围，国家课以重税，收取"消费税"，政府管理部门，包括规划、治安、消防等部门加以严格审核。

（3）建筑要求：茶坊、酒吧、咖啡馆的布置和装饰有个性化与艺术化要求，但对建筑结构形式无特殊要求，视投资者创意、设想而异。层高不低于 2.8 米，电力按每 100 平方米 10 千瓦配置，有自来水供应。如与居民相邻，最好设置隔音层。

（4）面积要求：50~400 平方米。

（5）租金承受：3~20 元/（平方米·天）。

（6）租期：2 年以上。

5. 西点房、面包房。

（1）商圈选择：各种商圈均可开设。品牌企业往往开设在繁华的区域型、社区型的商业街市上。

（2）立店障碍：同种业态。立店须经食品卫生监督部门会审核准，方可经营。

（3）建筑要求：框架式结构，层高不低于 2.8 米，门面宽度 6 米以上，橱窗开阔，离开污染源 10 米以上。

（4）面积要求：60~120 平方米。

（5）租金承受：知名企业可以承受 10 元/（平方米·天）以下租金，一般企业可以承受 3~5 元/（平方米·天）的租金。

（6）租期：2 年以上。

6. 主题餐厅与酒吧。

（1）业态成因：在连锁超市大规模发展之后，普通商品经营困难，许多商业投资者转而投资餐饮服务业。餐饮服务业是个性化的商业业态（除连锁快餐），切忌雷同化。在激烈竞争中，该业态中的企业须以鲜明的特色来吸引特定的、固定的销售对象。随着生活水平、文化素养的提高，消费群体也会呈现出个性化的需求。

主题餐饮业态是以特定喜好（文化、艺术、体育等）为主题糅合餐饮文化，形成餐饮企业独特风格、特点的一种业态，其销售对象固定且消费能力较强。

（2）商圈选择：文化、艺术类主题餐厅可开设在剧院、图书馆、公园、文化艺术故居；体育类主题餐厅，可开设在相关的体育场所附近。

（3）建筑形式：与主题相关。

（4）面积：以设计特定对象的人群多少而定。

案例　银川××商城规划设计建议

前　言

银川××商城项目是银川市在 2003 年度最重要的房地产商业项目之一。在宁夏自治区区委区政府以及银川市市委市政府的高度重视和大力支持下，宁夏××发展有限公司承接银川商城项目的开发，委托拥有境外背景的××国际知名专业团队进行设计规划任务，力争将银川××商城打造成为整个西北地区的标志性商业建筑，成为银川这座历史上有名的"塞上明珠"乃至整个西北地区最引人注目的重要购物商业城。

位于银川市商业中心的银川××商城，与象征民族文化的鼓楼遥遥相对，承载了整个自治区首府商业的繁荣振兴、经济的快速发展，城市品位的提升，并担当银川努力建成现代化区域中心城市，实现宁夏回族自治区"建设'大银川'，实现跨越式发展"战略部署的历史重任，其建筑形态、整体规划必将使其成为银川市的标志性商业建筑景观。银川××商城项目的规划设计工作关系到银川这座历史文化名城的整体形象、城市中心商业发展以及自治区人民生活品质的提升，可谓任重而道远。为此，特向享誉国际有着丰富经验和高超规划与设计能力的英国××建筑规划设计公司发出邀请，共同为银川这座美丽而富饶的"塞上明珠"奉献一个商业的建筑楷模，使之呈现出现代商业文明的风采，成为丝绸之路上民族文化蕴于现代时尚气息的建筑典范。

一、项目概况

银川××商城项目位于宁夏回族自治区银川市利群东路 26 号，处于市中心黄金商业圈，由步行街（鼓楼南街）相连接，与记录城市繁华和文明的鼓楼遥遥相对，地理位置相当优越，周边汇集了近年来相继开业的大型商场，根据银川市政府的统一部署，步行街将向南延伸，银川××商城建成后将成为银川市中心最引人注目的亮点和银川市人民购物、休闲的最佳去处。根据地块分布，银川××商城地块形状为矩形（南北为长），被延伸的步行街（规划中）贯穿，四面都有大型商场环伺。此项目用地通过银川市国土管理局出让国有土地使用权所得，本项目占地 2.14 公顷，设计规划要求：覆盖率不低于 60%，容积率约为 3 公顷（争取 3.5 公顷，以总占地面积计算），用地性质为商业用地，建筑形态为大型商城。

二、规划设计的依据

1. 银川××商城旧城改造项目在政府整体规划中占有重要的战略地位,原有的旧城本身具有极高的知名度和重要的商业地位,此次重建,××公司委托××国际精英团队进行规划设计任务,要将现代流行元素、时尚、前卫融入新的银川××商场建筑品位中去,巧妙体现民族文化精髓所在,建议引进欧美较为先进的建筑表现形式与大型商场设计理念,结合银川当地特色,并与鼓楼南街已经形成的风格尽可能取得整体上的协调并突出打造具有一流水平的商业、美食、休闲中心。

2. 本案的规划必须与银川城市规划和城市建设紧密结合,互相促进,注重城市空间的完整与和谐,运用现代化城市设计理论,从宏观上把握城市形态,鼓楼南街的延伸将更好地把商业步行街与周边商业建筑有机地联系起来,形成银川市中心商业区个性鲜明的标志。

3. 银川××商城占地面积较大,设计规模庞大,建成后必将成为银川市最主要的商业购物中心,为了保证设计工作的准确性和完整性,保证设计工作的顺利进行,将提供给设计公司比例为 1:500 或 1:1000 的项目地块规划图的电子文件。

4. 本案的规划设计过程和结果必须符合国家及宁夏回族自治区现行规划设计规范和规程。

三、总体规划建议

银川市人杰地灵、物华天宝,素有"塞上明珠"的美称。近年来,在银川市委市政府的领导下,通过银川人民的辛勤劳动,银川正在向现代化中心城市大步迈进。银川市目前的城市建筑风格已日趋现代化,建筑规划日趋科学化,整体城市格调日趋时尚化。

1. 建筑风格建议。

银川××商城现位于兴庆区(市中心)黄金商业圈,每日客流量达5万~6万人次,建成后的银川商城将力图营造悠闲、轻松、时尚的都市情调,形成集"休闲、购物、饮食"于一体的综合性大型商业购物中心,这与欧美现代建筑时尚、前卫、明快、经典的风格较为符合。因此初步建议银川××商城建筑整体风格为欧美地区的现代建筑风格,大气宏伟与简约时尚并存,建议在局部小范围内适当用小细节表现民族文化特色,使其成为体现银川风貌而又符合现代流行趋势、极具时尚感的形象建筑。

2. 景观、环境的设计要求。

(1)整体要求。

银川商城项目的成功开发，不仅能进一步完善银川市中心商业形态的完整性，也能为银川市民以及游客提供一个体现银川现代化高水平大型商业购物中心的代表性场所，能使银川成为成长中的大中型城市的形象代表。而整个商城的格调主要取决于建筑风格及各种空间的分合，其点和面上的景观环境将对整个空间分布起点缀、渲染作用，而且在一些小细节中体现民族文化则更能达到升华和凝聚人气的作用。因此，对于本案整体景观的设计，需要以高水平的景观设计为主轴，辅之以多层次、多角度、多文化的景观与之融合，全面带动城市旅游、购物休闲、商业人潮聚集之多重效应，为银川市中心创造新的景观制高点。

（2）局部要求。

立面：

银川××商场相对周边商厦，整体规模庞大，建成后将成为银川市商业中心的显著标志性建筑物，其立面要求气势恢弘，建议引进欧美现代建筑大气、开放的特质，富于发展、向上的构思。

广场：

建议在设计上考虑在几个重要节点采用大型广场，配合景观设计，既能体现明显个性又能协调银川商城的整体风格，形成银川商城具有标志性的特色景观，既具观光又能有展示功能，而且力争将其打造成为银川市现代建筑艺术与现代生活艺术完美结合的城市艺术经典，使之成为整个商业步行街区域人潮会聚的中心亮点。

休闲空间：

对本案所涉及的休闲空间、中介空间等建议进行相应的艺术处理，购物和休闲是紧密联结在一起的，休闲空间的合理规划布局以及细部景观的装饰，都能体现出最人性化的关怀。

灯光：

商业中心的闪耀点不仅在白天能够彰显气势，日落西山，华灯初上的时候，步行街和商场更具有魅力，绚丽多彩的霓虹、灯箱将整个街区装扮得分外妖娆，城市中心的繁荣昌盛尽情显耀，步行街街灯璀璨，大型射灯使商城富丽堂皇，特殊的地理位置使银川××商城集购物、休闲于一体，晚上更能成为都市的标志性建筑。在整个照明系统的设计过程中，遵循明亮舒适、高雅堂皇的原则，普遍提高商城外立面的照明亮度，商城里面建议设计为透明玻璃顶部，灯光在晚上尤显重要，通过多样的照明手段，渲染出时尚现代的商业气氛。

招牌：

现有的银川××商城十几年来在银川以及周边城市都有良好的口碑，一直都会聚有较好的人气，全新的银川××商城将继往开来，通过全新的经营管理和整体规划，以提升商业和商业品位，所以本商城内所有店铺招牌的规格要进行统一的设计，以达到整齐美观的效果。

地面：

本案所涉及的地面包括各入口处、贯穿步行街的通道、商城内部底层、楼上大面积的过街通道等，建议考虑是否采用不同风格材质的地面图案，适当蕴含民族文化或时尚图腾，又能与整体的建筑风格有机结合，体现出与众不同的文化气息。

绿化的点缀：

本案处于银川市中心商业区，建成后的商业地位和建筑形象地位都显为重要，建议考虑是否利用有特色的植物组团或盆景的点缀使强硬的建筑表现出其柔美和谐的一面，亦可设计成其他有创意性的绿色景观。

3. 平面规划。

(1) 入口。

银川××商城位于商业中心区域，建议在四面均设计入口，如何将各入口设计得大气，且具有显著风格，能够吸引人潮的涌入对商城而言是尤为重要的，建议考虑是否设计广场或大型导入式形象建筑，并符合风水脉向之论，又能与其特有的民族文化相得益彰，设计风格上要独树一帜，充分体现其恢弘气势和卓越的品位。

(2) 中庭。

银川××商城主体建筑为地下二层、地面五层（暂定）的外观整体建筑，地面一层将由延伸的鼓楼南街步行街由北至南贯穿，由于主楼体建议为透明顶部的通透设计，建议是否考虑中庭挑空，行人在中庭仰望可以看到天空明亮的颜色，开阔视野，气质非凡，而且可以考虑设计在透明顶部开窗，达到通风的良好效果。

(3) 地下部分设计。

地下一层商业空间规划：

银川××商城地下一层必须充分考虑交通组织，通过各自动手扶梯或艺术步行梯能够与地面一层充分相连，建议是否考虑在地面各入口通道处挑高设计，淡化地下概念，也能形成良好的通风采光效果，地下一层建议考虑设置集中性地下商业空间，与步行街、商城地面一层的客流相互融合，并从步行街聚集人流，进而带动商城整体的客流量。

(4) 停车场规划设计。

银川市地处中国西北部，土质干燥坚硬，建议将地下二层设计为机动车停车场；由于银川为中等发展城市，目前大众交通工具还是以自行车为主，本案在整体规划设计中要将自行车停车场纳入其中，规划合理，既能方便停取，又尽量不与外部交通产生冲突。

（5）通道。

建成后的本案将被南北走向的步行街贯穿，四周均由商场环伺，如何将人潮会聚，而且能够尽可能达到与本案内部铺位的最大接触面积，而且由于本案的商铺在未来的经营方向趋于多样化，因此对商铺设计通道的总数和单一通道的设计风格成为关键，或宽或窄（建议主通道10~15米，次通道7~8米），或简单或繁复错杂，既能够形成行走中视觉的享受，又能体现各建筑体之间艺术的流畅，在设计上创造出最完美的效果，并需考虑通道的日后使用功能达到室内效果，避免或降低气候对商场经营的影响。

（6）扶梯、步行梯。

商场内部的自动扶梯是连接楼上楼下、地面地下的通行载体，由于银川当地的商业购物习惯，一般商城商场三楼以上客流量明显少于底层，如何保证本商城内部客流楼上楼下的分流活络，以达到最好的商业效果，建议考虑是否设计一层直达三层或四层的自动扶梯，或通往各层的颇具艺术效果的步行梯，既能运送人流，又能达到观光效果，科学合理设计规划，使其成为本案的重要特色。

（7）商铺面积、柱距、层高、通风、采光。

本案建成后将成为银川市人气最为旺盛的多样化休闲购物中心，具有浓厚的商业氛围和休闲气息，建议在整体建筑设计上采用框架结构，以便于各商铺内部格局的自由组合，在合理布局的基础上进行统一规划，以保证在销售过程中面积合理分割的可行性。此外，在考虑商铺面积规划的同时要科学合理设计柱距、层高、通风、采光，以达协调适宜。

（8）仓储、商住空间。

本案内部除主体购物中心之外，建议顶层设计预留仓储或商住两用的楼层，考虑足够的层高设计，或隔断或跃层、复式，有效地结合商城会聚的鼎盛人气，以填补银川市大型商业购物中心功能多样性的空白。

商店建筑设计规范

第一章 总 则

第1.0.1条 为保证商店建筑设计符合适用、安全、卫生等基本要求，特制定本规范。

第 1.0.2 条　本规范适用于全国城镇及工矿区新建、扩建和改建的商店建筑（含综合性建筑的商店部分）。

第 1.0.3 条　商店建筑设计应符合城市规划和环境保护的要求，并应合理地组织交通路线，方便群众和体现对残疾人员的关怀。

第 1.0.4 条　商店建筑的规模，根据其使用类别、建筑面积分为大、中、小型，应符合表 1.0.4 的规定。

表 1.0.4　商店建筑的规模

规 模 \ 类 别	百货商店、商场建筑面积（平方米）	菜市场类建筑面积（平方米）	专业商店建筑面积（平方米）
大型	>15000	>6000	>5000
中型	3000~15000	1200~6000	1000~5000
小型	>3000	>1200	>1000

第 1.0.5 条　商店建筑设计，除应符合本规范的规定外，还应符合《民用建筑设计通则》（JGJ37—87）以及国家和专业部门颁发的有关设计标准、规范和规定。

第二章　基地和总平面
第一节　选址和布置

第 2.1.1 条　大中型商店建筑基地宜选择在城市商业地区或主要道路的适宜位置。

大中型菜市场类建筑基地，通路出口距城市干道交叉路口红线转弯起点处不应小于 70 米。小区内的商店建筑服务半径不宜超过 300 米。

第 2.1.2 条　商店建筑不宜设在有甲、乙类火灾危险性厂房、仓库和易燃、可燃材料堆场附近；如因用地条件所限，其安全距离应符合防火规范的有关规定。

第 2.1.3 条　大中型商店建筑应有不少于两个面的出入口与城市道路相邻接；或基地应有不小于 1/4 的周边总长度和建筑物不少于两个出入口与一边城市道路相邻接。

第 2.1.4 条　大中型商店基地内，在建筑物背面或侧面，应设置净宽度不小于 4 米的运输道路。基地内消防车道也可与运输道路结合设置。

第 2.1.5 条　新建大中型商店建筑的主要出入口前，按当地规划部门要求，应留有适当集散场地。

第 2.1.6 条　大中型商店建筑，如附近无公共停车场地时，按当地规划部门要求，应在基地内设停车场地或在建筑物内设停车库。

第二节　步行商业街

第2.2.1条　步行商业街内应禁止车辆通行，并应符合城市规划和消防、交通部门的有关规定。

第2.2.2条　原有城市道路改为步行商业街时，必须具备邻近道路能负担该区段车流量的条件。

第2.2.3条　步行商业街的宽度，根据不同情况，应符合下列规定：

一、改、扩建两边建筑与道路成为步行商业街的红线宽度不宜小于10米；

二、新建步行商业街可按街内有无设施和人行流量确定其宽度，并应留出不小于5米的宽度供消防车通行。

第2.2.4条　步行商业街长度不宜大于500米，并在每间距不大于160米处，宜设横穿该街区的消防车道。

第2.2.5条　步行商业街上空如设有顶盖时，净高不宜小于5.50米，其构造应符合防火规范的规定，并采用安全的采光材料。

第2.2.6条　步行商业街两侧如为多层建筑，因交通功能而设置外廊、天桥和梯道时，应符合防火规范的规定。

第2.2.7条　步行商业街的各个出入口附近应设置停车场地。

第三章　建筑设计
第一节　一般规定

第3.1.1条　商店建筑按使用功能分为营业、仓储和辅助三部分。建筑内外应组织好交通，人流、货流应避免交叉，并应有防火、安全分区。

第3.1.2条　商店建筑的营业、仓储和辅助三部分建筑面积分配比例可参照表3.1.2的规定。

表3.1.2　商店建筑面积分配比例

建筑面积（平方米）	营业（%）	仓储（%）	辅助（%）
＞15000	＞34	＜34	＜32
3000~15000	＞45	＜30	＜25
＜3000	＞55	＜27	＜18

注：①商店建筑，如营业部分混有大量仓储面积时，可仅采用其辅助部分配比。②仓储及辅助部分建筑可不全部建在同一基地内。③如城市设置集中商品储配库和社会服务设施等较完善时，可适当调减仓储、辅助部分配比。

第3.1.3条　商店建筑外部所有凸出的招牌、广告均应安全可靠，其底部至室外地面的垂直距离不应小于5米。

第3.1.4条　商店建筑，如设置外向橱窗时，应符合下列规定：

一、橱窗平台高于室内地面不应小于 0.20 米，高于室外地面不应小于 0.50 米；

二、橱窗应符合防晒、防眩光、防盗等要求；

三、采暖地区的封闭橱窗一般不采暖，其里壁应为绝热构造，外表应为防雾构造。

第 3.1.5 条　营业和仓储用房的外门窗应符合下列规定：

一、连通外界的底（楼）层门窗应采取防盗设施；

二、根据具体要求，外门窗应采取通风、防雨、防晒、保温等措施。

第 3.1.6 条　营业部分的公用楼梯，坡道应符合下列规定：

一、室内楼梯的每梯段净宽不应小于 1.40 米，踏步高度不应大于 0.16 米，踏步宽度不应小于 0.28 米；

二、室外台阶的踏步高度不应大于 0.15 米，踏步宽度不应小于 0.30 米；

三、供轮椅使用坡道的坡度不应大于 1:12，两侧应设高度为 0.65 米的扶手，当其水平投影长度超过 15 米时，宜设休息平台。

第 3.1.7 条　大型商店营业部分层数为四层及四层以上时，宜设乘客电梯或自动扶梯；商店的多层仓库可按规模设置载货电梯或电动提升机、输送机。

第 3.1.8 条　营业部分设置的自动扶梯应符合下列规定：

一、自动扶梯倾斜部分的水平夹角应等于或小于 30°；

二、自动扶梯上下两端水平部分 3 米范围内不得兼作他用；

三、当只设单向自动扶梯时，附近应设置相匹配的楼梯。

第 3.1.9 条　商店营业厅应尽可能利用天然采光。

第 3.1.10 条　营业厅内采用自然通风时，其窗户等开口的有效通风面积，不应小于楼地面面积的 1/20，并宜根据具体要求采取有组织通风措施，如不够时应采用机械通风补偿。

第 3.1.11 条　设系统空调或采暖的商店营业厅的建筑构造应符合下列规定：

一、围护结构应符合建筑热工要求；

二、营业厅内应无明显的冷（热）桥构造缺陷和渗透的变形缝；

三、通风道、口应设消音、防火装置；

四、营业厅与空气处理室之间的隔墙应为防火兼隔音构造，并不得直接开门相通。

第二节　营业部分

第 3.2.1 条　普通营业厅设计应符合下列规定：

一、应按商品的种类、选择性和销售量进行适当的分柜、分区或分层，顾客较密集的售区应位于出入方便地段。

二、厅内柱网尺寸，根据商店规模大小、经营方式和结构选型而定，应便于柜台、货架布置并有一定灵活性。通道应便于顾客流动并有均匀的出入口。

第 3.2.2 条 普通营业厅内各售区面积可按不同商品种类和销售繁忙程度而定。营业厅面积指标可按平均每个售货岗位 15 平方米计 (含顾客占用部分)；也可按每位顾客 1.35 平方米计。

注：营业厅内，如堆置大量商品时，应将指标计算以外的面积计入仓储部分。

第 3.2.3 条 普通营业厅内通道最小净宽度应符合表 3.2.3 的规定。

表 3.2.3 普通营业厅内通道最小净宽度

通道位置	最小净宽度 (米)
1. 通道在柜台与墙面或陈列窗之间	2.20
2. 通道在两个平等柜台之间，如	
A. 每个柜台长度小于 7.50 米	2.20
B. 一个柜台长度小于 7.50 米，另一个柜台长度 7.50~15 米	3.00
C. 每个柜台长度为 7.50~15 米	3.70
D. 每个柜台长度大于 15 米	4.00
E. 通道一端设有楼梯时	上下两个梯段宽度之和再加 1 米
3. 柜台边与开敞楼梯最近踏步间距离	4 米，并不小于楼梯间净宽度

注：①通道内如有陈设物时，通道最小净宽度应增加该物宽度。②无柜台售区、小型营业厅可根据实际情况按本表数字酌减不大于 20%。③菜市场、摊贩市场营业厅宜按本表数字增加 20%。

第 3.2.4 条 营业厅的净高应按其平面形状和通风方式确定，并应符合表 3.2.4 的规定。

表 3.2.4 营业厅的净高

通风方式	自然通风			机械排风和自然通风相结合	系统通风空调
	单面开窗	前面敞开	前后开窗		
最大进深与净高比	2:1	2.5:1	4:1	5:1	不限
最小净高 (米)	3.20	3.20	3.50	3.50	3.00

注：①设有全年不断空调，人工采光的小型厅或局部空间的净高可酌减，但不应小于 2.40 米。②营业厅净高应按楼地面至吊顶或楼板底面之间的垂直高度计算。

第 3.2.5 条 营业厅内或近旁，为售货需要所加的小间或场地应符合下列规定：

一、出售服装的柜台较多时应设试衣室；

二、检修钟表、电器、电子产品等的用地面积可按每一工作人员 6 平方米计；

三、出售乐器和音响器材等宜设试音室，其面积不应小于2平方米。

第3.2.6条 自选营业厅设计应符合下列规定：

一、综合性营业厅内宜分开设置工业制品类及食品类商品的自选场地；

二、厅前应设置顾客衣物寄存处、进厅闸位、供选购用盛器堆放位及出厅收款包装位等，其面积总数不宜小于营业厅面积的8%；

三、应根据厅内可容纳顾客人数，在出厅位按每100人设收款包装台1个（含0.60米宽顾客通过口）；

四、每个面积超过1000平方米的营业厅宜设闭路电视监控装置。

第3.2.7条 自选营业厅的面积指标可按每位顾客1.35平方米计（如用小车选购按1.70平方米计）。

第3.2.8条 自选营业厅内通道最小净宽度应符合表3.2.8的规定，并应按该厅设计容纳人数复核兼作疏散用的通道宽度。

表3.2.8 自选营业厅内通道最小净宽度

通道位置	最小净宽度（米）
1. 通道在两个平行货架之间，如	
A. 靠墙货架长度不限，离墙货架长度小于15米	1.60（1.80）
B. 每个货架长度小于15米	2.20（2.40）
C. 每个货架长度15~24米	2.80（3.00）
2. 与各货架相垂直的通道，如	
A. 通道长度小于15米	2.40（3.00）
B. 通道长度不小于15米	3.00（3.60）
3. 货架与出入闸位间的通道	3.80（4.20）

注：①如采用货台、货区时，其周围留出的通道宽度，可按商品的选择性强弱等情况，调整上表所列数字。②兼作疏散的通道应尽量直通至出厅口或安全门。③括号内数字为使用小车选购时要求。

第3.2.9条 联营商场、商业中心类建筑设计，除商店建筑部分应符合本规范的规定外，饮食业、文娱建筑部分等还应符合各有关专项建筑设计规范的规定。

第3.2.10条 联营商场内连续排列店铺设计应符合下列规定：

一、各店铺的内业运输于营业时间内不应占用公共通道（内街），必要时可另设作业通道；

二、饮食店的灶台不宜面向公共通道，并应有良好的排烟通风设施；

三、店铺内，如有面向公共通道营业的柜台，其前沿应后退到边线不小于0.50米；

四、各店铺的隔墙、吊顶等的饰面材料和构造不得降低商场建筑物的耐火等级规定，并不得任意添加设计规定以外的超载物；

五、各公共通道的安全出口及其间距等应符合防火规范的规定。

第3.2.11条　联营商场内连续排列店铺间的公共通道最小净宽度应符合表3.2.11的规定。

表3.2.11　连续排列店铺间的公共通道最小净宽度

通道名称	最小净宽度（米）
1. 主要通道	4.00（3.00），并不小于通道长度的1/10（1/15）
2. 次要通道	3.00（2.00）
3. 内部作业通道（按需要）	1.80

注：①括号内数字为公共通道仅有一侧设铺面时的要求。②主要通道长度按其两端安全出口间距离计。

第3.2.12条　大中型商店为顾客服务的设施应符合下列规定（不包括在营业厅面积指标内）：

一、顾客休息面积应按营业厅面积的1.00%~1.40%计，如附设小卖柜台（含储藏）可增加不大于15平方米的面积；

二、营业厅每1500平方米，宜设一处市内电话位置（应有隔声屏障），每处为1平方米；

三、应设顾客卫生间；宜设服务问讯台。

第3.2.13条　大中型商店顾客卫生间设计应符合下列规定：

一、男厕所应按每100人设大便位1个、小便斗2个或小便槽1.20米长；

二、女厕所应按每50人设大便位1个，总数内至少有坐便位1~2个；

三、男女厕所应设前室，内设污水池和洗脸盆，洗脸盆按每6个大便位设1个，但至少设1个；如合用前室则各厕所间入口应加遮挡屏；

四、卫生间应有良好通风排气；

五、商店宜单独设置污洗、清洁工具间。

第三节　仓储部分

第3.3.1条　仓储部分应根据商店规模大小、经营需要而设置供商品短期周转的储存库房（总库房、分部库房、散仓）和与商品出入库、销售有关的整理、加工和管理等用房；该部分占商店总建筑面积的比例数可按第3.1.2条的规定。

第3.3.2条　库房设计应符合下列规定：

一、建筑物应符合防火规范的规定，并应符合防盗、通风、防潮和防鼠等要求；

二、分部库房、散仓应靠近营业厅内有关售区，便于商品的搬运，少干扰顾客。

第3.3.3条　食品类商店仓储部分尚应符合下列规定：

一、根据商品不同保存条件和商品之间存在串味、污染的影响，应分设库房或在库内采取有效隔离措施；

二、各种用房地面、墙裙等均应为可冲洗的面层，并严禁采用有毒和起化学反应的涂料；

三、如附设加工场地，其设施应符合食品卫生法的规定。

第3.3.4条　库内存放商品应紧凑、有规律，货架或堆垛间通道净宽度应符合表3.3.4的规定。

表3.3.4　库房内通道净宽度

通道位置	净宽度（米）
1. 货架或堆垛间与墙面内的通风通道	> 0.30
2. 平行的两组货架或堆垛间手携商品通道，按货架或堆垛宽度选择	0.70~1.25
3. 与各货架或堆垛间通道相连的垂直通道，可通行轻便手推车	1.50~1.80
4. 电瓶车通道（单车道）	> 2.50

注：①单个货架宽度为0.30~0.90米，一般为两架并靠成组；堆垛宽度为0.60~1.80米。②库内电瓶车行速不应超过75米/分钟，其通道宜取直，或设回车场地不宜小于6米×6米。

第3.3.5条　库房的净高应由有效储存空间及减少至营业厅垂直运距等确定，并应符合下列规定：

一、设有货架的库房净高不应小于2.10米；

二、设有夹层的库房净高不应小于4.60米；

三、无固定堆放形式的库房净高不应小于3米。

注：库房净高应按楼地面至上部结构主梁或桁架下弦底面间的垂直高度计算。

第3.3.6条　商店建筑的地下室、半地下室，如用作商品临时储存、验收、整理和加工场地时，应有良好防潮、通风措施。

第四节　辅助部分

第3.4.1条　辅助部分应根据商店规模大小、经营需要而设置。包括外向橱窗、办公业务和职工福利用房，以及各种建筑设备用房和车库等；该部分所占商店总建筑面积的比例数可按第3.1.2条的规定。

第3.4.2条　商店的办公业务和职工福利用房面积可按每个售货岗位配备3~3.50平方米计。

第3.4.3条　商店内部用卫生间设计应符合下列规定：

一、男厕所应按每50人设大便位1个、小便斗1个或小便槽0.60米长；

二、女厕所应按每30人设大便位1个，总数内至少有坐便位1~2个；

二、盥洗室应设污水池1个，并按每35人设洗脸盆1个；

四、大中型商店可按实际需要设置集中浴室，其面积指标按每一定员0.10平方米计。

第五节　专业商店

第3.5.1条　菜市场类建筑设计尚应符合下列规定：

一、如因基地所限而需场内设商品运输通道时，其宽度应包括顾客避止范围；

二、商品装卸和堆放场地应与垃圾废弃物场地相隔离；

三、场内净高应满足良好通风、排除异味的要求，其地面、货台和墙裙应采用易于冲洗的面层。

第3.5.2条　大中型书店建筑设计尚应符合下列规定：

一、营业厅宜按书籍的文种、科目等适当划分范围或层次，顾客较密集的售区应位于出入方便地段；

二、营业部分宜单独设置机关供应部和邮购业务部，并可按经营需要设置书展场地（可不占营业厅面积指标）；

三、设有较大的语音、声像售区时，宜设试听小室或利用书展室兼作试看室；

四、如采用开架书廊营业方式时，可充分利用空间设置夹层，其净高不应小于2.10米；

五、开架书廊和书库储存面积指标，可按400~500册/平方米计；书库底层入口宜设汽车卸货平台。

第3.5.3条　粮油店建筑设计尚应符合下列要求：

一、营业厅内，应分设粮、油售区，收款发票台位面积可按15~20平方米计（含顾客等候面积）；

二、粮油库房宜与营业厅隔开，并应采取防火、防潮、防鼠雀等措施，同时具有良好通风和易于清扫的地面；

三、一般粮油店库房面积可按不大于营业厅面积的200%计；如按规定存放量来确定面积时，则库房总面积可按粮油堆垛总面积的170%计（含通道和空位）。

第3.5.4条　中药店建筑设计尚应符合下列规定：

一、营业厅内，配售饮片的每个售货岗位面积指标可按 20 平方米计（含顾客占用部分）；

二、营业部分如附设门诊时，面积指标可按每一医师 10 平方米计（含顾客候诊面积），但单独诊室面积不宜小于 12 平方米；

三、仓储部分建筑宜按各类药材、饮片及成药不同保存温湿度和防止霉变的要求而分设库房；

四、饮片、膏、剂加工场和煎药间均应符合卫生标准和消防规定。

第 3.5.5 条　西医药商店建筑设计尚应符合下列规定：

一、营业厅内，应按药品性质与医疗器材种类进行适当的分区、分柜。

二、营业部分如附设配方部时，应设专用调剂室，其面积为 25~40 平方米（含储药小间，其设施可参照中小门诊部调剂室）。收方发药柜位面积宜为 20 平方米（含顾客等候面积）。

三、仓储部分建筑应设置与商店规模相适应的整理包装间、检验间及按药品性质、医疗器材类别而分设库房；一般药品库应通风良好，空气干燥，无阳光直射和室温不大于 30℃。

第 3.5.6 条　专业商店附设的作坊或工场部分建筑设计，应按生产工艺要求和防火、卫生有关规范进行设计。

第四章　防火与疏散
第一节　防火

第 4.1.1 条　商店建筑防火与疏散设计，除应符合防火规范的规定外，尚应符合本章各项规定。

第 4.1.2 条　商店的易燃、易爆商品库房宜独立设置；存放少量易燃、易爆商品库房如与其他库房合建时，应设有防火墙隔断。

第 4.1.3 条　专业商店内附设的作坊、工场应限为丁、戊类生产，其建筑物的耐火等级、层数和面积应符合防火规范的规定。

第 4.1.4 条　综合性建筑的商店部分应采用耐火极限不低于 3 小时的隔墙和耐火极限不低于 1.5 小时的非燃烧体楼板与其他建筑部分隔开；商店部分的安全出口必须与其他建筑部分隔开。

注：多层住宅底层商店的顶楼板耐火极限可不低于 1 小时。

第 4.1.5 条　商店营业部分的吊顶和一切饰面装修，应符合该建筑物耐火等级规定，并采用非燃烧材料或难燃烧材料。

第 4.1.6 条　大中型商业建筑中有屋盖的通廊或中庭（共享空间）及其两边建筑，各成防火分区时，应符合下列规定：

一、当两边建筑高度小于 24 米则通廊或中庭的最狭处宽度不应小于 6 米，当建筑高度大于 24 米则该处宽度不应小于 13 米。

二、通廊或中庭的屋盖应采用非燃烧体和防碎的透光材料，在两边建筑物支撑处应为防火构造。

三、通廊或中庭的自然通风要求应符合第 3.1.10 条的规定。当为封闭中庭时应设自动排烟装置。

四、通廊或中庭的消防设施应符合防火规范的规定。

第 4.1.7 条 商店建筑内如设有上下层相连通的开敞楼梯、自动扶梯等开口部位时，应按上下连通层作为一个防火分区，其建筑面积之和不应超过防火规范的规定。

第 4.1.8 条 防火分区间应采用防火墙分隔，如有开口部位应设防火门窗或防火卷帘并装有水幕。

第二节 疏散

第 4.2.1 条 商店营业厅的每一防火分区安全出口数目不应少于两个；营业厅内任何一点至最近安全出口直线距离不宜超过 20 米。

注：小面积营业室可设一门的条件应符合防火规范的规定。

第 4.2.2 条 商店营业厅的出入门、安全门净宽度不应小于 1.40 米，并不应设置门槛。

第 4.2.3 条 商店营业部分的疏散通道和楼梯间内的装修橱窗和广告牌等均不得影响设计要求的疏散宽度。

第 4.2.4 条 大型百货商店、商场建筑物的营业层在五层以上时，宜设置直通屋顶平台的疏散楼梯间不少于二座，屋顶平台上无障碍物的避难面积不宜小于最大营业层建筑面积的 50%。

第 4.2.5 条 商店营业部分疏散人数的计算，可按每层营业厅和为顾客服务用房的面积总数乘以换算系数（人/平方米）来确定，第一、二层，每层换算系数为 0.85；第三层，换算系数为 0.77；第四层及以上各层，每层换算系数为 0.60。

第 4.2.6 条 商店营业部分的底层外门、楼梯、走道的各自总宽度计算应符合防火规范的有关规定。

第五章
第一节 给水排水

第 5.1.1 条 商店的用水量标准，应根据商店的性质、卫生设备完善程度和当地气候条件等因素综合考虑确定，并应符合表5.1.1的规定。

表5.1.1 商店用水量标准

用水项目	用水量
饮用水	2~4升/（人·天）
生活用水	20~30升/（人·天）

注：①生活用水包括洗刷、冲洗厕所用水。②商店加工生产和空调冷却用水量可按实际需要确定。

第5.1.2条　给水应尽量利用自来水压力，当自来水压力不足时，应设内部贮水箱，其贮备量按日用水量确定。

第5.1.3条　空调设备的冷却用水量按工艺要求确定。冷却水系统应根据水量大小、气象条件、空调方式等情况而定。一般采用冷却循环用水。

第5.1.4条　给水管道不宜穿过橱窗、壁柜、木装修等设施；营业厅内的各种给、排水管道宜隐蔽敷设。

第5.1.5条　设置屋顶贮水箱和敷设管道，在冬季不采暖而又有可能冰冻的地区，应采取防冻措施。

第5.1.6条　副食品商店、菜市场等建筑内应设洒水栓和排水设施。

第5.1.7条　厕所内应设置有冲洗水箱或自闭阀冲洗的便器。

第5.1.8条　排出的污废水，应根据排水要求进行处理，达到规定的排放标准，才能排入城市下水道、明沟或自然水体。

第5.1.9条　商店的营业和仓储部分建筑的消防设施应符合防火规范的规定。

第二节　暖通空调

第5.2.1条　位于采暖地区的商店建筑，当室内经常有人逗留时，宜设置集中采暖。

注：采暖面积不大于1000平方米的一般商店建筑，当无集中采暖热源或距热网较远时，可采用分散采暖（如火炉、火墙等），但必须符合防火要求。

第5.2.2条　商店营业厅开启频繁的主要大门可设置风幕。但应符合下列规定：

一、严寒地区，大中型商店营业厅，当不可能设置门斗或前室时，可设热风幕；

二、寒冷地区，经过技术经济比较认为合理时，可设热风幕；

三、设有空气调节时，大中型商店应设空气幕，小型商店可设空气幕。

第5.2.3条　商店营业厅应根据其规模大小设计通风或空调。

一、小型商店营业厅应有良好的自然通风，如自然通风不能保证卫生条件时，应设置机械通风；

二、大中型百货商店营业厅空气温度不应高于32℃，当采用一般通风降温不能满足要求时，应设置空气调节；

三、专业商店应视供应对象、商品储存时间和要求，可设置空调。

第5.2.4条　当商店营业厅设置采暖通风时，室内空气计算参数宜按下列情况采用：

一、冬季采暖计算温度宜采用16~18℃，平均风速不应大于0.3米/秒。

二、夏季通风室内计算湿度应根据夏季通风室外计算温度，按表5.2.4确定。

表5.2.4　夏季通风室内、外计算温度（℃）

夏季通风室外计算温度（℃）	≤22	23	24	25	26	27	28
夏季通风室内计算温度（℃）	≤32	32					

三、除有特殊要求外，室内相对湿度可不予考虑。

第5.2.5条　当商店营业厅设置空气调节时，室内空气计算参数应符合表5.2.5的规定。

表5.2.5　空气调节室内空气计算参数

参数名称	夏季		冬季
	人工冷源	天然冷源	
干球温度（℃）	26~28	28~30	16~18
相对湿度（%）	55~65	65~80	30~50
平均风速（米/秒）	0.2~0.5	>0.5	0.1~0.3
CO_2浓度（%）	≯0.2		
最小新风量［立方米/（人·小时）］	8.5		

第5.2.6条　商店营业厅通风设备允许噪声，顶层宜取45~55dB（A），底层宜取50~60dB（A）；当周围环境噪声级较低时，采用下限允许值，当周围环境噪声级较高时，采用上限允许值。

第5.2.7条　当计算空气调节冷负荷时，营业厅人数应包括顾客和售货员两部分，顾客人数应按星期日平均流量计算。

第5.2.8条　当计算人体散热量时，应考虑顾客和售货员中成年男子、成年女子和儿童的比例及其散热量不同的群集系数，一般可取0.92。

第5.2.9条　商店营业厅空气调节宜采用低速全空气单风道系统；有条件时，可采用变风量系统。

第5.2.10条　商店营业厅空气调节，空气处理宜采用喷水室或带喷水的冷水表曲式冷却器；冬季不应加湿。

第5.2.11条　机械送风系统（包括与热风采暖合并的系统）的送风方式应采用上侧送；当有吊顶可以利用时，可采用散流器直送。

第5.2.12条　大门热风幕或空气幕宜采用自上向下送风，条缝和孔口处的送风速度应保证气流射向地面；热风幕送风温度不宜超过50摄氏度。

第三节　电　气

第5.3.1条　商店建筑电气负荷，根据其重要性和中断供电所造成的影响和损失程度而分级，并应符合下列规定：

一、大型百货商店、商场的营业厅、门厅、公共楼梯和主要通道的照明及事故照明应为一级负荷，自动扶梯和乘客电梯应为二级负荷；

二、高层民用建筑附设商店的电气负荷等级应与其相应的最高负荷等级相同；

三、中型百货商店、商场的营业厅、门厅、公共楼梯和主要通道的照明及事故照明、乘客电梯应为二级负荷，其余应为三级负荷；

四、凡不属于本条一至三款的其他商店建筑的电气负荷可为三级负荷；

五、在商店建筑中，当有大量一级负荷时，其附属的锅炉房、空调机房等的电力及照明可为二级负荷；

六、商店建筑中如设电话总机房，其交流电源负荷等级应与其电气设备之最高负荷等级相同；

七、商店建筑中的消防用电设备的负荷等级应符合相应防火规范的规定。

第5.3.2条　商店建筑的照明设计，为达到显示商品特点、吸引顾客和美化室内环境等目的，应符合下列要求：

一、照明设计应与室内设计和商店工艺设计统一考虑；

二、对照度、亮度在平面和空间均宜配置恰当，使一般照明、局部重点照明和装饰艺术照明能有机组合；

三、为表达不同商店、商场的营业厅的特定光色气氛和商品的真实性或强调性显色、立体感和质感，应合理选择光色间对比度、不同色温和照度要求。

第5.3.3条　各类商店建筑的一般照明，在距地面0.80米参考水平工作面处的推荐照度值可参照表5.3.3的规定。

第5.3.4条　大中型百货商店、商场宜设重点照明，各类商店、商场的收款台、修理台、货架柜（按需要）等宜设局部照明，橱窗照明的照度宜为营业厅照度2~4倍，货架柜的垂直照度不宜低于50lx。

第5.3.5条　商店、商场营业厅照明，除满足一般垂直照度外，柜台区的

表 5.3.3　一般照明推荐照度

房间或场所名称	推荐照度（lx）
百货自选商场（超级市场）的营业厅	150~300
百货商店、商场、文物字画商店、中西药店等的营业厅及选购用房	100~200
书店、服装店、钟表眼镜店、鞋帽店等的营业厅及选购用房	75~150
百货商店、商场的大门厅、广播室、电视监控室、美工室和试衣间	75~150
粮油店、副食店等的营业厅	50~100
值班室、换班室和一般工作室	30~75
一般商品库及主要的楼梯间、走道、卫生间	20~50
供内部使用的楼梯间、走道、卫生间、更衣室	10~20

注：①表中推荐照度适合任一种光源。②设在地下层（室）内建筑物深处的商店营业厅，如无天然光或天然光不足时，宜将表中推荐照度提高一级。③当采用荧光灯等气体放电光源时，其推荐照度不宜低于30lx。

照度宜为一般垂直照度2~3倍（近街处取低值，厅内深处取高值）。

第5.3.6条　商店建筑营业厅内的照度和亮度分布应符合下列规定：

一、一般照明的均匀度（工作面上最低照度与平均照度之比）不应低于0.6；

二、顶棚的照度应为水平照度的0.3~0.9；

三、墙面的照度应为水平照度的0.5~0.8；

四、墙面的亮度不应大于工作区的亮度；

五、视觉作业亮度与其相邻环境的亮度比宜为3:1；

六、在需要提高亮度对比或增加阴影的地方可装设局部定向照明。

第5.3.7条　按不同商品类别来选择光源的色温和显色性，并应符合下列规定：

一、商店建筑主要光源的色温，在高照度处宜采用高色温光源，低照度处宜采用低色温光源；

二、按需反映商品颜色的真实性来确定显色指数Ra，一般商品Ra可取60~80，需高保真反映颜色的商品Ra宜大于80；

三、当一种光源不能满足光色要求时，可采用两种及两种以上光源混光的复合色；

四、各类商店建筑常用光源的色温、显色指数、特征及用途可参照表5.3.7的规定。

第5.3.8条　对防止变、退色要求较高的商品（如丝绸、文物、字画等）应采用截阻红外线和紫外线的光源。

表 5.3.7　商店建筑常用光源的色温、显色指数、特征及用途

光源		色温（K）	显色指数（Ra）	主要特征	主要用途
白炽灯类	白炽灯	2400~3000	0~100	• 亮度高 • 发光效率低、发热大 • 稳重、温暖 • 寿命短	• 营业厅部分照明，或主工商品的局部或重点照明 • 低照度营业厅可作一般照明 • 高照度面积大的营业厅，不宜作一般照明
	卤素灯	3000	0~100		
气体放电灯类	荧光灯	6500（日光色） 4800（白色）	63~99	• 扩散光发光效率高 • 色温、显色性的种类多 • 寿命长	• 营业厅的基本照明 • 可按各类商品要求，选择色温和显色性
	荧光水银灯	3300~4100	40~55	• 发光效率高 • 单灯可获得较大光束 • 显色性差 • 寿命长	• 多用于商店外部照明
	金属钠盐灯	3800~6000	63~92	• 效率高，显色性好 • 外管有透明和扩散型	• 用于商店的人口 • 商店内的高顶棚 • 小瓦数用于局部照明和点光源

第 5.3.9 条　一般商店营业厅在无具体工艺设计情况下有使用灵活性，除其基本的一般照明可作均匀布置外，可在适当位置预留插座，每组插座容量可按货柜、货架为 100~200W 及橱窗为 200~300W 计算。

第 5.3.10 条　商店建筑应装设各类事故照明，并应符合下列规定：

一、大型百货商店、商场的营业厅（含高层民用建筑附设的这类商店营业厅）应装设供继续营业的事故照明，其照度不应低于一般照明推荐照度的 10%。

二、中型百货商店、商场的营业厅：如由两个高压电源供电时，宜按一款处理；如由一个高压电源供电时，应装设供人员疏散用的事故照明，其照度不应低于 0.5lx，并应设置应急照明灯；供电方式宜与正常照明供电干线自低压配电柜或母干线上分开。

三、其他商店的营业厅，可按实际需要，装设供人员疏散的临时应急照明灯。

四、事故照明不作为正常照明的一部分使用时，必须采用能瞬时点燃的光源，其电源应为自动投入；如事故照明作为正常照明一部分使用时，其电源可不需自动投入，应将两者的配线及开关分开装设。

五、值班照明宜利用正常照明中能单独控制的一部分，或事故照明的一部分或全部。

第5.3.11条　商店建筑宜采用铝芯导线；大中型百货商店、商场的营业厅、电梯、自动扶梯、事故照明、易燃品库等则宜采用铜芯导线。

第5.3.12条　商店、商场的电脑系统、闭路电视系统、电话电声系统以及防火防盗系统等设计应执行有关专业规范、规程的规定。

附录一　名词解释

1. 百货商店：销售多种类、多花色品种（以工业制品为主）的商场，经营民用商品的商店或商场。

2. 专业商店：专售某一类商品的商店。

3. 菜市场类：销售菜、肉类、禽蛋、水产和副食品的场、店。

4. 自选商场：向顾客开放，可直接挑选商品，按标价付款的（超级市场）营业场所。

5. 联营商场：集中各店铺、摊位在一起的营业场所，也可与百货营业厅并存或附有饮食、修理等服务业铺位。

6. 步行商业街：供人们进行购物、饮食、娱乐、美容、憩息等而设置的步行街道。

附录二　本规范用词说明

一、为便于执行本规范条文时区别对待，对其中要求严格程度不同的用词说明如下。

1. 表示很严格，非这样做不可的用词

正面词采用"必须"；

反面词采用"严禁"。

2. 表示严格，在正常情况下均应这样做的用词

正面词采用"应"；

反面词采用"不应"或"不得"。

3. 表示允许稍有选择，在条件许可时首先应这样做的用词

正面词采用"宜"或"可"；

反面词采用"不宜"。

二、条文中指明必须按其他有关标准、规范执行的写法为"应按……执行"或"应符合……要求或规定"。非必须按所指定的标准或规范执行的写法为"可参照……执行"。

第四章 酒店建筑规划设计实用手册

一、设计应迎合客人心理需求

1. 酒店的投资人要迎合客人的心理需求才会产生好的回报，而实现这个需求是酒店设计者的天职。在不少名牌酒店里，客人一步入大门立刻就会感到一种温暖、松弛、舒适和备受欢迎的氛围。这一点很重要，因为每一位客人来到酒店之前，他的心里会对酒店怀有一种潜在的期待，渴望酒店能够具备温馨、安全的环境，甚至渴望这个酒店会给他留下深刻印象，最好有点惊喜，并使这一次经历成为他生活的一部分。

2. 抓住客人心理，使客人感到亲切，让客人的潜在期望值获得较高的实现，这是无论大小酒店共同追求的生存秘诀。当今世界上很多酒店的设计和经营实际上都已自然而然地奉行着这一原则，除非酒店的老板不想赚钱。姑且不谈诸如迪斯尼或者拉斯维加斯那些大型的、令人难忘的主题酒店，即使是我们日常生活中常见到的酒店也应该认真考虑这个问题。

3. 酒店的类型。一般分为商务酒店型、度假酒店型、集中高层型、园林分散型等，其实都还是从功能上看待和区分酒店建筑类型。建筑类型一定要与功能一致。如在一个著名景区城市做一个旅游度假酒店项目，结果建筑设计方案竟然与人民大会堂很相似，试想想看这怎么能给人以休闲放松的感觉。作为旅游区的度假酒店，建筑要让人感到亲近和放松，应当与周边环境、自然风光、民俗特色和谐相处。比如夏威夷和三亚的酒店，穿着西装走进去就想马上脱下来。

二、设计应体现地域文化

关于酒店内部的规划和设计问题，同一品牌的酒店在不同地区、不同文化背景下，可以采用不同的设计，以体现出地域的文化特征，这一点很重要。设计师应该做到，客人一进入酒店，就知道自己身在何方。当然，这可能需要通过不同的形式来表现：如艺术品的陈设、雕塑的摆放、不同家具和地毯的采用等，因为不同文化背景和不同地区的差异会通过这些物品鲜明地表达出来，从而给人以感染。但是，这些陈设必须恰如其分，过分的装饰未必带来好的效果。就酒店大堂举例说，设计到位的大堂应该做到当客人来到这里时，即使没有人为他提供服务，他也应该感到温暖，就像回到家一样。这就要求大堂里所能看到的某一样或几样东西和客人是相通的，可能是家具、灯饰，可能是陈设，也可能是一种色彩，一块特殊的材质。这样的酒店为这些客人实现了文化价值观和生活方式的延伸，而且会和他们的个性相通，从而使酒店的回头客越来越多。真正的专业酒店设计师应该懂得这一点，并具备这样的经验和修养。实现了客人"心理期待"，也就符合了酒店经营者的最大利益。

三、设计应考虑酒店各分部利润的获得及匹配而使得酒店总体利润达到最大化

一些中国酒店的主要问题是客房与公共区域所占的比例不够合理，有时候体现在餐厅、咖啡厅过多，公共面积过大。其实，酒店在设计时应充分考虑未来经营并以获取利润为主要出发点。一个完美酒店的根本宗旨不是显耀自身，也不是仅仅让人观赏，而是如何使其适用和赢利。合理的客房数量，配有与其相适应的餐厅、咖啡厅等，这些都是有国际标准的。当然，在中国的一个五星级酒店里，必须设一个与其相衬的高档中餐厅，这显然是很必要的，因为它是酒店体现人气的重要部分之一。而宴会厅是否一定需要，则应依不同的情况而定。总之，公共面积应该尽量合适，而不是求大，客人期待的是一个宾至如归的酒店，并不是一个大展馆。

四、 酒店风格的作用

1. 一些成功的酒店一定有自己的风格。当今世界是一个时尚的世界，而在不同的地区会有不同的时尚。时尚引导了风格和档次，从酒店的角度而言大约可分为两大类：

（1）第一类是大型的豪华酒店，如君悦（GrandHyatt），他们大量采用大理石和高档玻璃，并在照明方面颇为讲究，体现豪华氛围。

（2）第二类则趋于传统，如里兹·卡尔顿（RitzCarlton），他们更多采用了木制品，坐椅、沙发和老式花纹地毯，尽可能给人以舒适典雅的感觉。

2. 而万豪与以上风格的定位都有所不同，而且也更难一言以蔽之。万豪在

不同国家，不同区域，都会采用不同的设计。即使在美国，北方和南方的万豪风格也是不一样的；在中国的上海和其他地方，万豪也有所不同，这都是为了更好地体现地域文化。但是，万豪对设计的要求也有共同之处：

（1）要从客人的舒适度下工夫，以人为本。

（2）使万豪酒店的功能布局最大合理化，包括：酒店的客房数量和公共区域的比例，酒店的合理化流程等。

（3）不做过多的装饰，因为这样会对客人产生一种强迫感。这样做的目的，主要因为万豪的客人大部分是商务客人，而商务客人的心理期待由于其自身的阅历，往往既高又挑剔。

3. 除以上外，其他酒店也都会有自己不同的市场定位，根据不同的定位，应采用不同的设计手段。例如经济型酒店。同样是经济型酒店，也会因为有不同的市场定位，而产生不同的形式和风格。如专门接待开车族家庭旅游的，接待旅游团队的，也有专门接待商务散客的。经济型酒店基本上以客房为主，常常没有很多公共经营区，有的只需要一个自助区域做餐厅就可以了。所谓经济型酒店是指相对投资少、见效快、资金回收率较高的酒店。

4. 当一个新酒店项目启动之时，相关的机构包括业主、投资人、管理公司、设计单位等，应该是同时开始进入。实践证明这样的方式对酒店建设和经营十分重要，也是最理想的。然而，很多时候做不到这么理想，也就是说在一个新项目启动时，由于这样那样的原因，不是所有的方面都能及时到位。这就可能会给酒店在建设过程中增加困难，也会在设计、经营和管理方面造成一种长久的遗憾。

5. 采取中外设计师合作的方式应该是最理想的。酒店业在西方已有上百年的历史，并早已进入成熟阶段。中国的酒店业，起步相对比较晚。在中国，新建酒店时，尤其是大型、高档酒店，采用中外合作设计，既能够让中国的酒店业主吸收到国际上先进的理念，又能够充分体现中国的特色，以达到最合理的功能布局，创造出好的风格，并根据市场定位，提高酒店的经营效率。

五、从酒店整体的角度对酒店建筑设计提出的要求

1. 酒店建筑设计应当符合酒店经营战略的需要，应当满足酒店管理和服务的要求。

（1）酒店建筑应当具有明显的酒店特征，一眼看上去就知道是一个酒店，而不是写字楼或公寓楼，这是酒店建筑外观设计中最重要的要求。

（2）建筑设计应当满足酒店经营的需要，比如酒店外墙应当预留酒店名称

的位置，酒店名字需要在很远就被人们所看到，但是这个看似简单的问题却经常被忽略。又比如我们现在提倡酒店的餐饮、娱乐和康体等服务设施尽量社会化，因此需要为这些服务项目树立独立的形象，包括独立的入口、独立的室外招牌等，建筑设计时应当充分考虑这些要求。

（3）在面积分配和平面布局方面，不同酒店有不同的要求，比如大堂的大小和布局、餐厅的位置和数量、客房的样式、室内外交通组织等，需要设计师与酒店顾问或酒店管理公司充分地沟通。

2. 当代科技的发展对酒店建筑的设计影响主要体现在建筑节能和环保方面。酒店是高耗能型企业，能源费用很高，按目前态势以后会更高，所以非常有必要推行节能和生态建筑设计理念。与写字楼或住宅项目不同，节能建筑将会给酒店业主带来直接的和长期的收益。我们必须关注节能生态建筑的发展动态，在我们策划酒店项目时，应该向建筑设计师提出这方面的要求。

3. 设计有较大缺陷的酒店建筑将会给酒店带来很大的后患。现在很多建筑设计师都因为项目太多、太忙，没有时间认真研究酒店建筑设计的发展趋势；有的根本缺乏酒店设计经验；有的还按照老传统设计酒店；还有的是按照评星级标准设计酒店。这样做是非常错误的，要出大问题的。酒店的经营战略、管理方法、服务理念等方面都在不断发展和变化，对酒店建筑的要求也不断发展和变化，比如大堂，以前要表现酒店的豪华气派，大堂面积都很大，现在追求主题效果和商业利益，堆满大理石的又高又大的大堂已经被认为是浪费和暴发户心态了，无效面积的增加导致建设成本增加，却不能给酒店带来任何经营效益，这一点是我们经常看到的错误。我们建议设计师要与酒店顾问多沟通，充分了解酒店的定位和经营战略，了解酒店经营管理者对酒店设计的要求，不要因循守旧，也不能简单地"按标准行事"。

六、酒店建筑设计上的一些问题

1. 酒店建筑设计方面主要存在的问题是设计与经营管理要求脱节，还有就是建筑节能和环保问题没着重考虑。

一个设计单位曾提交的设计方案采用了大面积的玻璃幕墙，其实设计师根本不了解当地气候情况，在那里夏天很长，阳光照射非常厉害，男人出门都要打伞，用这么多玻璃幕墙将会消耗多少能源。

酒店室内设计方面落后，比如以前酒店客房的装修档次和环境效果比我们家里要好多了，但现在很多五星级酒店的客房都不如一个白领家庭装修得好。

关于竞争优势，如果说酒店经营管理水平是软的，不好还可以换管理公司，而酒店建筑和室内设计就是硬的了，不好也没办法换了。如果我们建筑节能做得好，以后经营成本可以大大降低，这是老酒店无法追赶和学习的竞争优势。所以我们推荐酒店业主要找最好的设计公司，要给设计师充足的时间，要反复讨论设计方案。还有设计同质化问题，其实这也是竞争优势问题，如果我们新建的酒店不能在设计上比其他老酒店更符合市场要求，更新颖，对客人更有吸引力，那我们就犯了非常严重的错误，就相当于放弃了竞争有利的机会。

在科技理念、节能理念、生态理念方面我们要帮助业主详细地测算节能建筑需要增加多少投资，以后每年能节约多少能源费用，多少年能收回增加的投资，还要帮业主了解当地政府对节能项目有什么优惠政策。

2. 在请建筑设计公司之前，酒店业主应先找酒店顾问。先搞清楚这个酒店如何定位，以后怎么经营，怎么赚钱，然后再根据酒店顾问提出的设计要求请设计公司进行设计，也就是先做酒店可行性研究和策划，然后再做设计，这是事半功倍的做法。

另外设计管理也是非常重要的，很多酒店业主缺乏检查和评估设计方案的能力，大都关注好不好看，其实更重要的是好不好用。我们经常碰到一种情况，向设计公司提供设计要求说明书后，出来的方案有很多面积我们都不知道该做什么用。酒店顾问应当全程参与和负责设计管理，帮助业主与不同阶段的设计单位沟通，保证各阶段设计都能符合经营管理的要求，都能保持统一设计的风格，要求设计师认真对待预算控制问题。

七、交通是酒店的命脉

1. 酒店里的交通系统好比人体中的血脉，不可不顺，不可阻塞，不可过长，不可超负荷，更不可错位、断裂。这个道理说起来人们都不难接受，但在酒店建设项目的规划中，却常常会被淡化和忽略，特别要记住的是：还有更多显得十分重要的设计原则和设计要求会出现在业主的论证文件、可行性研究报告和招投标文件中。

2. 我们非常赞同酒店项目定位的全面性，只是想特别强调一下"交通"的重要作用。在酒店总体规划中，交通设计是无形的，很多交通因素的作用力达到人们难以预想的程度，这些多层次深入的思考虽然已经在平面图上表达了，但却无法使人一目了然。只有极富经验的酒店职业经营者才会深谙其道，洞察其真。老子说："凿户牖以为室，当其无，有室之用。"是说砌墙开窗才有房屋，可墙、窗本身不能住人，只有被墙、窗围合起来的空间才有作用。这是老子"无为而为"的哲学思想，用来理解酒店交通的性质倒是十分恰当。"无形"

的交通操纵着"有形"酒店的健康，这是无法回避的事实。

3. 酒店交通的规划和设计包括室外和室内两大范围，又包括横向交通和纵向交通两种性质，还包括机动车、人、货物、布草、垃圾等不同的类别，以及客用、员工用、消防用、设备用等流程上的区别。在划分这些性质、类别之后就要依据酒店的经营定位、规模、投资能力等因素对交通进行量化的计算和结构系统的设计，包括远与近、高与低、快与慢、宽与窄、通与断的合理调剂与平衡，包括考虑交通结构形式、交通设施的选择会给投资造价、经营效率、管理成本和酒店整体形象，以及对客人的方便性、舒适性，对员工和服务的促进、便利程度，对安全和卫生的影响，对设备运行效果的影响，等等。

4. 在多年为酒店做规划设计的实践中，我们对交通设计好坏给酒店带来的利与弊真是深有感触。这种感触随着经历项目的增多越加强烈。有个别投资比较大、看起来也很豪华气派的大饭店，内部交通的安排却无章可循，一塌糊涂。该分离的混在一起了，该隐蔽的暴露了，该近的远了，该快的慢了……结果使服务标准大打折扣，维护成本上升，设备运行效果不理想，员工人数不得不增加。当酒店老总为此发愁时才发现，即使进行装修改造，也很难改变交通结构的病根。有形的错误好改，而无形的错误一旦产生，要改就难了。所以说交通是酒店的命脉不算夸张。

5. 但愿我们的酒店投资者、设计者都真正重视起"酒店交通设计"这个大题目，做好这个题，酒店就能真正"活"起来和"火"起来了。

八、新建和改造的各类酒店

1. 对于投资新建的酒店，设计师们必须用他们的智慧、创造力、想象力设计出代表当今最先进的新思维、新观念、新创意的商业及娱乐修养场所。经过技术性、理念性的创作，利用科学技术手段，采用先进的设施和装饰材料，它们总能自然而然地产生较为完美的设计效果。无论旅游者和投资者的要求怎样，酒店的规划设计都能被较充分地满足。

2. 要搞好酒店的规划设计首先要分清并确定酒店的类型。也就是说要建成什么样的酒店，是纯商务性的酒店，还是旅游性的城市酒店；是旅游胜地酒店还是休闲旅游度假酒店。要分析酒店所处地理位置、周围的经济环境、自然环境、文化、历史。分析入住酒店的客源情况，得出各类客人所占客源的比例。由于客源的不同，在对酒店的功能要求上、空间的使用上以及设施安排上的要求也就各有不同。

设计是为经营者服务的，就是要方便酒店的管理经营。

设计还要符合不同类型客人的需要，使环境与客人之间产生一种自然而然的亲切交流感。在今后的数十年中，以休闲为主的度假类酒店将成为发展趋势。特别是在发达国家人们追求物质与精神享受的愿望不断增长，他们要求此类酒店不仅仅要有健身、休闲娱乐活动等设施，还关心食物的选择及各种旅游项目的安排。他们要求度假村周围应有许多新开发的具有鲜明地区特色的、充满丰富历史文化内涵的自然旅游风景区。旅游者越来越关心我们这个星球上的生活质量问题。作为设计师就是要为实现他们的愿望而努力工作。

3. 在欧美地区，城市酒店包括商务性酒店、会议性酒店、休闲旅游性酒店。这些酒店有相当一部分是为从事商务活动的客人服务的。城市酒店发展得越来越像写字楼，一些大的公司把城市酒店当成了在房间里做生意的场所。这就要求我们不能沿袭过去的一些传统设计模式，需要在每个客房中多安排一些具有里外间功能的套房，装有活门，这样有利于安排办公使用。同时需要有更多的商业办公设施，如安排方形的办公桌、班椅、双线电话、互联网的接口、多功能的传真等设施。

4. 过去人们都习惯于商业旅游，进住酒店的大部分客源是经商的商人。近年来由于各国旅游业的发展，进住酒店的则更多的是为休假而旅游的客人。这些休假旅游者占到了整个客源的相当一部分。来自世界各地的旅游者们，他们有不同的传统观念，不同的生活习惯和方式，不同的民族意识和宗教信仰，他们的要求各有不同，也各有侧重。如何满足这些旅游者的不同需要，如何设计出他们最为满意的酒店是设计师在设计时要充分给予重视的。

对于酒店的翻新改造，在西方有一种思潮叫做古典酒店至上。西方的一些老酒店确实很辉煌、很漂亮，它们从某种意义上讲代表着一个时代、一段历史。经过翻新改造，可再现其传统的无与伦比的效果。上海也有一些同样辉煌的老酒店。通过改造老酒店可以得到一个不可比拟的财产，像得到了一本古典的书，将它珍藏起来具有收藏保护价值。但是不论你是多么爱好古典酒店，也要面对一个现实，改造中要符合原有的建筑尺寸和保持原有的建筑及室内的装饰风格，做得不好不但浪费了资金，而且还破坏了其原有的风貌。也就是应该看到要使老酒店改造成功并尽快收回投资，对于设计师和建筑商来讲将会面临许多困难，同时也应看到用于酒店翻新改造的巨额投入足足可以建造一个新的酒店，倒不如把资金投入到建立新型的酒店，更具有现实意义。

5. 设计建造一个好的酒店就是生产一种好的产品。不同的市场环境与需求需要不同的产品，这是由市场规律所决定的。这个产品的制造过程需要设计师超前的设计、工程公司的精心施工、酒店业主的精明管理，只有这样才能赢得市场。根据市场的变化，要及时调整设计的理念，积极地探索创新，为酒店赢得更大的市场空间是设计师需要面对和解决的问题。如何将巨大的资金投入转换成利润，对于投资者而言，能把对路的产品放到有需求的市场中去，是极其重要的。

九、酒店的室内设计

1. 酒店的室内设计分三个阶段进行：
（1）方案设计也可称为创意设计。
（2）深入设计也称为扩初设计。
（3）施工图设计。
在这三个阶段中每一步设计都是有章可循的。在酒店规划与设计中，先要做好整体规划，这期间设计公司要派出项目设计师考察现场，与投资者讨论明确酒店全部的规划设计内容。确定设计方案并形成会议纪要。方案设计阶段要根据酒店的设计风格确定内部、外部所使用装饰材料，如布料、家具、灯具、地毯、卫生洁具、墙面、地面等，并提供这些材料的实物样品、供应商及价格，测算出工程总造价。做出平面、立面图的 CD 光盘，编写方案设计说明书，包括反映主要活动场所的透视效果图及体现设计师设计意图的图片。透视效果图是根据已选定的所有装饰材料而绘制的，效果图只是作为设计说明书的补充说明。

2. 要提高设计水平，就要从设计方法和设计流程上与国际先进的方法接轨。尊重设计的知识产权保护，要鼓励创新，反对千篇一律，反对一味模仿，盲从跟风。特别是要防止似是而非、似曾相识。所谓创新即要求设计师既要善于发现新材料，敢于使用新材料，又要敢于打破酒店设计的传统模式，打破在原有特定设施上的约定俗成的不变形式。

现在有一种现象，就是先出几张效果图，这时所有使用的装饰材料并不确定，待认可后再去找，再去配置装饰材料，也就是说设计效果图不是根据设计师精心选定好的各种室内装饰材料而绘制，这对提高设计水平是十分不利的。

3. 要与设计师进行深入的沟通，不能认为设计只是设计师的事情。
投资者先让设计公司出一部分效果图实际上是存在于酒店规划与设计中的一种误区。可以设想一个需要投资数千万元资金甚至上亿元资金的酒店项目，如果不规范设计程序，不按照一定的设计程序有条不紊地进行设计，势必会带来不可弥补的损失，从某种意义上讲这就是一种严重的浪费。用"效果图"来判断设计公司的设计水平是不科学的。另外有些投资者为了节省开支，把设计工作包给了施工公司，由施工公司总承包，施工公司既设计又施工，这样好像节省了设计费用，但并不能保证获得高水平的设计成果。事实上一个好的酒店设计，绝不是设计师独立完成的，它离不开一个精明投资者的积极配合和献计献策。酒店规划设计是一项系统工程，在国外酒店规划设计已形成专业化并由专业设计公司来完成。

十、中国酒店室内设计的现状

中国室内设计在新中国成立后慢慢起步并发展起来。中国的酒店业设计同样如此，20世纪50年代至70年代几乎没有自己的室内外设计，寥寥无几的如北京饭店也只不过是50年代俄罗斯古典主义与中国传统装饰符号相混合的设计样式。

80年代实行全面的改革开放，经济高速增长，国内一时大兴酒店，但是在此之前，中国室内设计尚未经历以现代主义建筑业为特征的发展阶段，后现代主义的多元思潮又接踵而至，设计界一时天下大乱。中国的酒店设计从借鉴模仿中艰难起步呈现出五花八门、鱼龙混杂的局面。在此，我们暂不论其风格的差异和水平的高低，就其过程而言，在不到20年的时间内，中国室内设计迅速走过了西方国家近百年的发展历程。

1. 大批酒店设计千篇一律，缺乏特色和创意。

在中国各大城市众多的星级酒店，无论是酒店规划、建筑设计、功能布局或室内风格、手法、材料乃至客房的样式都惊人地相似，导致经营疲软，竞争无力，给国家和投资方造成大量的损失。这其中的原因，有的是因为建筑设计单位缺乏经验，如交通流线组织不合理；或者重视前台，轻后台；也有的是因为室内设计师不负责任的"拿来主义"导致的。

其实，每个酒店因为所处的城市、地区以及相邻建筑，当地人文及生态环境的不同，业主投资以及酒店经营或管理公司不同，市场定位的不同，完全应该有不同的气质和特色。

在国外的发达国家，一个酒店从立项到建成一般要3~5年时间，通常一开始业主就会和建筑设计、酒店设计专业公司，酒店管理公司作市场的分析和定位，而设计师必须深刻了解该酒店的市场定位，深刻地研究如何创造酒店的形象并使其功能全面合理化，最终才能成功造就一个酒店。因此，室内设计要坚决反对抄袭之风，真正地根据每个酒店不同的要素，创造出各自的特色和形象来。

2. 室内设计重视墙面装饰，而灯具、家具、艺术陈设却苍白无力。这个问题在国内众多酒店中是普遍现象。

酒店是个特定建筑围合的空间，它不仅要满足人们住宿、餐饮的要求，还要满足会议、商务、娱乐、健身诸多方面的需求。它不仅是功能上的，还是精神上的，要让客人在入住酒店的同时，经历文化的感染和艺术的熏陶，无论商务还是度假，都有一种惊喜的体验，而这种经历的来源除空间的装饰处理外，就是酒店中精致的灯具，时尚的家具和丰富的艺术陈设了。

酒店空间不同于其他公共建筑，它一定有个特定氛围：从色彩、灯光到布艺配置，到水杯的款式都要求十分考究。国内大多数中档酒店从大堂到客房甚至次要的消防通道一律用大量石材装饰，满墙的高档材料，装修界面极为奢华，但是家具、灯具和工艺品都极为低劣，这样的酒店谈何"氛围"，客人哪里还能宾至如归。因此，设计师们一定要合理地控制造价，突出重点，帮助业主在硬装饰和软装饰方面合理调配，有的放矢，用有限的资金创造最佳的艺术效果。

3. 国内很多设计师不重视客房设计。

客人入住酒店，大部分时间均在客房度过，面对生活水准和鉴赏力都日渐提高的客人，国内大多数酒店客房无论从功能、面积、户型到客房中家具的款式、布艺、地毯的颜色，甚至在酒柜、衣柜的做法上都惊人的相似。

实际上不同的客人有不同的需求，首先商务客人有技术需求：宽带网、电子邮件、移动电话、手提电脑，这些都需要设计师把其功能加以布置；其次，床是至关重要的，这是客人在房间里使用时间最长的地方，一定要大而且质量要高；最后，浴室、淋浴、浴缸、洗脸盆和坐便器，最好做到干湿分区。

4. 客房是酒店创造效益的主要部分，客房设计不是一件容易的事，其设计要最大限度体现对客人的关怀，因为客人对客房的要求远比对大堂、餐厅的要求更细。

客房设计不好、不精、不方便，不仅对客人不好，也会降低酒店的档次。客人入住酒店支付了许多钱，设计师一定要有创意，客房里的颜色、款式、灯具、家具、艺术陈设最好用客人未曾见过的。努力带给客人一个惊喜。比如，一个意想不到的别致的电视柜，一个软软的舒适的休息沙发，一组精美的大枕头，甚至一组插花，一个精巧的小书架。让客人感到惊喜的，富于异国情调或是某种历史、地域文化的创意，以及那些细致的，使用新材料、新工艺、新技术的设计，无论是空间造型、色彩组织，还是灯具、家私和艺术小品、五金制品，只要是打破常规富于创新的，客房的魅力和价值就会被极大地发现，酒店也就会富有特色和备受赞誉。

十一、酒店设计的发展趋势

1. 随着综合国力的增强以及华夏大地东西南北丰富的民俗和旅游资源，酒店已从单一的商务酒店向会议酒店、公寓酒店、主题酒店和休闲度假酒店多元发展，在近二十年城市商务酒店发展的高峰期后，在今后的数十年中，势必迎来会议酒店、主题酒店尤其是休闲度假酒店的发展良机，这些酒店无论是选地规划还是功能分布均与城市商务酒店不尽相同。客人们要求此类酒店不仅仅是要有健身、休闲娱乐活动等设施，还关心对食物的选择及各种旅游项目的安排，他们要求酒店所处的景区应有鲜明的特色、丰富的历史文化内涵。

会议酒店既要安排会议中心，还要有不同中、小型会议室，另外根据会议中心所接待的人员数，安排好会议就餐的大、中型餐厅以及配套设施。

2. 环保、绿色，可持续的具有民族和地域特色的设计，将是未来中国酒店设计发展的方向。在风格多样、百花争艳的同时将最终形成自己的新民族特色。

酒店设计应高举环保、绿色和可持续发展的大旗，坚持吸收本地、本民族和民俗的母体文化。使酒店体现出一种独特的文化个性，从而确定每个酒店各自的形象。因此，酒店设计师要研究项目所在地"文化"，包括地域文化、民族文化、历史文脉，在最初方案设计中如能准确、合理地定位好酒店的文化内涵，酒店就具有了深厚的文化底蕴和无穷的魅力，从而带给客人的享受不仅仅是生理上的，还是情绪上的，并且是心灵上的。

3. 在注重本土文化的同时，风格日趋现代、简约和时尚。

建筑与室内设计走到今天有太多的风格和主义。世界酒店设计的潮流经过剧烈的震荡或超越后，再次迎得了新的平衡。

酒店设计师也将新古典和欧陆风琐碎的装饰抛在一边。去繁从简，以清洁现代的手法隐含复杂精巧的结构，在简约明快干净的建筑空间里发展精美绝伦的家私、灯具和艺术陈设。

要让酒店保持时尚，酒店设计师就要独立创新和标新立异。这是一个长期而永不间断的工作。设计师要有新思想、新创意，这种对新技术和时尚的追求才会使酒店生命之树常青。

十二、酒店设计师的责任

随着中国的"入世"，经营的迅猛发展，丰富的旅游资源和日渐高涨的多元审美需求，引用国外设计事务所的艺术，为中国设计师带来新的挑战与希望，作为酒店设计工作者，只有通过不断吸取新的理念、新的技术，不断补充和发展传统，让新与旧在不同层次，不同环境中共生、互利、融合、转化，让新的理念和方法及时、择时地发挥作用，酒店建筑及室内设计才会更理性、更全面、更健康地发展。总之，经过近20多年的发展，我们的酒店已开始走向成熟和理性化，现今的酒店在规划设计方面，也开始将酒店功能文化、建筑环境与酒店的经营目标完美地结合，并互相促进，形成酒店经营特色和竞争优势。可持续发展战略已在全世界确立，全球一体化的趋势是物质和文化的共享，我们要加强保护人类文化遗产和人居环境的传统风貌。我们还要正确面对外来文化的艺术，拿出新的朝气、新的原创及远见，开创多元化的具有自己民族地域文化特色的现代酒店室内设计新局面。

时至今日，中国最大型最高档次的酒店被国外著名设计公司垄断，这些世界级的大师以及大批留学归国的学子带来了先进的思想、方法和技术，为中国酒店设计作出了贡献，也使我们看到了努力和前进的方向。

中国本土设计师自20世纪90年代从模仿和抄袭阶段成熟起来，开始引用创新理念，不断探索和创作出主题新颖、文化内涵丰富、风格手法独特、带有明显地域特点和东方文化的优秀作品。尤其是近年，一些有思想的设计师开始研究自己的母体文化，探索着一条有中国特色的新民族主义道路。比如西安的唐城宾馆改造工程、常州大酒店的设计，设计师均有较为独特的见解和创新；同时，我们还应该清醒地认识到，中国酒店自己的设计水平与世界发达国家的设计水平还有很大差距，我们很多设计师设计时还缺乏创新意识，缺乏文化底蕴。

附录　旅馆建筑设计规范

JGJ62—90

主编单位：建设部建筑设计院

批准部门：中华人民共和国建设部

中华人民共和国商业部

国家旅游局

施行日期：1990 年 12 月 1 日

关于发布行业标准《旅馆建筑设计规范》的通知

（90）建标字 310 号

根据原城乡建设环境保护部（84）城科字第 153 号文及（84）城设字第 162 号文的要求，由建设部建筑设计院主编的《旅馆建筑设计规范》，经建设部、商业部、国家旅游局审查，现批准为行业标准，编号 JGJ62-90，自 1990 年 12 月 1 日起施行。在施行过程中如有问题和意见，请函告建设部建筑设计院。当设计旅游涉外饭店时，应有明确的星级目标，其功能要求应符合有关规定。

建设部

商业部

国家旅游局

1990 年 6 月 20 日

第一章 总 则

第 1.0.1 条 为使旅馆建筑设计符合适用、安全、卫生等基本要求，特制定本规范。

第 1.0.2 条 本规范适用于新建、改建和扩建的至少设有 20 间出租客房的城镇旅馆建筑设计。有特殊需求的旅馆建筑设计，可参照执行。

第 1.0.3 条 根据旅馆的使用功能，按建筑质量标准和设备，设施条件，将旅馆建筑由高至低划分为一、二、三、四、五、六级六个建筑等级。

第 1.0.4 条 旅馆建筑设计除执行本规范外，尚应符合现行的《民用建筑设计通则》以及国家现行的有关标准、规范。当设计旅游涉外饭店时，应有明确的星级目标，其功能要求尚应符合有关标准的规定。

第二章 基地和总平面

第 2.0.1 条 基地

一、基地的选择应符合当地城市规划要求，并应选在交通方便、环境良好的地区。

二、在历史文化名城、风景名胜地区及重点文物保护单位附近，基地的选择及建筑布局，应符合国家和地方有关管理条例和保护规划的要求。

三、在城镇的基地应至少一面临接城镇道路，其长度应满足基地内组织各功能区的出入口、客货运输、防火疏散及环境卫生等要求。

第 2.0.2 条 总平面

一、总平面布置应结合当地气候特征、具体环境，妥善处理与市政设施的关系。

二、主要出入口必须明显，并能引导旅客直接到达门厅。主要出入口应根据使用要求设置单车道或多车道，入口车道上方宜设雨棚。

三、不论采用何种建筑形式，均应合理划分旅馆建筑的功能分区，组织各种出入口，使人流、货流、车流互不交叉。

四、在综合性建筑中，旅馆部分应有单独分区，并有独立的出入口；对外营业的商店、餐厅等不应影响旅馆本身的使用功能。

五、总平面布置应处理好主体建筑与辅助建筑的关系。对各种设备所产生的噪声和废气应采取措施，避免干扰客房区和邻近建筑。

六、总平面布置应合理安排各种管道，做好管道综合，并便于维护和检修。

七、应根据所需停放车辆的车型及辆数在基地内或建筑物内设置停车空间，或按城市规划部门规定设置公用停车场地。

八、基地内应根据所处地点布置一定的绿化，做好绿化设计。

第三章 建筑设计
第一节 一般规定

第3.1.1条 公共用房及辅助用房应根据旅馆等级、经营管理要求和旅馆附近可提供使用的公共设施情况确定。

第3.1.2条 建筑布局应与管理方式和服务手段相适应，做到分区明确、联系方便，保证客房及公共用房具有良好的居住和活动环境。

第3.1.3条 建筑热工设计应做到因地制宜，保证室内基本的热环境要求，发挥投资的经济效益。

第3.1.4条 建筑体型设计应有利于减少空调与采暖的冷热负荷，做好建筑围护结构的保温和隔热，以利节能。

第3.1.5条 采暖地区的旅馆客房部分的保温隔热标准应符合现行的《民用建筑节能设计标准》的规定。

第3.1.6条 锅炉房、冷却塔等不宜设在客房楼内，如必须设在客房楼内时，应自成一区，并应采取防火、隔声、减震等措施。

第3.1.7条 室内应尽量利用天然采光。

第3.1.8条 电梯

一、一、二级旅馆建筑三层及三层以上，三级旅馆建筑四层及四层以上，四级旅馆建筑六层及六层以上，五、六级旅馆建筑七层及七层以上，应设乘客电梯。

二、乘客电梯的台数应通过设计和计算确定。

三、主要乘客电梯位置应在门厅易于看到且较为便捷的地方。

四、客房服务电梯应根据旅馆建筑等级和实际需要设置，五、六级旅馆建筑可与乘客电梯合用。

五、消防电梯的设置应符合现行的《高层民用建筑设计防火规范》的有关规定。

第3.1.9条 当旅馆建筑中采用方便残疾人设施时，应符合现行的《方便残疾人使用的城市道路和建筑物设计规范》的有关规定。

第二节　客房部分

第 3.2.1 条　客房

一、客房类型分为：套间、单床间、双床间（双人床间）、多床间。

二、多床间内床位数不宜多于 4 床。

三、客房不宜设置在无窗的地下室内，当利用无窗人防地下空间作为客房时，必须设有机械通风设备。

四、客房内应设有壁柜或挂衣空间。

五、客房的隔墙及楼板应符合隔声规范的要求。

六、客房之间的送风和排风管道必须采取消声处理措施，设置相当于毗邻客房间隔墙隔声量的消声装置。

七、天然采光的客房间，其采光窗洞口面积与地面面积之比不应小于 1:8。

八、跃层式客房内楼梯允许设置扇形踏步，其内 0.25 米处的宽度不应小于 0.22 米。

第 3.2.2 条　客房净面积不应小于表 3.2.2 的规定。

第 3.2.3 条　卫生间

一、客房附设卫生间应符合表 3.2.3-1 的规定。

二、对不设卫生间的客房，应设置集中厕所和淋浴室。每件卫生器具使用人数不应大于表 3.2.3-2 的规定。

三、当卫生间无自然通风时，应采取有效的通风排气措施。

四、卫生间不应设在餐厅、厨房、食品贮藏、变配电室等有严格卫生要求或防潮要求用房的直接上层。

表 3.2.2　客房净面积

单位：平方米

建筑等级	一级	二级	三级	四级	五级	六级
单床间	12	10	9	8	—	—
双床间	20	16	14	12	12	10
多床间				每床不多于 4		

注：双人床间按双床间考虑。

表 3.2.3-1　客房附设卫生间

建筑等级	一级	二级	三级	四级	五级	六级
净面积（平方米）	≥5.0	≥3.5	≥3.0	≥3.0	≥2.5	—
占客房总数百分比（%）	100	100	100	50	25	—
卫生器具件数（件）		不应少于 3			不应少于 2	

表 3.2.3-2   每件卫生器具使用人数

每件卫生器具使用人数 / 使用人数变化范围	卫生器具名称	洗脸盆或水龙头	大便器	小便器或0.6米长小便槽	淋浴喷头	
					严寒地区寒冷地区	温暖地区炎热地区
男	使用人数60人以下	10	12	12	20	15
	超过60人部分	12	15	15	25	18
女	使用人数60人以下	8	10	—	15	10
	超过60人部分	10	12	—	18	12

五、卫生间不应向客房或走道开窗。

六、客房上下层直通的管道井，不应在卫生间内开设检修门。

七、卫生间管道应有可靠的防漏水、防结露和隔声措施，并便于检修。

第 3.2.4 条   室内净高

一、客房居住部分净高度，当设空调时不应低于 2.4 米；不设空调时不应低于 2.60 米。

二、利用坡屋顶内空间作为客房时，应至少有 8 平方米面积的净高度不低于 2.4 米。

三、卫生间及客房内过道净高度不应低于 2.1 米。

四、客房层公共走道净高度不应低于 2.1 米。

第 3.2.5 条   客房层服务用房

一、服务用房宜设服务员工作间、贮藏间和开水间，可根据需要设置服务台。

二、一、二、三级旅馆建筑应设消毒间；四、五、六级旅馆建筑应有消毒设施。

三、客房层全部客房附设卫生间时，应设置服务人员厕所。

四、客房层开水间应设有效的排气措施；不应使蒸汽和异味窜入客房。

五、同楼层内的服务走道与客房层公共走道相连接处如有高差时，应采用坡度不大于 1:10 的坡道。

第 3.2.6 条   门、阳台

一、客房入口门洞宽度不应小于 0.9 米，高度不应低于 2.1 米。

二、客房内卫生间门洞宽度不应小于 0.75 米，高度不应低于 2.1 米。

三、既做套间又可分为两个单间的客房之间的连通门和隔墙，应符合客房隔声标准。

四、相邻客房之间的阳台不应连通。

第三节　公共部分

第3.3.1条　门厅

一、门厅内交通流线及服务分区应明确，对团体客人及其行李等，可根据需要采取分流措施；总服务台位置应明显。

二、一、二、三级旅馆建筑门厅内或附近应设厕所、休息会客、外币兑换、邮电通信、物品寄存及预订票证等服务设施；四、五、六级旅馆建筑门厅内或附近应设厕所、休息、接待等服务设施。

第3.3.2条　旅客餐厅

一、根据旅馆建筑性质、服务要求、接待能力和旅馆邻近的公共饮食设施水平，应设置相应的专供旅客就餐的餐厅。

二、一、二级旅馆建筑应设不同规模的餐厅及酒吧间、咖啡厅、宴会厅和风味餐厅；三级旅馆建筑应设不同规模的餐厅及酒吧间、咖啡厅和宴会厅；四、五、六级旅馆建筑应设餐厅。

三、一、二、三级旅馆建筑餐厅标准不应低于现行的《饮食建筑设计规范》中的一级餐馆标准；四级旅馆建筑餐厅标准不应低于二级餐馆标准；五、六级旅馆建筑餐厅标准不应低于三级餐馆标准。

四、旅客就餐的餐厅座位数，一、二、三级旅馆建筑不应少于床位数的80%；四级不应少于60%；五、六级不应少于40%。

五、旅客餐厅的建筑设计除应符合上述各款规定外，还应按现行的《饮食建筑设计规范》中有关餐馆部分的规定执行。

第3.3.3条　会议室

一、大型及中型会议室不应设在客房层。

二、会议室的位置、出入口应避免外部使用时的人流路线与旅馆内部客流路线相互干扰。

三、会议室附近应设盥洗室。

四、会议室多功能使用时应能灵活分隔为可独立使用的空间，且应有相应的设施和贮藏间。

第3.3.4条　商店

一、一、二、三级旅馆建筑应设有相应的商店；四、五、六级旅馆建筑应设小卖部。设计时可参照现行的《商店建筑设计规范》执行。

二、商店的位置、出入口应考虑旅客的方便，并避免噪声对客房造成干扰。

第3.3.5条　美容室、理发室

一、一、二级旅馆建筑应设美容室和理发室；三、四级旅馆建筑应设理发室。

二、理发室应分设男女两部，并妥善安排作业路线。

第3.3.6条　康乐设施

一、康乐设施应根据旅馆要求和实际需要设置。

二、康乐设施的位置应满足使用及管理方便的要求，并不应使噪声对客房造成干扰。

三、一、二级旅馆建筑宜设游泳池、蒸汽浴室及健身房等。

第四节　辅助部分

第3.4.1条　厨房

一、厨房应包括有关的加工间、制作间、备餐间、库房及厨工服务用房等。

二、厨房的位置应与餐厅联系方便，并避免厨房的噪声、油烟、气味及食品储运对公共区和客房区造成干扰。

三、厨房平面设计应符合加工流程，避免往返交错，符合卫生防疫要求，防止生食与熟食混杂等情况发生。

四、厨房的建筑设计除应符合上述各款规定外，还应按现行的《饮食建筑设计规范》中有关厨房部分的规定执行。

第3.4.2条　洗衣房

一、各级旅馆应根据条件和需要设置洗衣房。

二、洗衣房的平面布置应分设工作人员出入口、污衣入口及洁衣出口，并避开主要客流路线。

三、洗衣房的面积应按洗作内容、服务范围及设备能力确定。

四、一、二、三级旅馆应设有衣物急件洗涤间。

第3.4.3条　设备用房

一、旅馆应根据需要设置有关给排水、空调、冷冻、锅炉、热力、煤气、备用发电、变配电、防灾中心等机房，并应根据需要设机修、木工、电工等维修用房。

二、设备用房应首先考虑利用旅馆附近已建成的各种有关设施或与附近建筑联合修建。

三、各种设备用房的位置应接近服务负荷中心。运行、管理、维修应安全、方便并避免其噪声和振动对公共区和客房区造成干扰。

四、设备用房应考虑安装和检修大型设备的水平通道和垂直通道。

第3.4.4条　备品库

一、备品库应包括家具、器皿、纺织品、日用品及消耗物品等库房。

二、备品库的位置应考虑收运、贮存、发放等管理工作的安全与方便。

三、库房的面积应根据市场供应、消费贮存周期等实际需要确定。

第 3.4.5 条　职工用房

一、职工用房包括行政办公、职工食堂、更衣室、浴室、厕所、医务室、自行车存放处等项目，并应根据旅馆的实际需要设置。

二、职工用房的位置及出入口应避免职工人流路线与旅客人流路线互相交叉。

第四章　防火与疏散

第 4.0.1 条　旅馆建筑的防火设计除应执行现行的防火规范外，还应符合本章的规定。

第 4.0.2 条　高层旅馆建筑防火设计的建筑物分类应符合表 4.0.2 的规定。

表 4.0.2　建筑物的分类

建筑高度 \ 建筑等级	一级	二级	三级	四级	五级	六级
≤50 米	一类	一类	二类	二类	二类	二类
>50 米	一类	一类	一类	一类	一类	一类

第 4.0.3 条　一、二类建筑物的耐火等级、防火分区、安全疏散、消防电梯的设置等均应按现行的《高层民用建筑设计防火规范》执行。

第 4.0.4 条　集中式旅馆的每一防火分区应设有独立的、通向地面或避难层的安全出口，并不得少于 2 个。

第 4.0.5 条　旅馆建筑内的商店、商品展销厅、餐厅、宴会厅等火灾危险性大、安全性要求高的功能区及用房，应独立划分防火分区或设置相应耐火极限的防火分隔，并设置必要的排烟设施。

第 4.0.6 条　旅馆的客房、大型厅室、疏散走道及重要的公共用房等处的建筑装修材料，应采用非燃烧材料或难燃烧材料，并严禁使用燃烧时产生有毒气体及窒息性气体的材料。

第 4.0.7 条　公共用房、客房及疏散走道内的室内装饰，不得将疏散门及其标志遮蔽或引起混淆。

第 4.0.8 条　各级旅馆建筑的自动报警及自动喷水灭火装置应符合现行的《火灾自动报警系统设计规范》、《自动喷水灭火系统设计规范》的规定。

第 4.0.9 条　消防控制室应设置在便于维修和管线布置最短的地方，并应设有直通室外的出口。

第 4.0.10 条　消防控制室应设外线电话及至各重要设备用房和旅馆主要负责人的对讲电话。

第4.0.11条　旅馆建筑应设火灾事故照明及明显的疏散指示标志，其设置标准及范围应符合防火规范的规定。

第4.0.12条　电力及照明系统应按消防分区进行配置，以便在火灾情况下进行分区控制。

第4.0.13条　当高层旅馆建筑设有垃圾道、污水井时，其井道内应设置自动喷水灭火装置。

第五章　建筑设备
第一节　给水排水

第5.1.1条　给水排水设计除应符合现行的《建筑给水排水设计规范》及防火规范外，还应符合本节的各条规定。

第5.1.2条　给水

一、给水设计应有可靠的水源和供水管道系统，以满足生活和消防用水要求，当仅有一条供水管或供水量不足时，应按有关防火规范和生活供水要求设置蓄水池。

二、生活用水定额应符合表5.1.2的规定。

表5.1.2　生活用水定额

建筑等级	用水量（升/最高日·每床）	小时变化系数
一级、二级	400~500	2.0
三　级	300~400	
四级、五级	200~300	
六　级	100~200	2.5~2.0

注：食堂、洗衣房、游泳池、理发室及职工用水等用水定额应按现行的《建筑给水排水设计规范》执行。

三、客房卫生间卫生器具给水配件处的静水压，最高不宜超过350kPa（3.5千克/平方厘米），水压超过上述规定时，应考虑分区供水或设减压装置。

四、水箱间和水泵房位置应尽量避免与客房及需要安静的房间（电子计算机房、消防中心等房间）毗邻，并应便于维修和管理。泵房及设备应采取消声和减震措施。高层建筑的水泵出水管应有消除水锤措施。

五、贮水池、高位水箱应有防污染措施，且容积不宜过大，以防水质变坏。

六、采用非饮用水做冲洗和浇洒等用水时，应有明显的标志，非饮用水管道不得与饮用水管道相连。

第5.1.3条　排水

一、排水系统应根据室外排水系统的制度和有利于废水回收利用的原则，选择生活污水与废水的合流或分流。

二、地下室排水泵宜采用潜水泵，自动开、停。

三、厨房宜采用明沟排水。

第 5.1.4 条　热水

一、热水系统应优先采用废热和城市热力管道为热源。有条件的地区可采用太阳能热水器，但一、二级旅馆建筑应有备用热源。加热设备宜采用容积式热交换器，并有一定贮备量。

二、生活热水用水定额应符合表 5.1.4 的规定。

表 5.1.4　生活热水用水定额

建筑等级	65℃热水（升/最高日·床）
一级、二级	160~200
三　　级	120~150
四级、五级	100~120
六　　级	50~100

注：①食堂、洗衣房、游泳池、理发室及职工用水等用水定额应按现行的《建筑给水排水设计规范》执行。②表内所列用水量已包括在表 5.1.2 生活用水定额中。③集中热水供应系统的设计小时耗热量：一、二、三级旅馆建筑应根据使用热水的计算单位数、用水户额计算；四、五、六级及用于会议的旅馆按卫生器具数同时使用百分数计算。

三、集中热水供应系统加热前是否需要软化，应根据水质、水量、使用要求等确定。

四、热水系统各用水点处的水压应与该处冷水水压基本相同，高层建筑热水系统的竖向分区应与冷水系统相同。

五、热水管道应设机械循环系统，一、二、三级旅馆建筑应连续供应热水，四、五、六级旅馆建筑宜定时供应热水。

第二节　暖通空调

第 5.2.1 条　暖通空调设计除应符合现行的《采暖通风和空气调节设计规范》的规定外，还应符合下列各条规定。

第 5.2.2 条　一、二、三级旅馆建筑应设空调；四级旅馆建筑在夏季宜设降温空调；五、六级旅馆建筑不宜设空调。室内暖通空调设计参数及噪声标准应符合表 5.2.2 的规定。

第 5.2.3 条　空调系统

一、严寒地区、寒冷地区和温暖地区（沿海地区除外）一、二、三级旅馆建筑客房的新风系统应有加湿措施。

表 5.2.2　室内暖通空调设计参数及噪声标准

建筑等级 / 参数·位置·季节	一级 夏季	一级 冬季	二级 夏季	二级 冬季	三级 夏季	三级 冬季	四级 夏季	四级 冬季	五级 夏季	五级 冬季	六级 夏季	六级 冬季
温度(℃) 客房	24~25	22	25~26	22	26~27	20	27~28	20	—	18	—	18
温度(℃) 餐厅、宴会厅	24~25	22	24~25	22	26~27	20	26~27	20	—	18	—	18
相对湿度(%) 客房	50~60	40~50	55~65	40~50	<65	≥40	—					
相对湿度(%) 餐厅、宴会厅	50~60	40~50	55~65	40~50	<65	≥40	—					
新风量[m³/h·p] 客房	50		40		30		—					
新风量[m³/h·p] 餐厅、宴会厅	25		20		20		—					
停留区风速(m/s) 客房	≤0.25	≤0.15	≤0.25	≤0.15	≤0.25	≤0.15	—					
停留区风速(m/s) 餐厅、宴会厅	≤0.25	≤0.15	≤0.25	≤0.15	—		—					
空气含尘量(mg/m³) 客房	<0.20		<0.35				—					
空气含尘量(mg/m³) 餐厅、宴会厅	<0.35						—					
噪声标准(NR) 客房	30		35		35		50		—			
噪声标准(NR) 餐厅、宴会厅	35		40		40		55		—			

　　二、客房内卫生间应保持负压。

　　三、一、二级旅馆建筑门厅出入口宜采用冷、热风空气幕；三、四级旅馆建筑宜采用循环风空气幕。

　　四、餐厅、宴会厅、商店等公共部分宜采用低速空调系统；三、四级旅馆建筑可采用独立机组空调。厨房宜采用直流式低速通风或空调系统。

　　五、厨房应保持负压，餐厅应维持正压。

　　六、新风系统宜采用二次过滤措施。

　　七、严寒地区公共建筑物宜设值班采暖。

　　第5.2.4条　冷源、热源

　　一、严寒地区空调冷源宜优先考虑利用室外空气。

　　二、严禁采用氨制冷机，有条件时宜采用溴化锂吸收式制冷机。

　　三、空调冷、热水管的系统环路，应按建筑层数、使用规律及设备承受压力大小划分。

　　四、系统环路宜采用同程式系统，如采用导程式系统时，宜装设平衡阀。

五、冷冻水和冷却水应采取水质控制措施，蒸发器及冷凝器水侧的污垢系数应不大于 0.001km²℃Kcal（0.086m²℃/kw）。

第 5.2.5 条　排烟、排风

一、防排烟设计除应符合现行的《高层民用建筑设计防火规范》的规定外，四季厅内应考虑排烟，并宜与通风系统相结合，排烟量不小于 4 次/小时的换气量。

二、空调系统的新风与排风系统宜设冷热量回收装置。

三、地下室排水泵房及设备用房等应设机械排风。

四、一、二、三级旅馆建筑宜采用水路自动调节控制；四级旅馆建筑仅开停风机控制。

第三节　电　气

第 5.3.1 条　供电电源除应按现行的《民用建筑电气设计规程》及防火规范的有关规定执行外，尚应符合下列规定：

一、根据旅馆建筑等级、规模的不同，用电负荷分为三级，并应符合表 5.3.1-1 的规定。

表 5.3.1-1　用电负荷等级

建筑等级 负荷名称	一、二级	三级	四、五、六级
电子计算机、电话、电视及录像设备电源、新闻摄影电源及部分旅客电梯等 地下室污水泵、雨水泵等 宴会厅、餐厅、康乐设施、门厅及高级客房等场所照明设备	一级负荷	二级负荷	三级负荷
其他用电设备	二级负荷	三级负荷	

二、一、二级旅馆建筑及三级高层旅馆建筑宜设应急发电机组，其发电机容量应能满足消防用电设备及事故照明的使用负荷。

三、在一、二级旅馆建筑中，由于电压偏移过大而不能满足要求时，宜采用有载自动调压变压器或采用其他调压措施。

四、用电负荷的确定，宜采用需用系数法，其需用系数及自然功率因数推荐值，可按表 5.3.1-2 采用。

第 5.3.2 条　照明

一、照度标准应按现行的《民用建筑照明设计标准》执行。

二、走道、门厅、餐厅、宴会厅、电梯厅等公共场所应设供清扫设备使用的插座。插座回路（包括客房插座）宜设漏电保护开关。供移动电器使用时，应选用带接地孔的插座。

表 5.3.1-2　电力负荷需用系数、功率因数

序号	负荷名称	需用系数 KX 自然平均功率因数 cosψ			
		平均值	推荐值	平均值	推荐值
1	总负	0.45	0.40~0.50	0.84	0.80
2	总电力负荷	0.55	0.50~0.60	0.82	0.80
3	总照明负荷	0.40	0.35~0.45	0.90	0.85
4	制冷机房	0.65	0.65~0.75	0.87	0.80
5	锅炉房	0.65	0.65~0.75	0.80	0.75
6	水泵房	0.65	0.60~0.70	0.86	0.80
7	通风机房	0.65	0.60~0.70	0.89	0.80
8	电梯	0.20	0.18~0.22	直流 0.50 交流 0.80	直流 0.40 交流 0.80
9	厨房	0.40	0.35~0.45	0.70~0.75	0.70
10	洗衣机房	0.30	0.30~0.35	0.60~0.65	0.70
11	窗式空调器	0.40	0.35~0.45	0.80~0.85	0.80
12	总同时使用系数 KC	0.92~0.94			

三、一、二级旅馆建筑的公共场所如餐厅、宴会厅、门厅等宜设可控硅调光装置。

四、一、二级旅馆建筑客房内宜设有分配电箱或专用照明支路。

五、照明装置应选用高效光源及灯具。

第 5.3.3 条　电话和呼应信号

一、一、二、三级旅馆建筑宜设自动交换机，每间客房宜装设电话分机，其分机号码宜与房间号一致。一、二级旅馆建筑的客房卫生间宜设副机，各级旅馆建筑的门厅、餐厅、宴会厅等公共场所及各设备用房值班室宜设电话分机。

二、除设有程控交换机的旅馆建筑外，一、二、三、四级旅馆建筑宜设呼应信号系统。

三、一、二、三级旅馆建筑应设世界钟系统。

第 5.3.4 条　广播和音响系统

一、一、二、三级旅馆建筑及四、五级高层旅馆建筑宜设广播系统，其紧急广播应符合现行的《民用建筑电气设计规程》的规定。

二、一、二级旅馆在床头柜控制台上宜设有能收听不少于三套节目的接收设备。

三、一、二级旅馆建筑的多功能大厅等场所宜设独立式扩声系统。

四、一般广播系统馈电回路应按用户的性质分配，应急广播线路应按楼层和消防分区分配。

第5.3.5条 天线和闭路电视系统

一、一、二、三、四级旅馆建筑应设有共用天线电视系统，并应能接收 VHF 及 UHF 全部电视频道的节目。在有调频广播的地区宜能接 FM 调频广播。

二、一、二、三级旅馆建筑应设有闭路电视设备，有使用要求时可设自播节目设备及节目制作用房。

三、一、二、三级旅馆建筑有使用要求时，宜设保安监视闭路电视系统。

第5.3.6条 自动控制

一、二级旅馆建筑空调设备、通风设备及给排水设备等宜设有自动控制及集中监控装置。三级旅馆建筑宜设有自动控制装置。

第5.3.7条 电子计算机管理系统

一、二级旅馆建筑宜设有电子计算机管理系统。

附录一 本规范用词说明

一、为便于在执行本规范条文时区别对待，对于要求严格程度不同的用词，说明如下。

1. 表示很严格，非这样做不可的用词

正面词采用"必须"；

反面词采用"严禁"。

2. 表示严格，在正常情况下均应这样做的用词

正面词采用"应"；

反面词采用"不应"或"不得"。

3. 表示允许稍有选择，在条件许可时首先应这样做的用词

正面词采用"宜"或"可"；

反面词采用"不宜"。

二、条文中指明必须按其他有关标准和规范执行的写法为"应按……执行"或"应符合……要求或规定"。非必须按所指定的标准和规范执行的写法为"可参照……"

附加说明

本规范主编单位和主要起草人名单

主 编 单 位：建设部建筑设计院

主要起草人：刘福顺　张妙红　石唐生　郭　文

　　　　　　张国柱　杨世兴　张义士　王振声

第五章 规划设计管理实用表格及合同

第一节 实用表格

表一 设计单位档案

组织机构

公司名称				
公司地址				
负责人				
联系方式	联系人		电话	
	传真		邮件	
分部地址				
负责人				
联系方式	联系人		电话	
	传真		邮件	
分部地址				
负责人				
联系方式	联系人		电话	
	传真		邮件	

经营业务

公司简介							
业务范围	综合		建筑		景观		装饰
业务特长							
代表作品							

人力资源

人员规模			
设 计		绘 图	
其 他			

主要设计人员			
姓 名		职 务	
所属机构或常驻地		学 历	

曾主持项目及项目简介：

姓 名		职 务	
所属机构或常驻地		学 历	

曾主持项目及项目简介：

姓 名		职 务	
所属机构或常驻地		学 历	

曾主持项目及项目简介：

姓 名		职 务	
所属机构或常驻地		学 历	

曾主持项目及项目简介：

表二　设计供方审批表

记录编号：_____

项目名称				分类	一般〔　〕		零星〔　〕	
合同名称				所需供方	〔　〕家			
候选设计供方排序		候选设计单位名称		合作记录	合同报价（万元）		报价表	
	1						见附件	
	2							
	3							
	4							
	5							
设计部	建议合同单位	建议单位						
		是否招标	是	资料编号				
			否	选择理由				
					签名：	日期：		
	建议标的金额	是否计划内		预算总额	已用总额	剩余总额	计划金额	建议标的金额
			是					
				超计划原因				
					签名：	日期：		
			否	原因				
					签名：	日期：		
	签字	经办人：_____		项目负责人：				
成本管理部								
公司总经理								

表三 设计评审表

记录编号：＿＿＿＿＿＿

项目名称		图纸名称		参与评审人员	
设计单位		评审时间			

评审依据	评审内容	出现问题图纸编号	问题描述	问题解决时间	问题解决方式	责任人

参与评审人员签名			设计院总责任人	

说明：此表用于各阶段设计评审问题的记录，由设计院负责填写问题解决方式、时间及责任人，由项目主办设计师负责问题解决情况的验证。

表四 项目设计基础资料移交评审表

项目名称：_____

	资料名称	评审内容	责任部门	移交确认	确认日期
自然条件	宗地城市位置图	是否满足设计要求：是□ 否□ 是否是最新版本：是□ 否□	×××× 公司		
	宗地区域位置图	是否满足设计要求：是□ 否□ 是否是最新版本：是□ 否□	×××× 公司		
	宗地红线图	是否满足设计要求：是□ 否□ 是否是最新版本：是□ 否□	项目发展部		
	宗地地形图	是否满足设计要求：是□ 否□ 是否是最新版本：是□ 否□	项目发展部		
	宗地现状照片	是否满足设计要求：是□ 否□ 是否是最新版本：是□ 否□	×××× 公司		
	*宗地绿化分布图	是否满足设计要求：是□ 否□ 是否是最新版本：是□ 否□	×××× 公司		
	*宗地水体分布图	是否满足设计要求：是□ 否□ 是否是最新版本：是□ 否□	×××× 公司		
	*城市气温及风向	是否满足设计要求：是□ 否□ 是否是最新版本：是□ 否□	×××× 公司		
	*空气质量及噪声	是否满足设计要求：是□ 否□ 是否是最新版本：是□ 否□	项目经理部		
	*水文	是否满足设计要求：是□ 否□ 是否是最新版本：是□ 否□	项目发展部		
	*特殊地下物	是否满足设计要求：是□ 否□ 是否是最新版本：是□ 否□	项目经理部		
社会条件	*区域现状图	是否满足设计要求：是□ 否□ 是否是最新版本：是□ 否□	项目发展部		
	*区域总体规划图	是否满足设计要求：是□ 否□ 是否是最新版本：是□ 否□	项目发展部		
	区域交通分析图	是否满足设计要求：是□ 否□ 是否是最新版本：是□ 否□	项目发展部		
	周边交通分析图	是否满足设计要求：是□ 否□ 是否是最新版本：是□ 否□	项目发展部		
	*周边道路断面图	是否满足设计要求：是□ 否□ 是否是最新版本：是□ 否□	项目发展部		
	周边公共设施图	是否满足设计要求：是□ 否□ 是否是最新版本：是□ 否□	销售经营部		
	市政管线图	是否满足设计要求：是□ 否□ 是否是最新版本：是□ 否□	项目发展部		
	当地政策法规要求	是否满足设计要求：是□ 否□ 是否是最新版本：是□ 否□	×××× 公司		
	建设工程用地许可证	是否满足设计要求：是□ 否□ 是否是最新版本：是□ 否□	项目发展部		

续表

资料名称		评审内容	责任部门	移交确认	确认日期
竞争楼盘	竞争楼盘列表	是否满足设计要求：是□　否□ 是否是最新版本：　是□　否□	销售经营部		
	竞争楼盘设计信息表	是否满足设计要求：是□　否□ 是否是最新版本：　是□　否□	×××× 公司		
其他					
评审记录　签名：					

说明：1. * 项为可选项，根据项目具体情况由××××公司确定。

2. 资料由责任部门项目负责人评审并签名确认，由××××公司负责组织实施评审过程。

表五　设计评审委员会成员名单

记录编号：＿＿＿＿＿＿

姓名	所属部门	职务 / 专业技术职称	评审委员会任职有效时间
评审委员会主席签名			确认日期：

表六　设计通知

记录编号：＿＿＿＿＿＿

工程名称				
施工单位				
设计专业		通知类别	□设计变更　□设计补充
变更或补充内容				

××××公司（盖审图章）	项目经理部（盖项目经理部章）

表七 设计业务联系单

项目名称：＿＿＿＿＿＿＿＿　　　　　　　　　　　记录编号：＿＿＿＿＿＿＿

设计单位		签收人	
完成时间		内 容	
设计负责人		设计部经理	

表八　项目设计询价表

记录编号：＿＿＿＿＿＿

项目名称	
设计阶段	

设计费用

设计阶段	设计或服务范围	设计或服务费用
总　计		

第二节　设计合同

范本一

本合同由以下各方于＿＿＿年＿＿＿月＿＿＿日在＿＿＿签订：

（1）甲方（委托方）：××房地产开发有限公司

（2）乙方（受托方）：××建筑设计有限公司

甲方委托乙方承担＿＿＿＿＿＿＿的工程设计顾问，负责此项目的全面性工程设计顾问工作，为甲方提供有关项目各阶段的相关专业服务（服务范围及项目设计进度详列于第2条、第3条），根据《中华人民共和国合同法》、《中华人民共和国建筑法》、《建设工程勘察设计市场管理规定》等相关法律、法规等规定，经双方协商一致，共同签订本合同。

第1条　项目概况

工程项目名称：

工程项目地点：

工程项目规模：

第2条　服务范围

2.1　项目前期

2.1.1　负责该项目前期相关国内规范的查询、解释、编制可行的项目进度。

2.1.2　负责针对项目的市场调研，规划设计建议（总体规划建议、建筑风格建议、平面规划设计建议等），提供初步规划总图及外立面风格意向。

2.2　项目中期

负责该项目的设计正式方案工作，就相关的设计规范提供专业服务，组织设计力量，提供总图、单体及室外环境、景观、小品、绿化诸专业方面在方案阶段的图纸、工作模型，主要建筑群落效果图以及主立面效果图，以及全部单体的平、立、剖面图，直至方案及扩初阶段的审批通过。

2.3　项目后期

承担建筑材料、室外绿化及户外艺术品的设计顾问工作。所完成的设计方案中涉及的建筑材料、建筑构配件及设备，应当说明其规格、型号、性能等技术指标，并就材料的生产厂家、性能、价格、实际效果提供专业咨询，但不得指定生产厂、供应商。

第3条 项目设计进度

3.1 本合同设计总时间为××个月。

3.2 ____年____月____日至____年____月____日（××个工作日内）乙方提供供甲方选择的意向性设计方案二个。

3.3 ____年____月____日至____年____月____日（××个工作日内）乙方应提供甲方用于申报的方案设计文件（由××建筑师总负责）。

3.4 ____年____月____日至____年____月____日（××个工作日）乙方应完成本合同中项目中期约定的乙方需要完成的全部内容，该内容应满足规划局对扩初文件的要求，并负责与景观施工单位协调建筑与景观的关系。

3.5 ____年____月____日至____年____月____日乙方应负责向甲方指定的施工图设计单位进行技术交底，在施工图完成后乙方应在××天内完成施工图的审修工作，审修工作的内容为对施工图不符合原设计要求处进行书面文字建议。

第4条 乙方须向甲方交付的设计成果、份数、地点

4.1 乙方须向甲方交付本项目所需的全部报批方案及扩初方案各8套文本（或按报批需要的文本数量），1份文本的电子文件；及1∶150比例的工作模型1个。

4.2 上述设计成果及工作模型交付的地点：在甲方所在地交付。

第5条 设计依据

5.1 国家技术规范、标准、规程；

5.2 甲方的设计委托书；

5.3 甲方的设计要求书；

5.4 甲方提交的各种基础资料及文件；

5.5 策划公司的规划设计建议；

5.6 乙方采用的主要技术标准：_____。

第6条 服务费用

6.1 双方商定：本合同的服务费用总额为人民币××万元（RMB¥××万元）。

6.2 上述费用包括乙方为开展工作和配合甲方申报工作从××至××往返的机票，以及乙方在开展本合同约定范围内的工作时所引起的一切费用。

6.3 支付方式：服务费用以人民币支付。

6.4 支付期限

第一期：本合同生效后××日内，甲方向乙方支付服务费用总额的10%，计××万元（RMB¥××万元）作为定金。

第二期：乙方完成方案设计，提交设计成果××日内，甲方向乙方支付服务费用总额的30%，计××万元（RMB¥××万元）。

第三期：甲方拿到方案批文××日内，甲方向乙方支付服务费用总额的20%，计××万元（RMB¥××万元）。

第四期：乙方提交扩初方案××日内，甲方向乙方支付服务费用总额的35%，计××万元（RMB¥××万元）。

第五期：项目后期审修工作完成后××日内，甲方向乙方支付服务费用总额的5%，计××万元（RMB¥××万元）。

6.5 本合同履行后，定金抵作服务费用。

第7条 双方责任

7.1 甲方的责任

7.1.1 甲方按规定的内容，在规定的时间内向乙方提交资料及文件，并对其完整性、正确性及时限负责。

7.1.2 甲方要求乙方比合同规定时间提前交付设计资料及文件时，如果乙方能够做到，甲方应根据乙方提前投入的工作量，向乙方支付赶工费。

7.1.3 甲方应为派赴现场处理有关设计问题的乙方工作人员，提供必要的工作生活及交通方便条件。

7.2 乙方的责任

7.2.1 乙方按照本合同第2条、第3条、第4条规定的内容、时间、份数、地点向甲方交付各项文件。

7.2.2 乙方应按国家技术规范、标准、规程，策划公司的规划设计建议及甲方提出的设计要求，进行设计，乙方须按合同规定的进度要求提供质量合格的设计成果，并对其负责。

7.2.3 乙方交付设计成果后，按规定参加有关的设计审查，并根据审查结论，对不超出原定范围的内容做必要的调整补充，直至该设计方案审批通过。

7.2.4 设计合理使用的年限为＿＿＿＿年。

7.3 乙方承诺

7.3.1 乙方应在本合同期内至少6次以上派驻身体健康、能够胜任工作的专家来银川进行为期至少＿＿＿＿天的设计服务工作，以配合甲方解决有关问题。每次派驻的技术专家在3名以内，超过3名以上应事先征得甲方同意。

7.3.2 乙方的设计师

在进行初步规划总图及外立面风格设计之前来项目所在地作必要的现场

考察；

在由本项目的设计公司、策划公司及开发商三方组织的评审中，到会就该设计方案是否符合策划公司的规划设计建议、甲方的设计要求作出解释、说明；

在由政府组织的设计方案评审期间或较早时间内，到项目所在地就该设计方案的相关问题向评审委员作介绍。

第8条 知识产权

8.1 甲方为项目宣传采用报纸、电视、户外广告、印刷宣传材料、售楼书、制作沙盘等宣传手段时有权使用乙方所拥有的注册名称、标志。

8.2 甲方为项目宣传之必要，有权使用乙方的设计师的姓名、肖像及对其业绩进行介绍和宣传。

8.3 乙方为履行本合同义务而完成的设计方案、文件、资料、图纸、数据、音像资料、文字及电子版本资料等全部知识产权一经甲方采用，即归甲方所有。乙方依据本合同享有在合同约定范围内对这些资料的使用权。

第9条 保密

双方就项目所知悉的商业秘密须遵守保密原则，非经对方同意外不得对外泄露项目的秘密。如发生以上情况，泄密方承担一切因此引起的法律后果，并承担赔偿责任。

第10条 违约责任

10.1 甲方在乙方各阶段提供设计文件后7日内支付相应的合同金，每逾期支付一天，应承担应支付金额2‰的逾期违约金。

10.2 乙方对设计资料及文件出现的遗漏或错误负责修改或补充。由于设计人员过错造成工程质量事故损失，乙方除负责采取补救措施外，应免收直接受损失部分的设计费，并向甲方支付赔偿金，赔偿范围包括甲方的直接损失和间接损失。

10.3 由于乙方自身原因延误了按本合同第4条规定的设计方案交付时间，每延误一天，应减收本合同服务费用的2‰。

10.4 由于乙方提交的设计方案未能通过审批部门的审批，并在甲方指定的期限内仍未能使修改后的设计方案通过审批，则甲方有权解除合同。乙方就此应支付服务费总额的50%的违约金，并赔偿由此给甲方造成的直接和间接损失。

10.5 不可抗力因素致使合同无法履行时，乙方未开始设计工作的，应退还甲方已交的定金，已开始设计工作的，甲方应酌情支付给乙方相应的设计费，最高额不超过该阶段设计费的一半。

第11条 争议解决方式

本合同在履行过程中发生的争议，由当事人协商解决，协商不成的，提交银川仲裁委员会仲裁。

第12条　法律适用

本合同的解释、履行、争议的解决等均适用中华人民共和国法律。

第13条　生效

本合同经甲、乙双方签字、盖章后生效，至乙方完成所有设计服务时终止。本合同以中英文书写成一式两份，双方各执一份，具有同等效力。

未尽事宜，经双方协商一致，签订补充协议，补充协议与本合同具有同等效力。

附件：（一）《规划设计建议书》

　　　（二）《设计要求书》

　　　（三）乙方的设计等级证书

上述设计要求书是本合同的当然附件，与本合同具有同等效力。

甲方盖章：　　　　　　　　　　乙方盖章：

法定代表人：（签字）　　　　　法定代表人：（签字）

委托代理人：（签字）　　　　　委托代理人：（签字）

住所：　　　　　　　　　　　　住所：

邮政编码：　　　　　　　　　　邮政编码：

开户银行：　　　　　　　　　　开户银行：

银行账户：　　　　　　　　　　银行账户：

范本二

民用建设工程设计合同

工程名称：_____

工程地点：_____

合同编号：_____

设计证书等级：_____

签订日期：_____

发包人：_____

设计人：_____

发包人委托设计人承担_____工程设计，经双方协商一致，签订本合同。

第一条　本合同依据下列文件签订

1.1　《中华人民共和国合同法》、《中华人民共和国建筑法》、《建设工程勘察设计市场管理规定》。

1.2　国家及地方有关建设工程勘察设计管理法规和规章。

1.3　建设工程批准文件。

第二条　本合同设计项目的内容

名称：＿＿＿＿＿＿＿＿＿＿＿＿＿＿＿＿＿；

规模：＿＿＿＿＿＿＿＿＿＿＿＿＿＿；

阶段：＿＿＿＿＿＿＿＿＿＿＿＿＿＿；

投资：＿＿＿＿＿＿＿＿＿＿＿＿＿＿；

设计费：＿＿＿＿＿＿＿＿＿＿＿＿＿＿；

序号：＿＿＿＿＿＿＿＿＿＿＿＿＿＿；

分项目名称：＿＿＿＿＿＿＿＿＿＿＿＿＿＿；

建设规模：＿＿＿＿＿＿＿＿＿＿＿＿＿；

设计阶段及内容：＿＿＿＿＿＿＿＿＿＿＿＿＿；

估算总投资：＿＿＿＿＿＿＿＿＿＿＿＿＿；

费率％：＿＿＿＿＿＿＿＿＿＿＿＿＿＿；

估算设计费：＿＿＿＿＿＿＿＿＿＿＿＿＿；

层数：＿＿＿＿＿＿＿＿＿＿＿＿＿＿；

建筑面积：＿＿＿＿＿＿＿＿＿＿＿＿＿；

方案初步设计：＿＿＿＿＿＿＿＿＿＿＿＿＿；

施工图（万元）：＿＿＿＿＿＿＿＿＿＿＿＿＿。

第三条　发包人应向设计人提交的有关资料及文件

序号：＿＿＿＿＿＿＿＿＿＿＿＿＿＿；

资料及文件名称：＿＿＿＿＿＿＿＿＿＿＿＿＿；

份数：＿＿＿＿＿＿＿＿＿＿＿＿＿＿；

提交日期：＿＿＿＿＿＿＿＿＿＿＿＿＿；

有关事宜：＿＿＿＿＿＿＿＿＿＿＿＿＿。

第四条　设计人应向发包人提供的设计资料及文件

序号：＿＿＿＿＿＿＿＿＿＿＿＿＿＿；

资料及文件名称：＿＿＿＿＿＿＿＿＿＿＿＿＿；

份数：＿＿＿＿＿＿＿＿＿＿＿＿＿＿；

提交日期：＿＿＿＿＿＿＿＿＿＿＿＿＿；

有关事宜：＿＿＿＿＿＿＿＿＿＿＿＿＿。

说明：

1. 提交各阶段设计文件的同时支付各阶段设计费。

2. 在提交最后一部分施工图的同时结清全部设计费，不留尾款。

3. 实际设计费按初步设计概算（施工图设计概算）核定，多退少补。实际设计费与估算设计费出现差额时，双方另行签订补充协议。

4. 本合同履行后，定金抵作设计费。

第五条 双方责任

5.1 发包人责任

5.1.1 发包人按本合同第三条规定的内容，在规定的时间内向设计人提交资料及文件，并对其完整性、正确性及时限负责，发包人不得要求设计人违反国家有关标准进行设计。

发包人提交上述资料及文件超过规定期限 15 天以内，设计人按合同第四条规定交付设计文件时间顺延；超过规定期限 15 天以上时，设计人员有权重新确定提交设计文件的时间。

5.1.2 发包人变更委托设计项目、规模、条件或因提交的资料错误，或所提交资料作全套修改，以致造成设计人设计需返工时，双方除需另行协商签订补充协议（或另订合同）、重新明确有关条款外，发包人应按设计人所耗工作量向设计人增付设计费。

在未签合同前发包人已同意，设计人为发包人所做的各项设计工作，应按收费标准，相应支付设计费。

5.1.3 发包人要求设计人比合同规定时间提前交付设计资料及文件时，如果设计人能够做到，发包人应根据设计人提前投入的工作量，向设计人支付赶工费。

5.1.4 发包人应为派赴现场处理有关设计问题的工作人员提供必要的工作生活及交通等方便条件。

5.1.5 发包人应保护设计人的投标书、设计方案、文件、资料图纸、数据、计算软件和专利技术。未经设计人同意，发包人对设计人交付的设计资料及文件不得擅自修改、复制或向第三人转让或用于本合同外的项目，如发生以上情况，发包人应负法律责任，设计人有权向发包人提出索赔。

5.2 设计人责任

5.2.1 设计人应按国家技术规范、标准、规程及发包人提出的设计要求，进行工程设计，按合同规定的进度要求提交质量合格的设计资料，并对其负责。

5.2.2 设计人采用的主要技术标准：_____。

5.2.3 设计合理使用年限为_____年。

5.2.4 设计人按本合同第二条和第四条规定的内容、进度及份数向发包人交付资料及文件。

5.2.5 设计人交付设计资料及文件后，按规定参加有关的设计审查，并根据审查结论负责对不超出原定范围的内容做必要调整补充。设计人按合同规定时限交付设计资料及文件，本年内项目开始施工，负责向发包人及施工单位进行设计交底、处理有关设计问题和参加竣工验收。在一年内项目尚未开始施工，设计人仍负责上述工作，但应按所需工作量向发包人适当收取咨询服务费，收费额由双方商定。

5.2.6 设计人应保护发包人的知识产权，不得向第三人泄露、转让发包人提交的产品图纸等技术经济资料。如发生以上情况并给发包人造成经济损失，发包人有权向设计人索赔。

第六条 违约责任

6.1 在合同履行期间，发包人要求终止或解除合同，设计人未开始设计工作的，不退还发包人已付的定金；已开始设计工作的，发包人应根据设计人已进行的实际工作量，不足一半时，按该阶段设计费的一半支付；超过一半时，按该阶段设计费的全部支付。

6.2 发包人应按本合同第五条规定的金额和时间向设计人支付设计费，每逾期支付1天，应承担支付金额_____%的逾期违约金。逾期超过30天以上时，设计人有权暂停履行下阶段工作，并书面通知发包人。发包人的上级或设计审批部门对设计文件不审批或本合同项目停缓建，发包人均按第7.1条规定支付设计费。

6.3 设计人对设计资料及文件出现的遗漏或错误负责修改或补充。由于设计人员错误造成工程质量事故损失，设计人除负责采取补救措施外，应免收直接受损失部分的设计费。损失严重的根据损失的程度和设计人责任大小向发包人支付赔偿金，赔偿金由双方商定为实际损失的_____%。

6.4 由于设计人自身原因，延误了按本合同第四条规定的设计资料及设计文件的交付时间，每延误1天，应减收该项目应收设计费的_____。

6.5 合同生效后，设计人要求终止或解除合同，设计人应双倍返还定金。

第七条 其他

7.1 发包人要求设计人派专人留驻施工现场进行配合与解决有关问题时，双方应另行签订补充协议或技术咨询服务合同。

7.2 设计人为本合同项目所采用的国家或地方标准图，由发包人自费向有关出版部门购买。本合同第四条规定设计人交付的设计资料及文件份数超过《工程设计收费标准》规定的份数，设计人另收工本费。

7.3　本工程设计资料及文件中，建筑材料、建筑构配件和设备，应当注明其规格、型号、性能等技术指标，设计人不得指定生产厂、供应商。发包人需要设计人的设计人员配合加工订货时，所需要费用由发包人承担。

7.4　发包人委托设计配合引进项目的设计任务，从询价、对外谈判、国内外技术考察直至建成投产的各个阶段，应吸收承担有关设计任务的设计人参加。出国费用，除制装费外，其他费用由发包人支付。

7.5　发包人委托设计人承担本合同内容之外的工作服务，另行支付费用。

7.6　由于不可抗力因素致使合同无法履行时，双方应及时协商解决。

7.7　凡因本合同或与本合同有关的一切争议，双方应及时协商解决；协商不成时，双方同意由中国国际经济贸易仲裁委员会华南分会进行仲裁。仲裁裁决是终局的，对双方均有约束力。

7.8　本合同一式 ＿＿＿＿ 份，发包人 ＿＿＿＿ 份，设计人 ＿＿＿＿ 份。

7.9　本合同经双方签章并在发包人向设计人支付定金后生效。

7.10　本合同生效后，按规定到相关主管部门规定的审查部门备案。双方履行完合同规定的义务后，本合同即行终止。

7.11　本合同未尽事宜，双方可签订补充协议，有关协议及双方认可的来往传真、电子邮件、会议纪要等，均为本合同组成部分，与本合同具有同等法律效力。

7.12　其他约定事项

发包人名称（盖章）：＿＿＿＿＿＿　　发包人名称（盖章）：＿＿＿＿＿＿

设计人名称（盖章）：＿＿＿＿＿＿　　设计人名称（盖章）：＿＿＿＿＿＿

法定代表人（签字）：＿＿＿＿＿＿　　法定代表人（签字）：＿＿＿＿＿＿

委托代理人（签字）：＿＿＿＿＿＿　　委托代理人（签字）：＿＿＿＿＿＿

住　　　所：＿＿＿＿＿＿＿＿＿＿　　住　　　所：＿＿＿＿＿＿＿＿＿＿

电　　　话：＿＿＿＿＿＿＿＿＿＿　　电　　　话：＿＿＿＿＿＿＿＿＿＿

开户银行：＿＿＿＿＿＿＿＿＿＿　　开户银行：＿＿＿＿＿＿＿＿＿＿

邮政编码：＿＿＿＿＿＿＿＿＿＿　　邮政编码：＿＿＿＿＿＿＿＿＿＿

传　　　真：＿＿＿＿＿＿＿＿＿＿　　传　　　真：＿＿＿＿＿＿＿＿＿＿

银行账号：＿＿＿＿＿＿＿＿＿＿　　银行账号：＿＿＿＿＿＿＿＿＿＿